트럼프 골드 쇼크

트럼프 골드 쇼크

닉슨 쇼크 50년,
금과 비트코인이 설계하는 새로운 화폐 질서

김창익 지음

거인의 정원

사랑하는 나의 딸이 이 책을 읽고
세상을 읽는 통찰력을 얻길 바란다

나는 이 책이 경제사에 관심 있는 사람들을 위한 필독서가 되기를 바란다. 25년간 경제 전문 기자로 활동했던 사람으로서 경제사에 한 획을 긋겠다는 각오로 썼다. 역사는 과거의 기록이다. 그러나 이 책은 과거는 물론 현재와 다가올 가까운 미래에 관한 이야기를 담고 있다. 과거를 되짚어 보는 걸 넘어 미래를 준비하자는 메시지를 전달하는 게 목적이다. 물론 독자들이 읽을 시점에 이 책에서 말하는 미래가 이미 과거의 역사가 되어 있을 수도 있다. 그만큼 상황이 급변하는 시대다. 원대한 포부에 비해 나의 능력은 아직 보잘것없다. 그래서 내게 이 책은 만족스러운 부분보다 그 반대의 경우가 많다. 그 몇 안 되는 만족스러운 부분만으로도 충분히 독자들이 읽을 가치가 있다고 생각하며 책을 마무리했다.

경제사 운운했지만 이 책은 결코 인문학 책이 아니다. 오히려 재테크 책에 가깝다. 내가 화폐의 역사와 달러 패권에 관심을 가지게 된 것도 인문학에 대한 호기심보다 투자에 대한 인사이트를 얻자는 심산이었다. 돈벌이가 목적이었던 것이다. 개인적인 이유를 하나 덧붙이자면 나와 아버지를 비롯한 가족들을 힘들게 했던 IMF 외환위기와 이후 반복되는 금융위기의 본질에 대한 호기심이 화폐에 관한 끊임없는 공부를 가능하게 한 정도다. 디테일은 달라도 '역사의 운율'이 반복되는 건 '인간의 본성'이 변하지 않기 때문이다. 이것은 투자에 있어 아주 유용한 기준이 된다. 변수가 아니라 상수이기 때문이다. 투자에서 가장 중요한 건 예측에서 변수를 최대한 줄이는 것이다.

권력은 자국 화폐의 신뢰를 지켜야 한다는 책임을 포퓰리즘이라는 유혹 앞에서 헌신짝 버리듯 버린다. 한 치의 망설임이 없다. 기축통화 패권의 역사를 보면 예외를 찾을 수 없다. 영국 스털링 파운드화가 그래서 몰락했다. 달러는 기발한 방법으로 매번 수명이 수십 년간 연장되고 있지만, 몰락의 경로를 피할 수는 없다. 권력은 또 달러의 신뢰보다 금전 몇 푼으로 마음을 바꾸는 유권자의 변덕에 더 신경을 쓸 것이다. 돈을 뿌려서 그들의 환심을 사는 것 외엔 관심 밖이다. 당연하게도, 돈을 뿌리면 돈의 가치는 떨어진다.

개인의 심리는 아주 복잡하다. 사회과학자들이 자연과학자들에게 우월감을 갖는 건 그들이 보다 복잡한 세계를 다룬다는 다소 이외의 착각 때문이다. 인류라는 집단의 심리에는 일정한 맥락이 있다. 물론 세부적인 사안은 무시하고 거시적인 관점에서 패턴을 찾았기 때문일 것이다. 그중 패권의 심리는 뚜렷한 일관성이 있다. 패권자의 에너지는 아주 강력하여, 다른 모든 요소들을 무력화시킬 수 있어서다. 때문에 그들의 심리를 예측하는 것은 어렵지 않다. 약간의 관심만으로도 충분하다.

패권의 목표는 오직 하나를 향한다. 그것은 바로 패권을 지키는 것이다. 중요한 건 정부 권력과 월가의 금융 세력, 유권자 각각의 입장에 따라 '달러 패권'에 대한 해석이 달라진다는 힘이다. 정부 권력의 입장에서 달러 패권은 무이자 발권력이다. 미국 국채를 사실상 무이자로 발행해 돈을 뿌릴 수 있는 것이다. 이는 달러의 신뢰에는 치명적이다. 닉슨 쇼크 이후 월가의 금융 세력은 이같은 체제에 적응했다. 오히려 변동성을 이용해 수익을 극대화하는 기지를 발휘하고 있다. 문제는 유권자들이다. 이들은 대부분

평범한 노동자다. 신뢰가 떨어지는 화폐를 월급으로 받는다. 무이자 발권력을 유지하려는 정부 권력과 지지 세력은 유권자의 이해관계와 구조적으로 상충한다.

나는 도널드 트럼프 대통령이 '트럼프 골드 쇼크'를 기획하고 있다고 생각한다. 구체적인 시나리오는 다음과 같다. 우선 유권자를 돈으로 사려면 계좌에 돈이 있어야 하는데 미국이 보유한 금의 장부 가격을 올려서 많게는 2조 달러의 돈을 마련하려 할 것이다. 이를 위해 트럼프는 포트녹스 금고(미국 켄터키주 육군 기지에 위치한 미국 연방 금 보관소로 진짜 금을 보관하는 곳)를 실사해 금이 정확히 장부에 적힌 대로 있는지 확인할 계획이다. 트럼프 정부는 1971년 닉슨 쇼크 이후 월가 불리온 뱅크(Bullion Bank, 귀금속을 전문으로 취급하는 투자은행)들이 싼 이자에 금을 빌려서 팔아 치웠을 것이라고 생각한다. 장부와 차이가 나는 만큼 월가가 금을 사서 포트녹스를 채워야 한다. 포트녹스에 있는 금은 장부상 현재의 금 시세보다 훨씬 낮은 가격으로 기록되어 있는데 일단 채워진 금만큼 장부를 재평가한다. 장부엔 8,133톤의 금이 있지만, 실제 5,000톤일 수도 있다. 월가가 빌린 금을 최대한 채워도 6,000톤 밖에 안 될 수도 있다. 이 경우 일단 6,000톤을 재평가해 그 차액의 70%는 연방준비제도가 갖고 있는 국채를 갚는다. 나머지로는 비트코인 100만 개를 비축하는 데 쓴다.

이 과정에서 세계 경제는 엄청난 충격을 받을 것이다. 미국 재무부의 재산이 순식간에 늘어나기 때문에 달러가 평가절하되며 물가가 급등할 것이다. 닉슨 쇼크 당시 상황이 반복되는 것이다. 그때는 유가까지 폭등해 두 차례의 오일 쇼크를 겪었다. 투자자들은 닉슨 쇼크로 금값이 예상 외로 급격히 폭등한 점을 기억해야 한다. 기축통화가 믿을 수 없게 되면, 돈 있는 사람들은 금을 산다. 닉슨 쇼크 이후 10여년간 금값은 25배가 올랐다. 포트녹스 실사로 금을 돌려줘야 하는 월가가 막대한 금을 사들이게 되면 금값은 천정부지로 오를 것이다.

트럼프 골드 쇼크가 닉슨 때나 1934년 금 준비법(Gold Reserve Act)으로 금을 재평가해 돈을 마련한 프랭클린 루스벨트 정부 때와 다른 점은 금 재평가 차액의 일부로 비트코인을 산다는 점이다. 정부가 가진 금의 일부를 비트코인으로 바꿔서 가치를 더 올리겠다는 전략이다. 당연히 비트코인 가격이 오를 것이다. 이때 금값이 어떻게 될지는 상당히 세밀하게 분석해야 한다. 나의 능력은 여기까지다.

미국이 금 준비금의 일부로 비트코인을 사서 비축하면, 이는 역사적인 사건이다. 닉슨 쇼크가 금의 화폐 지위를 박탈한 사건이었다면, 트럼프 골드 쇼크는 비트코인을 화폐로 격상시키는 이벤트인 셈이다. 금도 달러 가치를 지키는 호위무사로 다시 화폐로 소환될 것이다.

트럼프 대통령은 양립할 수 없는 두 가지 계획을 추진한다. 제조업 노동자를 살리겠다면서, 달러 패권을 유지하겠다는 목표다. 두 가지는 동시에 달성할 수 없는 딜레마 관계다. 제조업을 살리려면 가격 경쟁력을 위해 약달러가 필요하고 달러 패권을 유지하려면 달러의 가치가 높은 강달러가 필요하기 때문이다. 트리핀 딜레마(Triffin Dilemma, 기축통화국으로서 세계 경제에 통화를 계속 공급해야 하는 역할과 이로 인해 통화의 가치가 하락하는 현상이 부딪치는 문제)에 깊숙이 빠진다. 그런데 여기서 트럼프가 말하는 달러 패권은 '달러의 신뢰'를 되살리는 게 아니라 아니라 '발권력'을 확대하는 것이다.

트럼프의 책사들은 딜레마를 해결하기 위해 묘수들을 생각했다. 금 재평가라는 회계적 마법으로 2조 달러를 마련하는 연금술부터가 천재적인 발상이다. 관세전쟁이라는 보호무역과 빅테크 서비스의 비관세 장벽을 부수는 전략을 병행한다. 빅테크 서비스에 세금을 부과하거나 과태료를 물리는 것은 나쁜 짓이라고 상대국을 압박한다. 가히 내로남불이다. 베네수엘라와 이란 석유를 장악해 물가 상승에 따른 오일 쇼크를 막으려는 지정학적 승부수도 띄우고 있다. AI 생산성으로 돈을 풀어도 인플레이션 걱정 없는 상태를 만들 수 있다고도 한다. 사상 유례없는 시도다.

'치트키'는 비트코인 비축을 패권과 국가안보의 문제로 격상시켰다는 점이다. 패권국에게 국가안보는 무엇으로도 대체할 수 없는 절대가치다. 의회에서도 국가안보라는 프레임 안에서는 여야가 없다. 막아서면 반란이 된다. 트럼프 정부는 이로써 비트코인 관련 모든 법안을 통과시킬 수밖에 없는 패스트 트랙 위에 올리는 기염을 토했다. 유비에게 제갈량이 있었듯, 트럼프에게는 스콧 베센트(트럼프 2기 재무장관)가 있다.

역사를 보면 이런 충격 요법은 단기 성과와 장기 부작용을 동반한다. 대체로 장기 부작용으로 인한 손실이 단기 성과보다 크다. 패권의 시야가 단기 성과에 집중하는 건 변하지 않는 속성이다. 패권의 목표는 언제나 오직 하나, 유권자를 돈으로 사고, 패권을 유지하는 것뿐이다.

투자자들이 할 일은 옳고 그름을 따지는 게 아니다. 이 같은 부조리 속에서 나의 이익에 부합하는 선택이 무엇인지를 정확히 아는 것이다. 당신 삶의 목표가 세계평화를 지키는 게 아니라면 말이다. 극단적으로 말하면 급변하는 정세에 대한 독자들의 넋두리는 상황을 바꾸는 데에 아무런 영향을 주지 못한다. 한국이 패권국이 아니기 때문이다. 애석하지만 우리가 할 수 있는 최선은 흐름을 읽고 흐름에 올라타는 것이다. 파도는 우리의 재량이 밖에 있지만 다행히 우리는 서핑을 즐길 수는 있다. 이 책은 트럼프 행정부가 어떤 그림을 그리고 있는지 설명한다. 선택은 독자들의 몫이고, 올바른 선택은 상황을 얼마나 정확히 아느냐에 달렸다. 이 책은 적어도 그런 목적에는 상당히 쓸모가 있을 것이다.

2026년 김창익

차

례

1부 ‖ 닉슨 쇼크에서 트럼프 골드 쇼크까지: 반복되는 역사와 변주

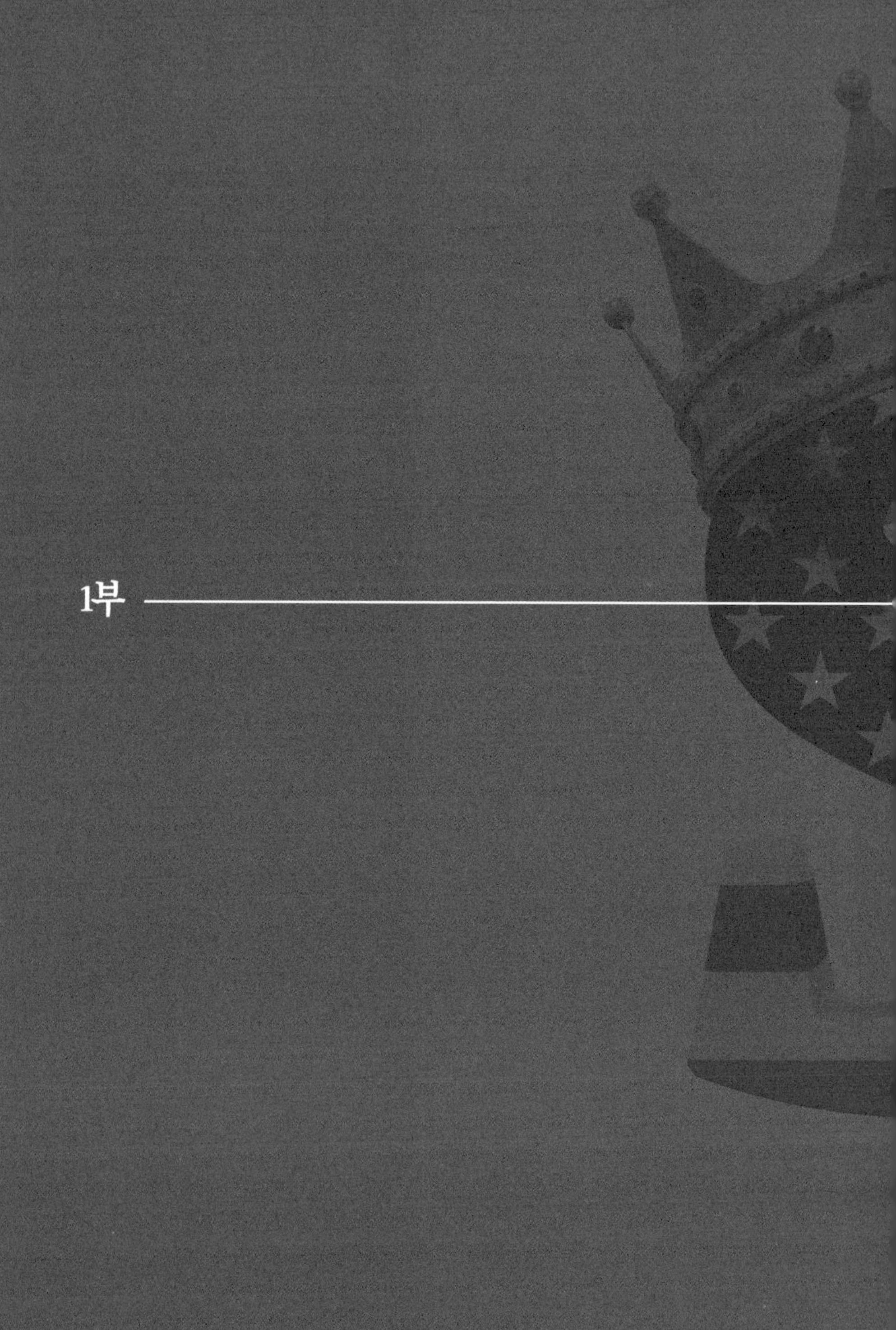

1부

닉슨 쇼크에서 트럼프 골드 쇼크까지: 반복되는 역사와 변주

미국이 엄청난 부채로 위기에 처하자 안전자산으로 여겨진 달러에서 이탈한 유동성이 금으로 흘러가며 금값이 치솟았다. 1부에서는 과거 금값이 폭등했던 사례들을 살펴봄으로써 기축통화의 신뢰 저하가 금이라는 실물자산에 어떤 영향을 미치는 지 살펴본다. 그리고 오늘날 트럼프가 추진하는 '트럼프 골드 쇼크'의 실체를 과거 '닉슨 쇼크'와 비교하여 살펴봄으로써 트럼프가 미국의 어려움을 어떻게 타개하려고 하는지 추론한다. 더불어 이러한 트럼프의 행보를 월가가 싫어하는 이유는 무엇인지, 그 이면을 추적한다.

1장

달러가 무너지면 금값이 폭등한다

천장을 뚫은 금값, 온스당 5,000달러 시대 개막

2026년 1월 29일, 국제 금값은 온스당 5,598.58달러를 기록했다. 사상 최고치다. 전 세계 금융시장은 경악했다. 불과 1년 전인 2025년 초 온스당 2,641달러 선에 머물던 금값이 1년 만에 100% 넘게 상승한 것이다.

이는 이슬람 혁명 직후인 1979년 이후 46년 만에 가장 가파른 연간 상승폭이다. 1979년 금값이 폭등한 건 중동의 정치적 격변과 제2차 오일 쇼크, 그리고 심각한 인플레이션이 맞물린 결과였다. 이슬람 혁명으로 이란의 친미 정권이 무너지고 미국 대사관

인질 사건이 발생하며 중동의 지정학적 불안이 극에 달했었다. 이어지는 소련의 아프가니스탄 침공에 냉전의 긴장이 고조되면서 안전자산인 금으로 돈이 쏠렸다. 여기에 석유 공급 불안으로 원유 가격이 세 배 가까이 치솟으며 전 세계적인 물가 폭등을 유발했다. 투자자들은 가치가 급락하는 달러 대신 화폐 가치를 방어해 줄 유일한 대안으로 금을 선택했다.

다시 오늘로 돌아와서, 최근 금값 폭등은 달러에 대한 불신이 극에 달했다는 방증이다. 미국 국가 빚이 38조 달러를 넘어서며 미국 재정에 대한 믿음이 땅에 떨어졌다. 연간 순이자 비용만 1조 1,000억 달러를 넘어서며 사상 처음으로 국방비 지출을 추월했다. 이는 미국의 달러 패권에 치명적인 결함이다. 이런 극한의 부채 상황 속에서도 트럼프 정부는 2017년 감세안 영구화(TCJA, Tax Cuts and Jobs Act)를 추진했고 감세 정책에 더욱 속도를 내고 있다. 이는 향후 10년간 약 4조 2,000억 달러의 재정적자를 추가로 발생시킬 전망이다. 부채 한도를 높여 적자 지출을 지속하는 행보는 국채 가격 하락과 금리 상승을 부추기고, 다시 정부의 이자 부담이 커지는 악순환의 고리를 형성한다. 빚의 함정이 구조화됐다는 의미다.

월가의 투자은행들은 금값이 더 오를 것이라는 데 베팅하고 있다. JP모건은 2026년 2월 3일 발간한 보고서에서 금값 목표가를 6,300달러로 상향하며 가장 공격적인 전망을 제시했다. 중앙은행들의 금 사재기 추세가 멈추지 않는 상황에서 개인 투자자의 자금이 본격적으로 유입된다면 최대 8,000~8,500달러까지 상승할 것이란 파격적인 시나리오를 덧붙였다.

금값이 급등하는 첫 번째 요인은 각국 중앙은행들이 경쟁적으로 금을 사들이고 있다는 점이다. 러시아-우크라이나 전쟁 이후 러시아의 달러 자산이 동결되는 과정을 목격한 중국, 인도, 브라질 및 중동 국가들은 딜러 결제망에 대한 의존을 줄이기 위해 금 보유량을 급격히 늘렸다.

세계금협회(WGC, World Gold Council)가 2025년 6월 17일 발표한 '2025 중앙은행 금 비축 현황 설문조사(Central Bank Gold Reserves Survey 2025)'에서 응답기관 73개 중 95%가 향후 12개월 내에 금 보유량을 늘릴 것이라고 답했다. 이는 조사 이래 가장 높은 수치다. 과거 10년 동안 연간 400~500톤 수준이었던 중앙은행들의 금 매입량은 최근 분기당 500톤을 웃돈다. 이는 중국과 인도, 튀르키예 등 신흥국들이 달러 의존도를 낮추기 위해 시장 공급량을 빠르게 흡수한 결과다. 이 매수 열풍은 달러 패권에 대한 명백한 거부 의사다.

달러 패권이 흔들리자 금은 유일한 보험이 되었다. 모건스탠리는 2026년 1월 5일 발간한 '금 가격 전망: 2026년까지 가속화될 랠리(Gold Price Forecast: Rally Expected to Accelerate into 2026)'라는 제목의 보고서에서 1996년 이후 약 30년 만에 처음으로 전 세계 중앙은행의 금 보유 가치가 미국 국채 비중을 앞질렀다는 사실에 주목했다. 2025년 하반기 기준 전 세계 중앙은행의 준비자산 내 금 비중이 약 24.3%였다. 미국 국채 비중은 23.8%로 1996년 이후 약 30년 만에 금이 달러보다 비중이 컸다.

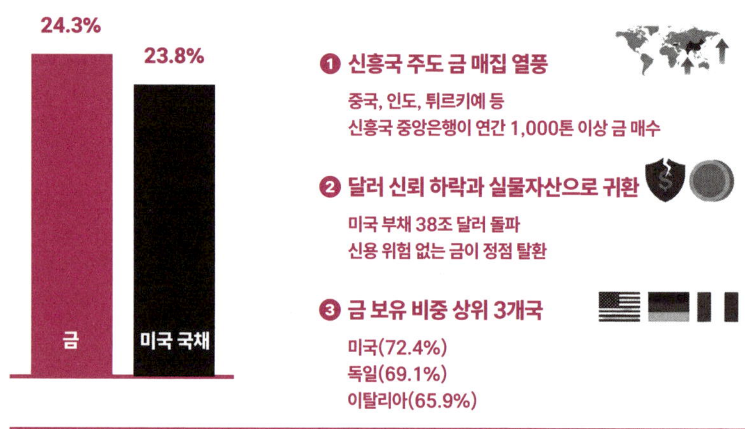

글로벌 금융 질서의 판도가 바뀌고 있는 것이다. 국가별로 미국은 전체 준비자산의 약 72.4%가 금이었다. 이어 독일(69.1%), 이탈리아(65.9%), 프랑스(65.3%), 포르투갈(63.2%) 등의 순으로 금 비중이 높았다. 특히 중국, 인도, 튀르키예 등 신흥국 중앙은행들이 연간 1,000톤 이상의 금을 매집하며 준비자산 내 금 비중을 평균 19%대까지 끌어올렸다.

부채의 늪에 빠진 기축통화와 무너진 신뢰

2025년 10월 22일, 미국의 국가 부채는 사상 처음 38조 달러를 돌파했는데 37조 달러를 넘어선 지 불과 두 달 만이었다. 유례없는 속도다. 워싱턴 D.C. 중심가와 주요 버스 정류장에 설치된 실시간 부채 시계는 초당 9만 달러, 매일 약 80억 달러에 달하는 빚이 쌓이고 있음을 경고한다(미국의 재정 건전성을 공론화하는 피터G.피터슨 재단에서는 의회 예산 심의가 이뤄지는 워싱턴 D.C. 내 대중교통 정류장 등지에 실시간 부채 수치가 표기되는 광고판을 설치하곤 한다).

2026년 초 기준, 미국인 1인당 나랏빚은 11만 달러를 넘어섰다. 4인 가구 기준으로 가구당 45만 달러에 육박한다. 앞서 언급했지만 순이자 비용만 연간 1조 1,000억 달러를 웃돌며 이는 미국의 한 해 국방 예산이나 교육비, 보건비 지출을 압도한다. 미국 연방 전체 예산의 약 19.5%가 과거 빚을 갚는 데 쓰이는 것이다. 미국 의회예산처(CBO)는 최근 보고서에서 2030년 이전에 이자 비용이 전체 세수의 30%를 돌파할 것이라고 전망했다. 국제통화기금(IMF)은 미국의 무분별한 재정 확장이 글로벌 금융 안정성을 해치는 가장 큰 리스크라고 지적했다.

무디스(Moody's) 등 글로벌 신용평가사들은 미국의 국가 신용등급 전망을 '부정적'으로 내렸다. 금본위제 이후 신뢰는 달러의 최후 보루였다. 그러나 미국 국채 물량이 넘쳐나면서 국채 금리가 치솟고 이는 다시 정부의 이자 부담을 가중시키는 악순환의 고리가 만들어졌고, 국채를 찍어 빚을 갚는 돌려막기에 달러의 신뢰가 파괴되고 있다.

시장은 이제 미국의 부채 규모가 임계치에 달했음을 경고한다. 미국 워싱턴 D.C.에 본부를 둔 민간 경제 싱크탱크 피터슨국제경제연구소(PIIE)는 미국의 총부채 비율이 GDP 대비 125%를 넘어서는 순간, 기축통화 지위를 유지하기 위한 비용이 혜택을 넘어설 것이라고 분석했다. 총부채는 정부 내부기관 간 부채와 민간 보유 부채를 합한 것이다. 레이 달리오(Ray Dalio)는 저서 《변화하는 세계질서(Principles for Dealing with the Changing World Order)》에서 이를 "대차대조표 불황의 마지막 단계"라고 했다. 레이 달리오는 세계 최대 헤지펀드인 브릿지워터어소시에이츠(Bridgewater Associates)의 설립자이자, 경제의 작동 원리를 기계적 메커니즘으로 풀어내는 것으로 유명한 거시경제 투자자다. 그는 이 책에서 국가의 부침과 화폐의 운명을 역사적 통계로 분석했다.

그가 말하는 '대차대조표 불황의 마지막 단계'란 한 국가의 빚이 소득보다 훨씬 빠르게 늘어나 더 이상 통제할 수 없는 지점에 도달했음을 의미한다. 보통 불황이 오면 중앙은행은 금리를 낮춰 경기를 살린다. 그런데 이 마지막 단계에 진입하면 금리를 0%까지 내려도 아무도 돈을 빌리지 않는다. 가계와 기업은 이미 감당할 수 없을 만큼의 빚을 지고 있어, 소득이 생기는 족족 빚 갚기에 바쁘기 때문이다. 시장에 돈이 돌지 않고 경제 시스템 자체가 멈춰 서는 불능 상태가 시작된다.

국가가 선택하는 최후의 수단은 화폐를 대량으로 찍어내는 것이다. 빚을 갚기 위해 돈을 무제한으로 풀면 화폐 가치는 휴지 조각이 된다. 빚의 실질적인 무게는 가벼워지지만, 그 대가로 종이 화폐에 대한 신뢰는 완전히 무너진다. 실물자산 가격이 폭등하며 기존의 경제 질서가 파괴되는 파국의 전조가 바로 이 단계다.

트럼프 미국 대통령이 금리를 내리고 시중에 돈을 풀라고 중앙은행을 압박하는 것과, 금값이 폭등하는 지금 상황은 레이 달리오의 통찰과 정확히 맞아떨어진다.

금값을 올리는 각자도생 반세계화 시대

최근의 금값 폭등은 트럼프 2기 출범과 함께 가속화된 '반세계화' 흐름과 연관된다.

로널드 레이건 전 대통령의 신자유주의 물결과 2001년 중국의 세계무역기구(WTO) 가입으로 본격화한 세계화는 상품과 서비스, 금융 장벽이 없는 세계 단일시장이 토대였다. 상품과 서비스의 무관세 거래 위에서 금융은 막대한 레버리지로 엄청난 수익을 냈다. 상품과 서비스의 유통이 자유로워지자 선물시장에서 현물 없는 종이 상품이 남발됐다. 언제든 현물과 맞교환이 가능하다는 믿음이 레버리지란 증폭기를 통해 많게는 수십 배의 종이 상품(선물)을 만들어낸 것이다. 1온스의 현물 금으로 평균 18온스, 최대 50온스의 종이 금 거래가 가능했다.

반세계화 물결은 상황을 180도 바꾸고 있다. 글로벌 공급망이 해체되고 관세 장벽이 높아지면서 상품과 서비스, 즉 현물의 이동이 어려워졌다. 특히 은과 희토류 등의 전략 광물은 각국이 수출을 제한하면서 확보 전쟁이 가열되고 있다. 이제 필요한 현물을 확보하는 방법은 무력으로 빼앗는 것뿐이다. 최근 미국을 중심으로 지정학적 불안감이 고조되고 있는 가장 큰 이유다.

크레디트스위스(Credit Suisse)의 전략가이자 뉴욕 연준 출신의 분석가인 졸탄 포자르(Zoltan Pozsar)가 제시한 '브레턴우즈 III' 구상은 2022년 러시아-우크라이나 전쟁 발발 이후 지난 50년간 세계 경제를 지탱해 온 금융 중심의 질서가 저물고, 실물자산과 자원이 중심이 되는 새로운 통화 질서가 도래했음을 선언한다. 탈세계화와 지정학적 위기 속에서 '약속'에 기반한 종이 화폐의 시대가 끝나고, '실체'를 가진 현물자산의 시대가 열렸다는 것이다.

포자르는 화폐를 두 가지로 구분한다. 하나는 '내부 화폐(Inside Money)'다. 이는 누군가의 부채를 기반으로 발행된 달러나 국채와 같은 자산이다. '브레턴우즈 II' 체제란 금본위제가 공식적으로 폐지된 1971년 닉슨 쇼크 이후를 의미하는데 세계화가 정점에 달했던 브레턴우즈 II 체제에서 세계는 미국이 보증하는 이 신용자산을 안전자산이라 믿었다. 그러나 러시아-우크라이나 전쟁으로 인한 러시아의 외환보유고 동결 사건은 내부 화폐가 발행 주체의 정치적 의도에 따라 언제든 무용지물이 될 수 있다는 사실을 전 세계에 각인시켰다.

다른 하나는 '외부 화폐(Outside Money)'다. 금이나 원자재처럼 누군가의 보증 없이도 그 자체로 가치를 지니는 자산이다. 반세계화의 물결이 거세지면서 국가 간의 신뢰가 무너지고 공급망이 분절되자, 시장은 다시 이 외부 화폐로 회귀한다. 포자르는 이를 "우리 자원, 너희 문제(Our commodity, your problem)"라는 문장으로 요약했다. 1971년 닉슨 쇼크 당시 미국 재무부는 금 태환 정지를 정당화하며 "달러는 우리의 화폐이지만 그것이 일으키는 문제는 너희들 문제다"라고 말한 바 있다. 브레턴우즈 III 시대에 이르러선 역으로 자원을 소유한 국가들이 "자원은 우리 것이지만 그것으로 인한 문제(공급 부족)는 너희 문제다"라고 말하는 시대가 왔다는 것이다. 바야흐로 화폐가 아니라 실물이 주도권을 갖게 된 것이다.

실물 선호 현상은 생존을 위한 선택이다. 과거에는 비용을 낮추기 위해 글로벌 공급망을 통한 적기 생산(Just-in-Time)이 미덕이었다. 이제는 위기를 대비해 실물자산을 쌓아두는 '만약의 대비(Just-in-Case)'가 국가 안보의 핵심이다. 국가들은 무기화된 달러 자산을 줄이고, 미국이 마음대로 통제할 수 없는 실물 금과 원자재 비축에 열을 올리고 있다.

브레턴우즈 III 체제는 레버리지의 시대가 막을 내렸음을 시사한다. 달러로 환산된 명목상의 부는 실물과의 교환이 담보되지 않을 때 일순간에 무너진다. 분열된 세계 경제 속에서 실물자산으로의 귀환은 거스를 수 없는 흐름이다. 현물을 장악한 자가 통화 질서를 설계한다는 게 포자르의 분석이다.

결국 최근의 금값 상승도 지정학적 변화의 결과이다. 2025~ 2026년의 금값 상승은 기존의 경제학 상식으로는 설명되지 않는다. 보통 금값은 실질금리가 오르면 하락하는 패턴을 보였다. 이자가 붙지 않는 금의 매력이 떨어지기 때문이다(달러 인덱스도 마찬가지로, 달러 가치가 떨어지면 금은 저렴해진 느낌을 주니 수요가 몰려 값이 오르는 게 일반적이다. 반대의 경우는 반대로 작동한다). 하지만 최근 몇 년간 미국 국채 금리가 급등했음에도 금값은 오히려 사상 최고치를 경신했다. 골드만삭스와 UBS 등 글로벌 투자은행들은 이 설명할 수 없는 격차를 "지정학적 리스크 프리미엄"으로 설명했다.

골드만삭스는 '금의 새로운 패러다임'이란 제목의 보고서에서, 금값 상승 동력의 무게중심이 서방의 투자 수요에서 신흥국 중앙은행들의 '공포 매수(Fear-driven buying)'로 옮겨갔다고 분석했다. 2022년 러시아의 외환보유고가 동결되는 과정을 목격한 신흥국들이 달러라는 시스템 자체에 공포를 느끼기 시작했다는 것이다. 2026년 1월 온스당 4,600달러를 돌파한 금값 중 약 30%에 달하는 1,300~1,500달러는 지정학적 위기 때문이라는 게 보고서 추산이다.

UBS 역시 금값이 전통적인 경제 지표인 실질금리와 달러 인덱스와의 상관관계를 끊어버린 '디커플링' 상태에 진입했다고 진단했다. 고금리와 강달러라는 금값 하락 요인에도 불구하고 오른 현재의 금값은 '달러 회피 비용'이 두껍게 얹어진 결과다. 이는 세계 경제가 '비용 최적화'보다 '안전 최우선'으로 무게중심이 이동했다는 방증이다.

금값 폭등의 역사, 신뢰가 무너지면 금이 오른다

중요한 건 금값 폭등은 언제나 새로운 금융 질서가 태동하는 전조였다는 사실이다. 종이 화폐에 대한 약속이 깨질 때마다 인류는 여지없이 실물자산이라는 최후의 보루로 회귀했다. 그 과정에서 금은 가치저장의 절대적 수단으로 존재감을 드러냈다.

1. 대영제국의 황혼과 스털링 파운드의 몰락

1차 세계대전 이전, 대영제국의 파운드화(Sterling)는 '황금 그 자체'였다. 영국은 전 세계 금 생산량의 70%를 통제하며 '팍스 브리타니카(영국에 의한 평화라는 뜻으로 19세기 영국 패권 시대를 지칭)'의 위용을 과시했다. 1817년 금본위제 도입 당시 영국의 소버린(Sovereign) 금화는 단순한 동전이 아니라 '국가가 무게와 순도를 보증하는 금 덩어리' 그 자체였다. 당시 금본위제의 핵심은 화폐 단위인 1파운드를 순금 7.32g(약 113그레인)이라는 물리적 무게와 완전히 동일시하는 데 있었다. 즉, 소버린 금화 한 닢은 1파운드의 가치를 지니는데 여기에는 7.32g이 라는 순금이 들어있었다는 것이다.

금화 한 닢이 금으로 교환된다는 건 두 가지 중요한 의미가 담겨 있다. 첫째는 '보증'의 의미다. 금화는 세월이 흐르면 마모되어 무게가 줄어들 수 있다. 국가가 이를 '금화 한 닢'으로 인정한다는

것은 (영국의 힘이 닿는 곳이라면 어디서든)마모된 금화도 순금 7.32g으로
바꿀 수 있다는 뜻이다. 당시 소버린 금화 1파운드의 무게는 약
7.98g이었다. 그 속에 들어있는 순금의 무게가 정확히 7.32g이었
다. 금화의 내구성을 높이기 위해 순금 91.67%(22캐럿)에 구리 등
을 섞은 합금을 사용했던 것이다.

둘째는 '태환'의 의미다. 당시에도 지폐가 존재했으며 영란은
행(Bank of England)에 지폐를 가져가면 법에 정해진 대로 금화, 즉 파
운드당 7.32g의 순금으로 즉시 바꿔주어야 했다. 1914년 발발한
1차 세계대전은 이 견고한 시스템을 뒤흔들었다. 영국 정부는 4
년간의 전비 마련을 위해 금 보유량을 훨씬 상회하는 막대한 양
의 전시 국채와 지폐를 찍어냈다. 동시에 금 태환을 중단했고 이
는 파운드화의 실질가치를 희석시켰다. 전후, 영국은 훼손된 제
국의 자존심을 세우기 위해 치명적인 오판을 내렸다. 1925년 4
월, 당시 재무장관이었던 윈스턴 처칠은 파운드의 가치를 전쟁
전 구환율인 '1파운드=4.86달러'로 고정하며 금본위제 복귀를 전
격 선언했다. 미국이 금 1온스(31.1g)당 20.67달러를 보증하고 있
고, 영국은 1온스당 4.25파운드(7.32g×4.25=31.1g)를 보증하니 '1파
운드=4.86달러=금 7.32g'라는 수치를 유지하려 했던 것이다. 문
제는 전쟁을 겪으며 파운드의 가치가 4.86달러보다 낮아졌고 금
7.32g의 가치에 미달했다는 것이다. 경제적 쇠락을 인정하는 대
신 화려했던 과거의 영광을 강제로 소환하는 길을 택했으나 결과
적으로는 경제적으로 파멸을 불러온 치명적 오판이었다.

처칠의 오판에는 런던 금융가 '시티'의 실세들과 그를 보좌했던 재무부 관료들의 정교한 압박이 깔려 있었다. 당시 영란은행 총재였던 몬태규 노먼(Montagu Norman)과 재무부의 핵심 관료인 오토 니마이어(Otto Niemeyer)는 이 결정의 가장 강력한 설계자였다. 몬태규 노먼은 처칠에게 파운드화가 금과의 고정환율을 회복하지 못하면 세계 금융의 주도권이 뉴욕 월스트리트로 영구히 넘어갈 것이라는 공포심을 자극했다. 시티의 금융 엘리트들은 비공식 오찬과 사교 클럽을 통해 처칠을 밀착 마크하며, 파운드화 가치를 1914년 수준인 4.86달러로 되돌리는 것이 대영제국의 도덕적 의무이자 신용의 상징이라는 논리를 주입했다.

처칠은 권력의 정점에 서고자 했던 노련한 정치가였다. 당시 그는 자유당에서 보수당으로 당적을 옮긴 직후여서 '철새 정치인'이라는 꼬리표를 달고 있었다. 보수당 주류의 의심을 불식시키고 자신의 입지를 굳힐 확실한 한 방이 필요했다. 금본위제 복귀는 금융계와 당내 보수 세력에게 자신이 건전 재정과 제국의 자존심을 지켜낼 적임자임을 증명하는 일종의 정치적 충성 서약이었던 셈이다. 그는 강한 파운드화가 전 세계 영연방 국가들을 런던이라는 하나의 심장으로 다시 묶어줄 강력한 밧줄이 될 것이라 믿었다. 이를 통해 대영제국의 영광을 재현하려는 '거대 전략(Grand Strategy)'을 구사했다.

또 노동당의 급진적인 재정 정책에 맞서 '금'이라는 변하지 않는 기준을 제시함으로써 보수층의 결집을 꾀하려는 선거 공학적 계산도 깔려 있었다. 사실 처칠은 경제에는 문외한이었다. 금본위제 복귀가 초래할 산업 현장의 고통을 내심 걱정하기도 했다. 하지만 '강한 파운드가 곧 강한 영국'이라는 서사적 유혹을 끝내 뿌리치지 못했다. 그는 파운드화를 달러와 대등하게 복귀시키는 드라마틱한 서사의 주인공이 되고 싶었다. 그 과정에서 발생할 노동자들의 희생은 제국의 위상을 회복하기 위해 치러야 할 부수적인 비용 정도로 치부했다. 이러한 오판은 훗날 그가 "경제에서는 실패한 정치가라"는 평가를 받는 결정적인 계기가 되었다.

처치를 가장 날카롭게 비판했던 인물은 경제학자 존 메이너드 케인스(John Maynard Keynes)였다. 그는 처칠의 발표 직후 '처칠 씨의 경제적 결과(The Economic Consequences of Mr. Churchill)'라는 신랄한 팸플릿을 통해 파운드화가 실제 가치보다 최소 10% 이상 과대평가되었다고 지적하며, 파국의 시나리오를 예견했다. 케인스는 억지로 높여 잡은 환율이 영국의 석탄과 철강 등 주력 산업의 수출 가격을 폭등시켜 제조업을 고사시킬 것이며, 기업들이 살아남기 위해 노동자의 임금을 깎는 과정에서 거대한 사회적 혼란이 발생할 것이라고 경고했다. 그의 예언대로 1926년 영국에서는 임금 삭감에 반대하는 사상 최대 규모의 총파업이 발생했다.

케인스의 경고대로 영국의 금 보유고는 적자를 메우기 위해 매달 수백만 파운드씩 해외로 유출되었다. 영국 경제는 만성적인 불황의 늪에 빠졌다. 파국은 1931년 찾아왔다. 그해 5월 오스트리아의 최대 은행인 크레디탄슈탈트가 파산하며 유럽 전역에 금융위기 공포가 몰아쳤다. 전 세계 투자자들은 영란은행으로 달려가 파운드를 금으로 바꿔달라고 요구했다. 1931년 7월 한 달 동안에만 무려 3,300만 파운드(당시 가치 기준)의 금이 영국을 빠져나갔다. 영란은행은 금리를 6%까지 올리며 사투를 벌였지만 하루에만 수백만 파운드씩 유출되는 '골드 런'을 막기에는 역부족이었다.

처칠은 훗날 사석에서 금본위제 복귀를 인생에서 저지른 가장 큰 실수라고 회고했다. 결국 1931년 9월 21일 새벽, 영국 정부는 백기를 들었다. 영란은행은 금 태환의 전면 중단을 선언하며 114년간 유지해 온 금본위제의 폐지를 공표했다. 이 발표 직후 파운드화 가치는 불과 몇 주 만에 4.86달러에서 3.40달러 선까지 30% 넘게 폭락했다. 대영제국의 신뢰가 휴지 조각이 되는 과정을 목격한 자본은 공포에 질려 '최후의 자산'인 금으로 몰렸다.

영국발 파운드 쇼크가 대서양을 건너 미국을 덮치자 당시 대공황의 늪에 빠져있던 미국 경제는 절체절명의 위기에 직면했다. 1931년 영국의 금본위제 포기로 파운드화 가치가 급락하자 상대적으로 고평가된 달러화는 수출 경쟁력을 잃었다. 외국 투자자들은 미국 또한 금본위제를 포기할 것이라는 공포에 질려 보유한 달러를 금으로 바꾸기 위해 연방준비은행으로 몰려들었다. 이 가혹한 '골드 런'으로 인해 미국의 금 보유고가 바닥을 드러내기 시작하자 1933년 취임한 프랭클린 루스벨트 대통령은 극단적인 처방을 내놓았다.

루스벨트의 첫 번째 조치는 1933년 4월 단행된 '금 사유화 금지'였다. 정부는 모든 국민에게 보유한 금화와 금괴를 온스당 20.67달러에 강제로 매각하도록 명령했다. 이를 어길 시 1만 달러의 벌금이나 10년형에 처했다. 민간의 금은 급속히 국고로 회수됐다. 이후 1934년 1월 30일, 루스벨트는 '금 준비법(Gold Reserve Act)'에 서명했다. 금의 공식 가격을 기존 20.67달러에서 35달러로 약 70% 전격 인상하는 내용이 골자였다. 정부가 싼값에 거둬들인 금의 가치를 하룻밤 사이 폭등시킨 것이다. 정부는 이 과정에서 약 28억 달러에 달하는 막대한 재평가 이익을 챙겼다.

1934년 1월 30일 '금 준비법'으로 인한 미국의 차익

① 루스벨스 대통령 '금 준비법' 서명과 금의 공식 가격 조정

② 금 가격 20.67달러에서 35달러로 하룻밤 사이 70% 폭등

③ 정부가 싼값에 거둔 금의 가치가 상승하며 약 28억 달러 이익 발생

이 조치의 본질은 달러화 가치를 떨어뜨리는 '인위적 평가절하'에 있었다. 달러가 싸지자 미국산 제품의 수출 경쟁력은 회복되었다. 시중에 돈이 풀리면서 디플레이션으로 굳어버린 경제에 다시 활력이 돌았다. 이 눈부신 회복 뒤에는 달러 시스템의 근간이 흔들리는 역사적 패배가 숨어 있었다. 100년 넘게 유지되어온 온스당 20.67달러라는 약속을 파기한 것은, 달러가 경제 위기 앞에서는 언제든 금이라는 실물담보를 배신할 수 있음을 자인한 꼴이었다. 미국 시민들의 금 소유를 불법화하고 정부가 임의로

화폐 가치를 조절한 것은, 통화가 시장의 신뢰가 아닌 국가의 명령에 의해 움직이는 시대로 진입했음을 의미했다.

1934년의 금값 재평가는 단기적으로는 미국을 살린 고육지책이었다. 하지만 장기적으로는 금과 화폐의 연결고리를 약화시켜 훗날 닉슨 쇼크와 완전한 금본위제 폐지로 이어지는 전조가 되었다.

2. 브레턴우즈 체제의 균열과 1960년대 '골드 런'

2차 세계대전 이후 성립된 브레턴우즈 체제는 '35달러를 가져오면 금 1온스로 바꿔준다'는 미국의 약속 위에 세워졌다. 이후 1960년대 후반 미국의 베트남 전쟁 참전과 '위대한 사회' 프로젝트를 위한 방만한 복지 지출은 유례없는 재정 적자를 낳았다. 시중에 풀린 막대한 달러에 비해 미국의 금 보유고는 턱없이 부족해졌다. 달러 가치에 대한 전 세계적 의구심은 임계점을 향해 치달았다.

이러한 위기 속에서 1961년 미국과 유럽 7개국 중앙은행은 '런던 골드 풀(London Gold Pool)'을 결성했다. 이들이 금 연합군을 결성한 배경에는 브레턴우즈 체제의 붕괴를 막아야 한다는 공통의 이해관계가 깔려 있었다. 달러의 가치가 흔들리면 유럽 각국이 보유한 외환보유액 가치도 폭락할 수밖에 없었다. 유럽 중앙은행들은 미국의 요청이 자국의 경제적 안정을 지키기 위한 필수적인 협력이라고 판단했다. 이를 위해 초기 총 2억 7,000만 달러 규모(약 240톤)의 금을 모아 공동 전선을 구축했다. 미국이 50%를 부담하고 독일(11%), 영국·프랑스·이탈리아(각 9%), 벨기에·네덜란드·스위스(각 4%)가 나머지를 채우는 방식이었다. 골드 풀은 금값이 오르면 금을 매각해 가격을 안정시켰고, 초기 몇 년간 시장의 금을 되사들이며 수익을 내기도 했다. 그러다 1960년 10월 런던 시장에서 금값이 온스당 40달러를 돌파하며 공식 가격을 비웃는 사태가 벌어지자 시스템 내부에서는 격렬한 논쟁이 벌어졌다. 당시 시장에서는 금값 상승에 배팅하며 달러의 몰락을 기다리는 투기 세력을 이른바 '골드버그(Goldbugs)'라 불렀다. 이들은 미국의 재정 적자가 지속되는 한 온스당 35달러라는 가격은 유지될 수 없다고 판단해 금을 무섭게 사들였다.

상황을 결정적으로 악화시킨 주역은 당시 프랑스 대통령 샤를 드골(Charles de Gaulle)이었다. 1965년 2월 4일, 드골 대통령은 엘리제궁 기자회견에서 미국이 종이 달러를 무한정 찍어 전 세계 실물자산을 사들이는 행위를 "터무니없는 특권(Exorbitant Privilege)"이라 맹비난하며, 세계 금융 질서의 금본위제 복귀를 강력히 촉구했다. 드골은 지정학적 맥락에서 미국 중심의 일극 체제에서 벗어나 프랑스의 자율성을 회복하고자 했다. 그는 달러 패권이 미국의 군사적·경제적 지배력을 유지하는 핵심 도구라고 판단했고, 이를 무너뜨리기 위해 골드 풀 이탈에 앞장섰다.

드골은 단순히 구두 경고에 그치지 않고 프랑스 중앙은행이 보유한 달러 예비자산을 실물 금으로 교환하겠다는 초강수를 두었다. 특히 그는 프랑스 해군 함선에 달러 뭉치를 가득 실어 미국으로 보낸 뒤 뉴욕 연방준비은행 지하 금고에 있던 금괴를 직접 받아 본국으로 실어서 오는 도발적인 회수 작전을 감행했다. '주머니 비우기(Vide-Gousset)'라는 비밀 작전명 아래 수행된 이 과정에서 프랑스는 수년간 3,000톤이 넘는 금을 선박과 항공기로 실어 날랐다. 프랑스는 1958년 약 600톤에 불과했던 금 보유량을 1960년대 중반 5,000톤 이상으로 8배 넘게 늘렸다. 드골의 이러한 행동은 달러에 대한 국제적 신뢰에 치명타를 입혔다. 다른 국가들까지 금 태환 요구에 동참하며 결국 1971년 닉슨 쇼크와 브레턴우즈 체제 붕괴를 야기한 도화선이 되었다. 독일 또한 미국의 국방 지원을 대가로 금 태환을 자제하겠다는 '블레싱 서약(Blessing Letter)'을 맺었음에도 불구하고 실제로는 1960년대 말까지 약 4,000톤에 달하는 금을 비축하며 세계 2위의 금 보유국으로 올라섰다.

이 시기 유럽 주요국(독일, 프랑스, 이탈리아, 네덜란드 등)이 보유한 금의 합계는 1960년대 중반 이미 미국의 보유량을 추월했다. 미국의 금 보유고는 1950년대 약 2만 톤에서 1971년 닉슨 쇼크 직전 9,000톤 수준까지 급락했다. 1만 톤 이상의 미국 금이 대부분 유럽 중앙은행들의 금고로 흘러 들어간 셈이다. 금이 곧 화폐의 패권을 보증하던 시대였다. 미국은 달러 패권을 지키기 위해 금의 유출을 더 이상 방관할 수 없었다.

결정적인 도화선은 1967년 11월 발생한 영국 파운드화 평가절하 사건이었다. 당시 파운드는 달러와 함께 국제 금융 질서를 지탱하던 핵심 축이었다. 영국의 경제 위기로 파운드 가치가 순식간에 14%나 급락하자 시장은 "기축통화도 언제든 무너질 수 있다"는 거대한 불신에 휩싸였다. 파운드 다음 타깃은 당연히 달러라는 공포가 확산됐다. 전 세계 자본은 종이 화폐를 버리고 안전 자산인 금으로 쏠렸다. 1968년 3월에 이르러 이 '골드 런'은 광기 어린 패닉으로 변질되었다. 3월 14일 단 하루 만에 무려 4억 달러 이상의 금이 시장에서 증발하는 사상 초유의 사태가 벌어졌다. 이는 골드 풀이 도저히 감당할 수 없는 수준의 유출이었다. 결국 미국을 비롯한 회원국들은 1968년 3월 17일 골드 풀의 공식 해체를 선언했다.

3. 닉슨 쇼크와 1970년대 대인플레이션의 광기

1971년 8월 15일, 리처드 닉슨 대통령은 일요일 저녁 TV 정규 방송을 중단시키고 전 세계 금융 질서를 송두리째 뒤바꿀 '신 경제 정책(New Economic Policy)'을 발표했다. 이 조치의 핵심은 외국 중앙은행이 보유한 달러를 더 이상 실물 금으로 바꿔주지 않겠다는 금 태환의 전격 정지였다. 이는 미국의 금 보유고 고갈을 막기 위한 최후의 수단으로, 사실상 브레턴우즈 체제의 붕괴를 공식화한 사건이었다.

여기에 닉슨은 모든 수입품에 10%의 수입 과징금을 부과해 해외 제품의 가격 경쟁력을 억누르고 무역 적자를 강제로 해소하려 했다. 국내적으로는 인플레이션을 잡기 위해 90일간 임금과 가격을 완전히 동결했다. 연방 지출을 대폭 삭감하고 외국 원조와 연방 공무원 인력 역시 각각 10%와 5%씩 줄이는 긴축안이 포함됐다. 동시에 자동차 소비세를 폐지하고 기업 투자 세액 공제를 도입하는 등 파격적인 감세로 내수 경기 부양을 꾀했다. 달러 패권을 수호하기 위해 자국의 경제적 부담을 전 세계에 전가한 이 긴급 조치들은 국제 금융시장을 극도의 혼란에 빠뜨렸다. 특히 이 조치는 인류가 '변동환율제'라는 새로운 실험의 시대로 진입하는 결정적 도화선이 되었다.

닉슨 쇼크 직전인 1971년 8월, 캠프 데이비드 대통령 별장에서 벌어진 사흘간의 비밀 회의는 미국 권력 핵심부 내부에서 일어난 치열한 생존 투쟁이었다. 당시 존 코널리(Jhon Connally) 재무장관은 금 태환 중단을 강력히 촉구했다. 코널리는 텍사스 주지사 출신의 선 굵은 정치가로서 그의 공격적인 태도는 침체된 미국의 제조업과 수출 기업들의 분노를 대변하고 있었다. 그는 유럽과 일본의 제조업 부상이 미국의 '희생'을 발판 삼아 이루어졌다고 믿었다. 달러의 금 태환을 정지시키는 '경제적 쿠데타'를 통해 기축통화라는 도덕적 짐을 벗어던지고 미국 우선주의(America First)를 실현하려는 의도였다.

당시 아서 번즈(Arthur Burns) 연준 의장은 국제 금융 질서의 수호자이자 월가의 이해관계를 대변하는 정통 금융 엘리트의 입장에서 금이라는 '닻'을 제거하는 것이 가져올 신용 붕괴와 초인플레이션을 공포에 가까운 수준으로 경고했다. 번즈에게 금본위제는 단순한 경제 시스템이 아니라 미국의 국제적 명성과 금융 패권을 지탱하는 도덕적 보루였다. 이를 파괴하는 것은 전 세계 투자자들에 대한 배신이자 금융 세력의 기득권을 위협하는 자폭 행위로 보였다. 실무를 총괄한 폴 볼커(Paul Volcker) 당시 재무부 국제금융 담당 차관은 400억 달러의 부채를 100억 달러의 금으로 막아야 하는 수학적 파산 상태를 입증하며 코널리의 현실론에 힘을 실었다. 번즈는 끝까지 동맹국과의 협상을 통한 점진적 해결을 주장하며 기축통화국의 품위를 읍소했다.

닉슨 대통령은 1972년 재선을 앞두고 표심을 좌우할 실업률과 경기 침체라는 정치적 벼랑 끝에 서 있었다. 결국 신용보다는 당장의 금고를 채워 정권을 유지하자는 코널리의 손을 들어주며 번즈의 경고를 묵살했다. 이 결정은 제조업 중심의 산업 자본에는 환호를, 안정적 자산 가치를 중시하는 금융 자본에는 절망을 안겼다.

발표 직후인 8월 16일 월요일, 미국의 주요 미디어들은 인류 경제사의 한 장이 완전히 넘어갔음을 직감하며 분석 기사를 쏟아냈다. 〈뉴욕타임스(NYT)〉는 1면에 "닉슨, 90일간의 임금·가격 동결 명령; 세금 감면 요구, 달러 금 태환 정지"라는 역사적인 8단 머리기사를 실으며 제2차 세계대전 이후 세계 경제를 지탱해 온 브레턴우즈 체제의 종말을 선포했다. 〈NYT〉는 닉슨이 그간 고수한 자유시장 방임주의를 버리고 국가가 시장에 직접 개입하는 급진적인 조치를 취한 것에 주목했다.

특히 금 태환 정지가 국제 통화 질서에 가져올 불확실성을 '전후 경제 구도의 해체'로 규정했다. 에드윈 데일(Edwin L. Dale Jr.) 기자는 분석 기사에서 "이번 조치가 단순히 경제적 선택이 아니라 해외로부터의 투기 공격에 맞서 달러의 위상을 방어하기 위한 경제적 전쟁 선포"라고 묘사했다. 이어 "금과의 연결고리가 끊어진 달러가 이제는 미국의 국력과 신뢰만으로 버텨야 하는 미지의 영역으로 진입했다"고 경고했다.

같은 날 〈월스트리트저널(WSJ)〉은 이 조치가 비즈니스와 금융시장에 미칠 파괴적 영향과 실리적 측면을 분석하는데 집중했다. 〈WSJ〉는 10%의 수입 부과금 도입이 일본과 유럽 등 주요 무역 파트너들에게 가할 충격파를 상세히 다루며, 이것이 향후 무역 협상에서 강력한 지렛대로 활용될 것이라고 분석했다. 특히 〈WSJ〉는 닉슨의 조치가 단기적으로는 주식시장에 강력한 부양책이 될 것이라는 전망을 내놓았다. 투자 세액 공제와 자동차 소비세 폐지 등 기업 친화적인 감세 조치가 경기 부양에 미칠 긍정적 효과를 부각했다. 그러면서도 임금과 가격 동결이 가져올 전례 없는 행정적 혼란과 시장 왜곡, 그리고 노조의 반발 가능성에 대한 우려를 동시에 전하며 시장의 복잡한 심경을 대변했다.

신용의 상징이었던 금의 족쇄가 풀리자 사상 유례없는 인플레이션의 시대가 열렸다. 가치가 고정되지 않은 종이 화폐가 시장에 무분별하게 풀리는 가운데 1973년 제4차 중동전쟁으로 촉발된 석유 파동은 물가에 기름을 부었다. 배럴당 3달러 수준이던 유가가 단숨에 12달러를 넘어서며 통제 불능의 상태에 빠졌다. 화폐 가치의 폭락을 목격한 자본은 실물자산이라는 최후의 보루를 향해 내달렸다.

자산 가치를 지키려는 이 처절한 몸부림은 금값의 기록적인 수직 상승으로 나타났다. 1971년 온스당 35달러라는 고정 가격에 묶여 있던 금은 시장에 풀려나자마자 폭등하기 시작했다. 1979년 이란 혁명에 따른 2차 오일 쇼크까지 겹치며 1980년 초에는 온스당 850달러를 돌파했다. 불과 10년 만에 24배 폭등했다. 이는 금의 존재를 전 세계에 각인시켰다.

역사는 반복되지 않지만, 그 운율은 정확히 일치한다. 과거 코널리 재무장관이 주도한 '닉슨 쇼크'와 2026년 현재 스콧 베센트 (Scott Bessent) 재무장관이 설계한 '트럼프 골드 쇼크'는 미국의 생존을 위해 국제 질서의 판을 송두리째 흔드는 일종의 '경제적 쿠데타'라는 점에서 본질이 같다. 닉슨 쇼크 이후 55년이 흐른 지금, 트럼프 정부가 직면한 상황은 그때보다 더 절박하다. 38조 달러라는 천문학적인 부채와 국방비를 추월한 이자 비용은 달러 패권을 질식시키고 있다. 여기서 등장한 베센트의 '금 재평가 전략'은 1971년의 '수비적 배 째기'를 '공격적 연금술'로 진화시킨 형태다. 1973년 이후 온스당 42.22달러라는 비현실적인 가격으로 묶여 있던 미국 보유 금 8,133톤을 현재의 시장 가치로 다시 매기는 작업이 핵심이다(미국 정부가 보유한 금의 장부상 가격은 1973년 이후 변함이 없었다). 이를 통해 발생하는 1조 달러 이상의 회계적 이익을 재무부 일반

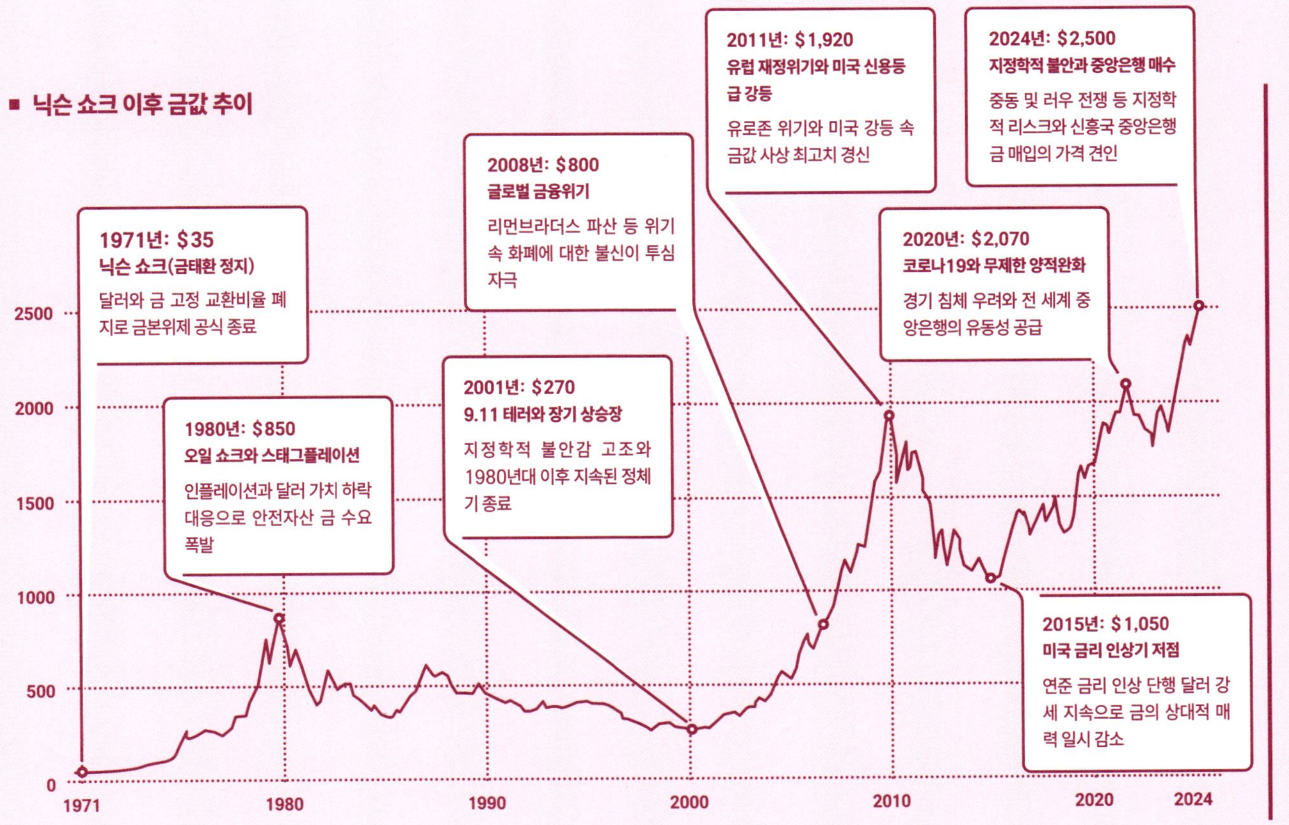

■ 닉슨 쇼크 이후 금값 추이

1971년: $35
닉슨 쇼크(금태환 정지)
달러와 금 고정 교환비율 폐지로 금본위제 공식 종료

1980년: $850
오일 쇼크와 스태그플레이션
인플레이션과 달러 가치 하락 대응으로 안전자산 금 수요 폭발

2001년: $270
9.11 테러와 장기 상승장
지정학적 불안감 고조와 1980년대 이후 지속된 정체기 종료

2008년: $800
글로벌 금융위기
리먼브라더스 파산 등 위기 속 화폐에 대한 불신이 투심 자극

2011년: $1,920
유럽 재정위기와 미국 신용등급 강등
유로존 위기와 미국 강등 속 금값 사상 최고치 경신

2020년: $2,070
코로나19와 무제한 양적완화
경기 침체 우려와 전 세계 중앙은행의 유동성 공급

2024년: $2,500
지정학적 불안과 중앙은행 매수
중동 및 러우 전쟁 등 지정학적 리스크와 신흥국 중앙은행 금 매입의 가격 견인

2015년: $1,050
미국 금리 인상기 저점
연준 금리 인상 단행 달러 강세 지속으로 금의 상대적 매력 일시 감소

계정(TGA)에 수혈함으로써, 세금을 더 걷거나 빚을 내지 않고도 부채를 갚고 비트코인 같은 전략자산을 확보할 종잣돈을 마련하겠다는 계산이다.

닉슨과 트럼프의 미국 우선주의는 '미국이 만든 룰을 미국이 직접 파괴한다'는 점에서도 궤를 같이한다. 1971년이 금과의 연결고리를 끊어 달러의 무한 발행 시대를 열었다면, 2026년은 그 끊어진 고리를 다시 잇되 철저히 미국의 장부상 이익에 맞춰 재정의하는 과정이다. 두 시대 모두 국제적 도덕성이나 시스템의 안정성보다는 '미국 국고의 안녕'을 최우선에 두었으며, 이는 강대국이 몰락의 기로에서 선택하는 가장 강력하고도 위험한 생존 본능의 발현이라 할 수 있다.

한편 트럼프 행정부가 추진하는 금 재평가는 달러의 공식 가치를 금에 대비해 대폭 낮추는 것이다. 연준 장부상 온스당 42.22달러의 금값을 시가인 온스당 5,000달러 이상으로 조정하는 건 달러 가치가 그만큼 떨어졌다는 사실을 인증하는 절차와 같다. 필연적으로 달러 약세를 유발한다. 이는 1971년 닉슨 쇼크가 1973년 오일 쇼크로 이어졌던 역사를 반복하게 할 위험이 크다.

달러 가치가 하락하면 닉슨 쇼크 때처럼 유가는 상승한다. 원유 수출국들은 같은 양의 기름을 팔아도 실질적인 구매력이 떨어지므로 이를 보전하기 위해 유가를 급격히 끌어올릴 가능성이 크다. 트럼프 행정부가 금 재평가를 통해 천문학적인 국가 부채를 해결하려 할 때 가장 큰 걸림돌은 바로 이 과정에서 발생하는 초

인플레이션이다. 이를 방어하기 위해 트럼프는 화폐 가치 하락을 상쇄할 만큼 강력한 실물자산의 공급 통제권이 필요하며, 세계 최대 매장량을 보유한 베네수엘라와 이란의 석유를 장악하려는 움직임은 바로 이 인플레이션 폭탄의 안전핀을 뽑지 않으려는 고도의 전략적 포석으로 해석된다. 금 재평가로 달러의 신뢰가 흔들리더라도 미국이 베네수엘라와 이란의 석유를 시장에 강제로 쏟아부어 유가를 인위적으로 억누를 수 있다면, 달러 약세에도 불구하고 물가는 안정되는 기괴한 '금융 억압' 상태를 유지할 수 있게 된다.

역사는 50여 년이 지난 2026년 현재 소름 돋을 정도로 똑같이 반복되고 있다. 38조 달러라는 천문학적인 부채를 짊어진 트럼프 행정부의 공격적인 재정 확장이 부른 금값 폭등은 과거 파운드의 몰락이나 닉슨 쇼크 당시의 데자뷔와 다름없다. 이어지는 장들에서 닉슨 쇼크와 트럼프 골드 쇼크를 차례차례 세부적으로 살펴보도록 하겠다.

2장

닉슨 쇼크,
금고를 닫아
금을 지키다

미국이 달러 약세를 원하는 이유

닉슨 전 대통령이 초인플레이션의 위험을 예견하고도 금 태환 정지라는 극단적인 카드를 꺼내 든 배경에는, 당시 미국이 직면했던 '수학적 파산' 상태와 '지정학적 패권 붕괴'라는 절박한 위기 상황이 자리 잡고 있었다. 당시 미국은 베트남 전쟁 전비와 린든 존슨 정부의 방만한 복지 지출로 인해 천문학적인 재정 적자에 시달리고 있었다. 시중에는 전후 복구와 교역을 위해 뿌려진 달러가 넘쳐났다. 미국이 보유한 실물 금은 그 달러 가치의 4분의 1 수준으로 급감하며 기축통화의 담보 능력이 사실상 소멸된 상태였다.

이것이 바로 기축통화국이 세계 유동성을 공급할수록 자국 통화의 가치는 하락하고 금 보유고는 줄어들 수밖에 없다는 '트리핀의 딜레마(Triffin Dilemma)'였다. 1960년 예일대학교 교수 로버트 트리핀은 기축통화국인 미국이 세계 교역에 필요한 결제 대금을 제공하기 위해 지속적인 무역 적자를 감수하며 달러를 해외로 내보내야 하지만, 이 과정이 반복될수록 시중에 풀린 달러의 양이 미국의 금 보유고를 압도하게 되어 결국 달러의 금 태환 신뢰도가 무너지는 역설적 상황에 직면할 것이라고 경고했다. 기축통화인 달러는 유동성과 신뢰도를 유지하는 게 관건인데, 본질적인 속성상 두 가지를 동시에 달성하기는 불가능하다는 것이다.

1971년 당시 미국의 금 보유고는 102억 달러(약 8,133톤) 수준까지 떨어졌다. 반면 외국 중앙은행들이 보유한 달러 단기 채권은 400억 달러를 넘어섰다. 만약 다른 국가들이 만기가 돌아온 단기 국채를 상환하라며 일제히 금 인출을 요구할 경우 미국은 공식적으로 파산 선언을 해야 하는 절체절명의 순간이었다.

수출 경쟁력과 부채 희석의 미학

닉슨과 그의 경제 고문들은 금의 족쇄를 풀면 단기적으로 물가가 치솟을 것을 알고 있었다. 하지만 이를 통해 미국의 막대한 부채를 희석하려는 고도의 계산을 깔고 있었다. 금 태환이 정지되어 달러 가치가 하락하면 미국의 수출 경쟁력은 회복되고, 인플레이션이 발생하면 정부가 갚아야 할 부채의 실질가치는 낮아지기 때문이다. 예컨대 원달러 환율이 1,400원일 때 2만 달러짜리 테슬라는 2,800만 원이지만, 달러 가치가 낮아져 환율이 1,000원으로 떨어지면 2,000만 원으로 싸진다. 달러 가치가 떨어지면 테슬라 수출이 잘 될 것이다. 인플레이션으로 부채의 실질가치가 떨어지는 것도 비슷한 논리로 설명할 수 있다. 테슬라 한 대에 2만 달러에서 4만 달러로 물가가 오르면 부채의 실질가치는 절반으로 줄어든다. 반대로 생각하면 미국 정부는 테슬라 한대로 2만 달러를 갚을 수 있었지만, 물가가 올라 4만 달러를 상환할 수 있게 되는 것이다.

이 같은 부채 녹이기 전략은 금본위제에서는 불가능하다. 부채를 금이란 실물로 갚아야 하기 때문이다. 인플레이션 상황에서도 부채의 실질가치는 변함이 없다. 오히려 금의 시장 가격은 높아졌는데 교환 비율이 온스당 35달러로 고정돼 있었기 때문에 닉슨 쇼크 직전에는 부채의 실질가치가 늘어나는 역효과를 경험했다. 예컨대 35달러를 가져온 이에게 금 1온스를 내줘야 하는데, 시장에선 금 1온스 가격이 40달러라면 미국 입장에서 35달러를 빌렸는데 갚을 때는 40달러로 갚는 셈이다. 달러의 고평가로 부채의 무게가 늘어난 셈이다.

1971년 닉슨 쇼크 당시 미국의 연방 부채 규모는 약 3,980억 달러였다. 현재의 38조 달러라는 천문학적 수치와 비교하면 작아 보인다. 당시 미국의 GDP 대비 부채 비율은 약 35% 수준이었다. 수치상으로는 현재(약 120% 이상)보다 훨씬 건전해 보인다. 당시에는 금본위제라는 엄격한 규칙 아래 있었다는 점이 결정적 차이다. 당시의 달러는 금이라는 실물담보가 있어야만 발행할 수 있는 화폐였다. 3,980억 달러의 부채는 곧 그에 상응하는 금을 내줘야 할 '물리적 채무'를 의미했다. 보유한 8,133톤의 금은 1온스당 35달러인 체제에서 91억 달러 남짓에 불과했다. 닉슨 쇼크의 본질은 미국 경제를 옥죄던 금의 족쇄를 끊어내고 부채의 성격을 '실물 채무'에서 '종이 채무'로 강제 전환하려는 지정학적 승부수였다. 가치가 올라간 실물 금이 아니라, 가치가 떨어진 종이 달러로 빚을 갚겠다는 날강도 전략이었던 것이다. 예컨대 미국에게 35달러를 빌려줄 땐, 35달러로 1온스의 금을 살 수 있었는데 미국이 달러를 찍어내서 이제 35달러로는 0.5온스의 금밖에 살 수 없더라도 35달러를 갚겠다는 것이다. 결국 닉슨 쇼크는 미국이 기축통화의 도덕적 책임(금 태환 약속)을 저버리는 대신, 달러를 실물에서 완전히 분리하여 국가가 마음대로 찍어낼 수 있는 '법정 화폐 시스템'으로 강제 전환한 사건이었다. 이는 달러 패권을 금이라는 물리적 한계로부터 해방시켜, 이후 미국이 무제한적인 적자재정을 통해 세계 패권을 유지할 수 있게 한 '위험한 연금술'의 시작이었다.

　필연적으로 금값의 재평가가 뒤따랐다. 닉슨 쇼크 이후 1971년 12월 체결된 '스미스소니언 협정'을 통해 금값은 온스당 35달러에서 38달러로, 이후 1973년에는 42.22달러로 인상되었다. 이는 명목상 금의 가치를 높인 것이지만, 실제로는 달러의 가치를 그만큼 떨어뜨린 것(평가절하)이다.

1934년 루스벨트의 금 준비법 당시에는 금값을 올려 정부 자산을 불리는 전략이 유효했다. 금값을 두 배로 올려 갚아야 할 금의 양을 절반으로 줄이는 식으로 부채의 실질가치를 떨어뜨린 것이다. 당시엔 실제로 금으로 빚을 갚았다. 1971년 닉슨의 상황은 훨씬 절박했다. 당시 미국은 전 세계에 뿌려진 달러를 금으로 바꿔줄 능력이 완전히 상실된, 수학적으로 파산 상태였다. 닉슨에게 시급했던 것은 금의 재평가보다 "더 이상 금을 내줄 수 없다"는 선언이었다. 금 태환을 정지함으로써 미국은 보유한 8,133톤의 금을 금고에 묶어둘 수 있게 되었다. 동시에 금이라는 물리적 한계 없이 달러를 무제한으로 찍어낼 수 있는 권력을 얻었다. 당시 존 코널리 미국 재무장관은 유럽 국가들에게 "달러는 우리의 화폐지만, 그것이 만드는 문제는 너희의 문제다(The dollar is our currency, but it's your problem)"라는 말을 남겼다. 미국의 오만을 드러낸 상징적인 장면이다.

미국은 금을 재평가해 빚을 갚아주는 성의를 보이는 대신, 전 세계가 보유한 달러를 하루아침에 '담보 없는 종이'로 만듦으로써 부채의 고통을 전 세계 보유자들에게 전가했다. 현재 38조 달러의 부채를 짊어진 트럼프 행정부 내에서는 1971년과 유사한 '전략적 평가절하'와 루스벨트 정부가 시행한 '금 보유고 재평가' 논의가 동시에 고개를 들고 있다. 만약 미국이 보유한 약 8,133톤의 금을 온스당 5,000달러 이상인 현재 시세 이상으로 재평가한다면 장부상 자산은 급증할 것이다. 하지만 이는 1971년과 마찬가지로 기축통화인 달러의 최후 신뢰를 저버리는 위험한 도박이 될 수 있다.

금이 최고의 화폐란 걸 증명한 금본위제 폐지의 역설

금본위제 폐지는 금의 족쇄를 풀어 달러를 무한한 권력의 자리에 올리려던 시도였다. 하지만 역설적으로 담보 없는 지폐의 취약성을 노출하며 금이 인류의 유일하고도 영원한 화폐라는 사실을 재확인시킨 역사적 전환점이 되었다.

로버트 먼델(Robert Mundell)이 닉슨 쇼크 직전 이러한 상황을 일찌감치 예견했다. 먼델은 현대 국제경제학의 체계를 정립한 캐나다 출신의 경제학자로, 1999년 노벨경제학상을 수상했다. 그가 쓴 《국제경제학(International Economics, 1968)》은 금본위제 폐지 전후의 통화 질서를 이해하기 위한 핵심 문헌이다. 이 저서에서 먼델은 국가가 통화 주권을 남용하여 무분별한 재정 확장을 꾀할 경우, 화폐는 필연적으로 가치저장의 기능을 상실하고 시장은 다시 실물담보를 갈구하게 된다는 점을 논리적으로 증명했다. 특히 먼델은 독립적인 통화 정책, 고정환율, 그리고 자유로운 자본 이동이라는 세 가지 목표를 동시에 달성할 수 없다는 '불가능한 삼위일체(Impossible Trinity)' 이론을 정립하여 환율 제도 선택의 논리적 근거를 제시했다.

‘불가능한 삼위일체’는 국제 금융의 냉혹한 물리 법칙과도 같다. 국가는 경제를 운영하며 세 가지 매력적인 목표를 탐낸다. 첫째는 국내 경기 조절을 위해 금리를 자유롭게 결정하는 ‘독립적 통화 정책’이고, 둘째는 환율의 변동성을 없애 경제의 예측 가능성을 높이는 ‘고정환율제’이며, 마지막은 전 세계 자본이 막힘없이 드나들며 투자를 활성화하는 ‘자본의 자유로운 이동’이다. 먼델은 이 세 가지를 동시에 달성하는 것은 수학적으로 불가능하며, 국가가 만약 두 가지를 선택한다면 나머지 하나는 반드시 희생해야 한다는 사실을 증명했다.

만약 한 국가가 자본 이동을 허용하면서 환율을 고정하려 한다면, 그 나라는 더 이상 자국의 경제 상황에 맞춰 금리를 조절할 권리를 잃게 된다. 예를 들어 경기가 침체되어 금리를 낮추고 싶어도, 금리를 낮추는 순간 이익을 쫓는 자본이 해외로 빠져나가려 할 것이고 이는 곧 환율 상승 압박으로 이어진다. 이때 고정환율을 유지하려면 국가는 빠져나가는 자본을 방어하기 위해 다시 금리를 올리거나 보유한 달러를 무한정 쏟아부어야 한다. 결국 자본의 흐름과 환율의 안정을 동시에 잡으려면 금리 결정권이라는 정책적 자율성을 포기해야만 시스템이 유지되는 것이다.

1971년의 닉슨 쇼크는 이 삼위일체의 법칙이 제국이라 불리던 미국마저 굴복시킨 상징적 사건이었다. 당시 브레턴우즈 체제는 자본 이동을 어느 정도 통제하면서 고정환율을 유지하던 시스템이었다. 그러나 전후 세계 경제가 팽창하며 자본의 국경 이동이 활발해지자, 미국은 환율을 고정하면서도 베트남 전쟁 전비를 마련하기 위해 돈을 마구 찍어내는 통화 정책의 자율성까지 누리려 했다. 결과적으로 금 보유고는 바닥을 드러냈다. 미국은 결국 고정환율이라는 한 축을 포기하며 변동환율제로 이행할 수밖에 없었다.

오늘날 대부분의 선진국은 자본 이동과 통화 정책의 자율성을 선택하는 대신 환율의 변동성을 감내하는 길을 택하고 있다. 반면 중국은 환율 안정과 통화 정책의 독립성을 유지하기 위해 자본의 유출입을 국가가 강력하게 통제하는 방식을 고수한다. 이처럼 불가능한 삼위일체는 국가가 어떤 경제적 가치를 최우선으로 두느냐에 따라 무엇을 버려야 하는지를 가리키는 나침반과 같다. 2026년 기준 38조 달러의 부채를 짊어진 미국이 금리를 마음대로 내리지 못하거나 달러 가치를 인위적으로 조절하는 데 한계를 느끼는 것 또한, 이 거대한 삼위일체의 굴레 속에서 여전히 사투를 벌이고 있음을 보여주는 증거다.

먼델은 화폐가 진정한 가치를 유지하려면 발행 주체가 정치적 유혹에서 벗어나 엄격한 재정 규율을 지켜야 한다고 보았다. 닉슨 쇼크 이후의 세계는 각국 정부가 단기적인 경기 부양과 선거 승리를 위해 부채를 늘리고 화폐를 증발시키는 '인플레이션 편향'에 빠질 것이라고 내다봤다. 《국제경제학》에서 그는 고정환율제(금본위제)가 사라진 자리에 들어선 변동환율제와 무제한 법정 화폐 시스템이 결국 화폐의 희소성을 파괴하고, 자본의 대이동과 금융 불안정성을 심화시킬 것임을 경고했다.

특히 그는 여러 강연과 기고문을 통해 "황금은 자의적인 통화 정책으로부터 경제를 보호하는 최후의 방어선"이라는 점을 강조했다. 이는 먼델이 금을 단순히 교환의 매개체로 본 것이 아니라, 인간의 욕망을 제어하는 '물리적 제동 장치'로 이해했음을 보여준다(금은 정치인의 욕심에 맞춰 종이 지폐처럼 무한정 찍어낼 수 없다). 그가 1971년 닉슨의 결정을 두고 "세계 경제의 닻을 뽑아버린 행위"라고 비판한 이유는 금이라는 실물담보가 사라진 화폐는 가치를 저장하는 그릇이 아니라 단지 정부의 부채를 민간에 전가하는 도구로 전락할 것임을 직관했기 때문이다. 2026년 전 세계가 목격하고 있는 금값의 최고치 경신은 먼델이 《국제경제학》에서 우려했던 '화폐 신용의 붕괴'가 현실화된 지표라 할 수 있다. 그는 법정 화폐 시스템이 가져올 부채의 폭발적 증가를 예견했고 그 대안으로 금에 기반한 안정적인 국제 통화 질서의 복원을 꾸준히 주장했다.

런던비즈니스스쿨의 교수 헬렌 레이(Hélène Rey)는 '딜레마 이론(Dilemma)'으로 먼델의 '트릴레마(Trilemma)' 가설에서 한발 더 나아갔다. 트릴레마 이론은 변동환율제를 채택하는 것으로 자본 이동의 자유 속에서도 독립적인 통화 정책을 유지할 수 있다고 가르쳤다. 레이는 2013년 잭슨홀 미팅에서 발표한 논문을 통해 글로벌 금융시장이 하나로 긴밀하게 연결된 오늘날, 변동환율제는 더 이상 외부 충격으로부터 자국의 통화 정책을 보호하는 방어막 역할을 수행하지 못한다고 날카롭게 지적했다. 그녀는 전 세계의 자본 흐름, 자산 가격, 신용 성장률이 하나의 거대한 흐름인 '글로벌 금융 사이클(Global Financial Cycle)'에 의해 움직이고 있다는 사실에 주목했다. 이 사이클은 시장의 불확실성과 위험 회피 성향을 나타내는 VIX 지수와 밀접하게 동행한다. 그 배후에는 중심국인 미국의 통화 정책이 강력한 동력으로 작용한다. 미국 연준이 금리를 조정하거나 유동성을 공급하면 이는 즉각적으로 글로벌 은행들의 레버리지와 위험 감수 능력에 영향을 미치고, 전 세계적인 자본 유입과 유출을 유도하여 각국의 금융 환경을 강제로 동조화시킨다. 개별 국가가 아무리 환율을 자유롭게 풀어두어도 미국의 통화 정책이 만들어낸 거대한 파도에 휩쓸릴 수밖에 없다. 결국 선택지는 '독립적 통화 정책'과 '자유로운 자본 이동' 중 하나를 고르는 이분법적 딜레마로 축소되었다는 것이 이론의 핵심이다.

레이는 이러한 상황에서 각국이 실질적인 통화 주권을 확보하기 위해서는 단순한 환율 조정이 아니라, 자본 통제나 거시 건전성 규제와 같은 직접적인 자본 흐름 관리 도구를 사용해야 한다고 강조했다. 이는 중앙은행들이 금리 결정 시 자국의 경제 상황뿐만 아니라 글로벌 자산 시장의 레버리지와 위험 선호도를 면밀히 살피게 만든 역사적 전환점이 되었다. 레이의 딜레마 이론은 2026년 금값이 온스당 5,000달러를 넘나드는 혼란스러운 금융 환경 속에서 달러 중심의 질서를 이해하는 가장 중요한 이론적 도구로 평가받는다.

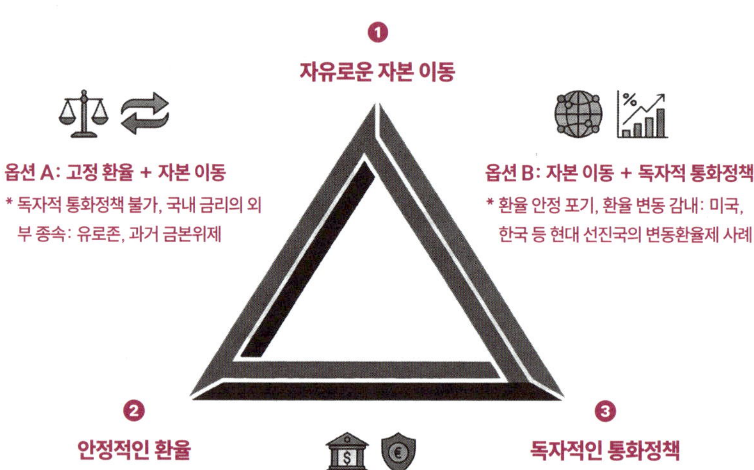

헬렌 레이의 딜레마 이론

"트릴레마가 아닌 딜레마(Dilemma)다"
글로벌 금융 사이클이 환율 제도와 무관하게
모든 국가에 영향을 미치므로, 실제 선택지는
이 두 가지 사이의 이지선다

석유로 달러를 보증한 페트로달러 50년 설계

닉슨 쇼크 이후 달러 가치는 폭락했다. 세계는 담보 없는 종이 조각에 불과한 달러를 기축통화로 인정해야 하는지 의문을 표했다. 1970년대 오일 쇼크는 금이 담보하지 않는 달러에 보내는 시장의 첫 번째 불만 표시였다. 달러 가치가 급락하자 석유수출국기구(OPEC) 내에서는 격렬한 분노가 터져 나왔다. 석유 가격은 달러로 책정되어 있다. 달러 가치가 떨어지니 산유국 입장에서는 똑같은 양의 석유를 팔아도 손에 쥐는 실질적인 수익이 급감했기 때문이다. 1973년 10월, 사우디아라비아를 필두로 한 중동의 산유국들은 이스라엘을 지원하는 서방 국가들에 대한 석유 금수 조치를 단행했다. 동시에 석유 가격을 단숨에 4배 가까이 올렸다.

닉슨 정부는 금을 화폐의 지위에서 몰아내려 했지만 금 태환 중지 선언의 결과는 그 반대였다. 국제 시장은 닉슨의 선언을 인정하지 않았다. 유럽의 중앙은행들과 큰손들은 달러를 버리고 실물 금으로 도망쳤다. 1971년 온스당 35달러였던 금값은 1973년에는 100달러를 돌파했다. 금 태환 중단이 오히려 불안한 달러의 지위를 확인시켜준 셈이었다. 프랑스를 비롯한 유럽 국가들은 닉슨 쇼크가 몰고 올 후폭풍을 경계했다.

1944년 시작된 브레턴우즈 체제하의 고정환율제는 달러를 금에 고정하고(온스당 35달러), 나머지 통화들을 다시 달러에 고정하는 방식이었다. 하지만 미국이 베트남 전쟁과 복지 지출로 달러를 남발하자 시장에는 금보다 훨씬 많은 달러가 풀리게 되었다. 1971년 닉슨이 금 태환 정지를 선언한 것은 달러의 '가치 보증'을 포기했다는 뜻이었다. 이는 더 이상 달러를 기준으로 다른 화폐의 가치를 고정할 근거가 사라졌음을 의미했다.

닉슨 정부는 1971년 12월 스미스소니언 협정을 통해 환율 변동 폭을 넓히며 고정환율제를 유지하려 노력했다. 그러나 쏟아지는 달러 매도세를 막기에는 역부족이었다. 결국 1973년 3월, 주요국들이 환율을 시장 자율에 맡기기로 결정했다. 세계는 공식적으로 변동환율제 시대로 진입했다. 국가가 환율을 방어할 의무에서 벗어나 자국 경제 상황에 맞는 통화 정책을 펼칠 수 있게 된 것이다. 동시에 환율이 널뛰는 '불확실성의 시대'가 열렸다.

유럽 국가들에게 환율 변동은 재앙에 가까웠다. 유럽공동체(EC) 내에서 활발한 무역을 하던 이들에게 화폐 가치가 제각각 움직이는 것은 거래 비용을 폭증시키고 경제 통합을 저해하는 요소였다. 특히 독일 마르크화는 강세인데 프랑스 프랑화는 약세가 되는 식으로 달러에 휘둘리는 상황을 두고 볼 수 없었다. 유럽의 가장 즉각적이고 상징적인 대응은 1972년 4월에 출범시킨 '터널 속의 뱀(Snake in the Tunnel)' 제도였다. 닉슨 쇼크로 인해 고정환율제가 붕괴되고 환율이 요동치자, 유럽공동체(EC, EU의 전신인 국제기구) 국가들은 서로의 환율 변동 폭을 일정 수준 이내로 묶었다. 이는 달러의 영향력을 차단하려는 시도였다.

여기서 '터널'은 스미스소니언 협정에서 허용된 달러 대비 환율 변동 폭(-2.25%~+2.25%)을 의미하며, '뱀'은 그 터널 안에서 유럽 국가들끼리 약속한 더 좁은 변동 폭(-1.125%~+1.125%,)을 의미했다. 유럽 화폐들이 달러라는 큰 터널 안에서 마치 한 마리의 뱀처럼 서로 가깝게 묶여 움직이도록 강제한 것이다

이 조치는 미국 중심의 질서에서 벗어나려는 유럽의 첫 번째 조직적 저항이었다. 비록 이 시스템은 이후 닥친 석유 파동과 각국의 경제력 차이로 인해 일부 국가가 이탈하며 부침을 겪었으나, '우리끼리는 환율을 안정시켜야 한다'는 합의를 만들어냈다. 이 정신은 훗날 유럽환율조정장치(ERM)를 거쳐 1999년 단일 통화인 유로화(Euro)의 탄생으로 이어졌다.

프랑스는 자크 뤼에프(Jacques Rueff)의 사상을 바탕으로 유럽 내 반(反)달러 전선의 선봉에 섰다. 프랑스의 경제학자이자 닉슨 쇼크의 예언자로 불리는 자크 뤼에프는 그의 저서 《통화의 죄악(The Monetary Sin of the West, 1972)》에서 금이라는 닻이 없는 통화 시스템은 필연적으로 전 세계적인 인플레이션과 문명의 몰락을 가져올 것이라고 경고했다. 프랑스는 닉슨 쇼크를 미국의 '금전적 방종'으로 규정하고, 유럽 각국이 보유한 달러 비중을 낮추는 대신 금 비축량을 늘려야 한다고 주장했다. 이러한 기류 속에서 유럽 중앙은행들은 달러를 팔고 금을 샀고 런던 금 시장에서 금값이 폭등했다.

유럽은 달러를 대체할 새로운 국제 결제 단위의 필요성을 제기했다. 그 일환으로 국제통화기금의 특별인출권(SDR) 가치를 재

정의할 것을 요구했다. SDR은 달러와 금에 연동되어 있었으나, 유럽 국가들은 달러 비중을 줄이고 유럽 주요 화폐들의 비중을 높여 달러의 독점적 지위를 해체하려 시도했다. 미국은 금을 대체할 다른 실물자산이 필요하다고 느꼈다. 모두가 원하지만, 물량이 한정되지 않은 것이어야 했다. 빚을 갚으려면 달러 발행을 계속해야 했기 때문이다.

당시 미국 재무장관이었던 윌리엄 사이먼(William Simon)과 국가 안보보좌관 헨리 키신저(Henry Kissinger)가 해결사로 등장했다. 투자은행 살로몬브라더스 국채 전문가였던 사이먼은 1974년 7월, 사우디아라비아의 제다를 방문하여 국왕 파이살(Faisal)과 역사적인 밀약을 맺었다. 협정의 내용은 명확했다. 미국은 사우디아라비아 왕가에 강력한 군사적 보호와 현대화된 무기를 제공하고, 사우디는 모든 원유 결제를 오직 달러로만 진행하며 그 대금으로 벌어들인 달러를 다시 미국 국채에 재투자하는 것이 골자였다.

경제학자 데이비드 스피로(David E. Spiro)는 《미국 헤게모니의 숨겨진 손(The Hidden Hand of American Hegemony: Petrodollar Recycling and International Markets, 1999)》이란 제목의 책에서 은밀하게 설계된 페트로달러 시스템을 해부했다. 스피로는 1970년대 국제 금융 질서의 재편 과정이 시장의 자연스러운 진화가 아니라, 미국의 철저한 지정학적 공작과 전략적 은폐의 결과였음을 파헤쳤다. 특히 '페트로달러 환류(Petrodollar Recycling)'라는 개념을 통해, 미국이 어떻게 파산 직전의 달러를 구원하고 전 세계를 다시 달러의 영향력 아래 묶어두었는지를 파헤쳤다. 책의 핵심은 1974년 윌리엄 사이먼 미국 재무장관이 주도한 사우디아라비아와의 비밀 협정에 있다. 스피로의 분석에 따르면, 당시 미국은 단순히 석유를 달러로 결제하는 것에 그치지 않고 사우디가 벌어들인 막대한 '오일 머니'를 미국 금융 시스템으로 강제 귀속시키는 장치를 마련했다.

사우디아라비아는 원유 판매 대금을 미국 국채에 직접 투자하되, 그 거래 내역을 국제통화기금이나 타국이 알 수 없도록 비밀로 유지해 달라는 조건을 내걸었다. 이같이 요구한 배경에는 정치적 생존과 이슬람권 내에서의 명분, 그리고 경제적 실리라는 복합적인 계산이 깔려 있었다. 스피로는 이 과정을 "기만적인 외교의 정점"이라 평하며 사우디아라비아가 왜 그토록 은밀함을 고집했는지 세 가지 이유로 정리했다.

첫째는 아랍 세계에서의 정치적 정당성 문제였다. 1973년 제4차 중동전쟁 직후, 이슬람 국가들 사이에서는 이스라엘을 지원하는 미국에 대한 적개심이 극에 달했다. 사우디아라비아가 오일달러를 미국 국채에 쏟아붓고 있다는 사실이 만천하에 공개된다면, 사우디아라비아 왕가는 "아랍의 배신자"라는 거센 비난을 받게 될 게 뻔했다. 심지어 정권의 전복으로 이어질 수도 있었다. 사우디아라비아는 미국과 손을 잡되, 그 손이 보이지 않도록 '비밀 거래(Private Placement)'라는 커튼 뒤로 숨어버린 것이다.

둘째는 자산 동결에 대한 공포와 안보적 안전장치였다. 사우디아라비아는 미국이 마음만 먹으면 타국의 자산을 동결하거나 압류할 수 있다는 점을 잘 알고 있었다. 만약 자신들의 투자 규모가 정확히 드러나면, 향후 미국과의 외교적 갈등이 생겼을 때 그 자산이 인질로 잡힐 가능성이 컸다. 사우디아라비아는 투자 내역을 비밀로 붙여 미국 내부의 정치적 간섭으로부터 자국 자산을 보호하고, 동시에 미국 금융 시스템의 강력한 보안을 빌려 자신들의 부를 은밀하게 관리하고자 했다. 미국은 달러 환류 시스템을 만들기 위해 '특별 대우'를 약속했다.

셋째는 시장 영향력의 은폐와 경제적 실리였다. 사우디아라비아가 보유한 오일 머니는 시장을 흔들 수 있는 거대한 규모였다. 사우디아라비아의 매매 동향이 실시간으로 공개된다면, 시장 투기 세력들이 이 움직임을 역이용하여 채권 가격을 조작하거나 금리를 교란할 위험이 있었다. 사우디아라비아는 익명성을 보장받음으로써 조용히 미국 국채 시장에 진입해 안정적인 이자 수익을 거두고, 미국은 그 대가로 사우디아라비아에 최신 무기와 군사 기술을 제공하며 상호 '적대적 공생' 관계를 완성했다.

이 '미공개 원칙'은 2016년 미국 재무부가 41년 만에 처음으로 사우디아라비아의 국채 보유량을 공개하기 전까지 철저히 지켜졌다. 사우디아라비아가 국채 투자를 숨기려 했던 방어 기제는 2026년에 이르러 사우디아라비아가 미국 국채 비중을 줄이고 금과 위안화로 눈을 돌리는 과정에서도 여전히 작동하고 있다. 과거에는 비밀리에 돈을 넣었다면, 이제는 비밀리에 돈을 빼내는 '조용한 탈출'이 진행되고 있다.

　　스피로는 특히 '달러 환류'가 미국의 무역 적자와 부채 문제를 어떻게 해결했는지에 주목한다. 일반적인 국가라면 막대한 무역 적자는 화폐 가치 폭락으로 이어진다. 미국은 페트로달러 시스템 덕분에 오히려 적자를 낼수록 전 세계에 달러 공급을 늘릴 수 있었다. 전 세계가 석유를 사기 위해 비축한 달러는 결국 수익률과 안전성을 찾아 다시 미국의 금융시장과 국채로 되돌아왔기 때문이다. 스피로는 이를 두고 미국이 돈을 찍어내어 석유를 사고, 그 돈을 다시 빚(국채)으로 가져오는 무한 동력의 연금술을 완성했다고 평가한다.

　　석유 파동으로 막대한 무역 적자를 감수해야 했던 독일과 일본이 미국의 독주에 반기를 들었다. 독일과 일본은 페트로달러 밀약은 미국의 방만한 재정을 뒷바침해 결국 장기적인 글로벌 인플레이션이 불가피한 구조라고 보았다. 두 국가는 이에 대한 해결책으로 오일 달러의 공동관리를 제안했다. 당시 독일과 일본은 특정 산유국에 집중된 천문학적인 오일 머니가 시장의 자율적인 조정 능력을 넘어섰다고 판단했다. 사우디아라비아와 같은 국가들이 기분이나 정치적 목적에 따라 미국 국채를 일시에 팔아 자금을 회수할 경우, 세계 금융시장이 도미노처럼 무너질 수 있다는 공포였다. 이들은 국제통화기금이나 세계은행(World Bank) 같은 공식 기구를 통해 오일 머니를 투명하게 배분하고 관리함으로써, 특정 국가의 변덕에 세계 경제가 휘둘리지 않는 '안전장치'를 만들고자 했다.

또 다른 이유는 에너지 안보에 대한 불안감이었다. 독일과 일본은 미국이 사우디아라비아와 비밀리에 양자 관계를 맺는 것을 목격하며, 미국이 석유 결제권을 독점함으로써 타국의 에너지 생명선을 장악하려 한다고 직감했다. 이들은 석유 대금이 달러로만 결제되고 그 돈이 다시 미국 국채로만 흘러 들어가는 시스템이 고착되면, 미국은 아무런 노력 없이 종이돈을 찍어 석유를 사는 반면 자신들은 피땀 흘려 번 외화를 미국에 상납해야 하는 불평등한 구조가 고착될 것을 걱정했다. 이들이 제안한 공동 관리안의 핵심은 오일 머니가 특정 국가(미국)의 부채를 갚는 데 쓰이는 것이 아니라, 석유를 수입하는 모든 국가의 유동성을 지원하는 방식으로 활용되어야 한다는 것이었다.

독일과 일본의 반발은 '미국의 도덕적 해이와 인플레이션 수출'에 대한 저항이었다. 2차 세계대전 이후 하이퍼인플레이션을 겪은 독일은 특히 민감했다. 독일은 미국이 사우디아라비아의 자금을 독점적으로 유입 받아 재정 적자를 메우게 되면, 부채를 줄이려는 노력 대신 달러를 더 많이 찍어내는 방종을 저지를 것이라 보았다. 이렇게 풀린 달러는 결국 성실하게 제조업을 운영하는 독일과 일본의 구매력을 갉아먹는 결과로 이어질 것이라는 논리였다. 이들은 오일 머니의 흐름을 국제적으로 통제함으로써 미국이 '무제한으로 빚을 지는 특권'을 제한해야 한다고 주장했다.

스피로는 미국이 이러한 합리적인 다자간 제안들을 조직적으로 무산시켰음을 폭로한다. 미국은 독일과 일본의 제안이 실현될 경우 달러의 기축통화 지위가 약화되고, 미국의 외교 정책이 국제기구에 종속될 것을 우려했다. 헨리 키신저와 윌리엄 사이먼은 사우디아라비아 왕가에 "국제기구에 돈을 맡기면 통제권만 잃을 뿐"이라며 겁을 주는 동시에, 미국 금융 시스템의 폐쇄성과 보안성을 강조하며 사우디아라비아의 자금을 미국의 '보이지 않는 금고' 안으로 끌어들였다. 미국 재무부는 사우디아라비아만을 위해 '가산금리특별창구(Add-on Special Arrangement)'라는 별도의 창구를 운영했는데 이 장치는 일반적인 국채 입찰 방식인 공개 경매와 달랐다. 사우디아라비아가 막대한 오일 머니를 미국 국채로 즉시 전환할 수 있도록 만든 일종의 비공개 통로 역할을 수행했다. 공모 시장에서 결정된 낙찰 금리에 특혜성 가산 금리를 얹어주거나, 공개된 국채 발행 물량 외에 사우디아라비아를 위한 별도의 물량을 가산(Add-on)하여 배정하는 방식을 취했다. 사우디아라비아는 대규모 자금을 한꺼번에 움직이면서도 시장 가격을 자신들에게 불리하게 만들지 않는 이득을 누렸다(사우디가 구매하는 물량이 공개된 국채 시장에 영향을 미치지 않기 때문이다). 미국은 공식적인 통계에 잡히지 않는 은밀한 자금을 수혈받아 베트남 전쟁과 사회 복지로 인한 재정 적자를 손쉽게 메울 수 있었다. 이 창구의 결정적 위력은 철저한 보안성에 있었다. 사우디아라비아의 국채 보유 현황은 재무부의 공식 보고서에서도 '기타' 항목으로 분류되거나 별도의 비밀 장부로 관리되어 다른 국가들의 추적을 완벽히 따돌렸다.

페트러달러 체제의 균열과 미국이 맞이할 위기

페트로달러 체제는 달러 패권의 새로운 심장이 되었다. 석유는 현대 문명을 가동하는 필수 에너지원이다. 전 세계 모든 국가는 석유를 사기 위해 반드시 달러를 비축해야만 하는 구조에 갇혔다. 이는 미국이 천문학적인 부채를 짊어지고도 파산하지 않는 터무니없는 특권을 50년 넘게 누릴 수 있게 한 원동력이었다. 국제정치경제학자 로버트 길핀(Robert Gilpin)은 저서 《국제관계의 정치경제학(The Political Economy of International Relations, 1987)》에서 이 체제가 단순한 경제 협정을 넘어 미국의 세계 패권을 지탱하는 '구조적 권력(Structural Power)'으로 작동했음을 강조했다.

그러나 2026년 현재 이 견고했던 페트로달러 시스템은 해체의 위기에 직면해 있다. 사우디아라비아가 중국과 위안화 결제를 논의하고 브릭스(BRICS, 브라질·러시아·인도·중국·남아프리아공화국으로 미국 체제에 대응하는 경제 블록) 체제에 가입하는 등 달러 단일 결제 원칙에 균열을 내고 있기 때문이다. 미국의 셰일 혁명으로 인한 에너지 자급자족과 트럼프 행정부의 고립주의적 외교 노선은 사우디이라비아와의 밀착 관계를 약화시켰다. 이는 50년간 달러를 지탱해온 석유라는 방패가 사라지는 결과를 초래한다.

페트로달러 시스템의 균열은 2016년 버락 오바마 행정부가 사우디아라비아의 미국 국채 보유량을 공개한데서 비롯되었다. 미국이 40년 넘게 지켜온 금기를 깨고 2016년 사우디아라비아의 국채 보유 규모를 전격 공개한 배경에는 미국 내 정치적 압박, 외교적 균열, 그리고 금융시장의 투명성 요구라는 세 가지 결정적인 이유가 얽혀 있다.

첫째는 9·11 테러 배후설과 관련한 미국 내 여론 및 의회의 압박이었다. 2016년 당시 미국 의회에서는 9·11 테러 희생자 가족들이 사우디아라비아 정부를 상대로 소송을 제기할 수 있도록 허용하는 이른바 '테러 지원국에 맞서는 정의 법안(JASTA)'이 추진되고 있었다. 이 법안은 은 9·11 테러 발생 15주년을 맞아 희생자 유가족들이 테러의 배후로 의심받던 사우디아라비아 정부를 상대로 미국 법정에서 직접 손해배상 소송을 제기할 수 있는 법적 근거를 마련하기 위해 발의되었다. 당시 미국 사회에서는 9·11 테러 조사 보고서 중 사우디아라비아 정부의 연루 의혹이 담긴 28페이지 분량의 기밀 문서를 공개하라는 여론이 비등했다. 유가족들의 강력한 로비는 정치권에 거센 압박으로 작용했다.

이 법안을 주도한 척 슈머 민주당 의원과 존 코닌 공화당 의원은 테러로 고통받은 자국민의 법적 권리 구제가 외국 정부의 주권 면제 특권보다 우선한다는 명분을 내세웠다. 그 이면에는 대선을 앞두고 유권자들의 애국심과 정의감을 자극하여 정치적 입지를 다지려는 의도가 강하게 투영되어 있었다. JASTA 법안의 핵심 내용은 외국 정부가 미국 영토 내에서 발생한 국제 테러 행위에 직간접적으로 관여했을 경우, '주권 면제(Sovereign Immunity)' 원칙을 적용하지 않고 미국 법원의 관할권 아래 두어 민사 소송의 피고가 될 수 있도록 법적 빗장을 푸는 것이었다. 이에 사우디 정부는 미국 내 보유 중인 약 7,500억 달러 규모의 자산을 매각하겠다는 초강수를 두며 강력히 반발했다. 오바마 행정부 역시 해외 주둔 미군이나 정부 기관이 역으로 타국의 소송 대상이 될 수 있다는 '상호주의 원칙'의 파괴를 우려해 거부권을 행사했으나, 의회는 압도적인 표차로 거부권을 무력화하며 법안을 통과시켰다.

법안의 통과는 사우디아라비아에게 미국 국채가 더 이상 안전자산이 아니라 언제든 정치적 이유로 압류될 수 있는 '인질'이 될 수 있다는 사실을 각인시켰다. 법안 통과 직후 사우디아라비아는 미국 내 보유 자산 7,500억 달러를 매각하겠다는 경고를 행동으로 옮기기 시작했다. 사우디아라비아의 미국 국채 보유액은 2016년 초 약 1,168억 달러에서 꾸준히 감소하여 최근 몇 년 사이 1,000억 달러 선을 위협받는 수준까지 떨어졌다. 이러한 자산 회수 움직임은 사우디아라비아의 최대 원유 수입국인 중국과의 밀착으로 이어졌다. 이는 달러의 독점적 지위에 균열을 내는 '페트로위안화(Petroyuan)' 논의의 핵심 동력이 되었다.

2022년 말 시진핑 주석의 리야드 방문을 기점으로 사우디아라비아는 일부 대중국 석유 수출 대금을 위안화로 결제하는 방안을 검토했다. 이는 중국이 위안화를 실물 금으로 바꿔줄 수 있는 상하이금거래소(SGE) 시스템과 결합하면서 더욱 강력한 파괴력을 갖게 되었다. 사우디아라비아 입장에서는 미국 법원의 자산 동결 위험이 상존하는 달러 대신, 추적이 어렵고 실물 가치가 보장되는 금으로 언제든 전환 가능한 위안화 결제를 선택했다. 2026년 현재 사우디가 브릭스 체제 내에서 석유 결제 통화 다변화를 선언한 것은 50년 전 윌리엄 사이먼이 구축했던 페트로달러 체제가 종말을 고하고 있음을 보여준다. 이는 결국 글로벌 중앙은행들이 달러 비중을 줄이고 금 비축량을 역사적 수준으로 끌어올리는 자산 대이동의 결정적 배경이 되었다.

둘째는 미국과 사우디아라비아간의 외교적 밀월 관계가 식었기 때문이다. 2010년대 들어 미국은 '셰일 혁명'을 통해 세계 최대 산유국이 되었다. 더 이상 사우디의 석유에 절대적으로 의존하지 않아도 되는 상황이다. 오바마 행정부가 사우디아라비아의 숙적인 이란과 핵 합의(JCPOA)를 추진하면서 양국 관계는 최악으로 치달았다. 미국 입장에서는 사우디아라비아를 '특별 대우'하며 국채 보유량을 숨겨줄 지정학적 실익이 감소하였다. 오히려 투명한 정보 공개를 통해 사우디아라비아의 '자산 매각 위협'이 과장되었음을 확인시켜 시장의 불안감을 잠재우려 했다.

셋째는 국제 금융시장의 투명성을 강화해야 한다는 기술적 요구였다. IMF와 같은 국제기구는 글로벌 금융 안보를 위해 각국 중앙은행의 자산 구성이 투명하게 공개되어야 한다고 꾸준히 압박해 왔다. 미국 재무부는 1970년대 중반 이후 사우디를 비롯한 일부 중동 산유국들의 국채 보유량을 '오일 수출국'이라는 하나의 카테고리로 묶어 뭉뚱그렸다. 이는 현대 금융 시스템의 데이터 정확성 측면에서 큰 결함으로 지적받았다. 2016년 5월, 미국 재무부는 사우디아라비아가 보유한 국채가 당시 알려진 위협론 (7,500억 달러)보다 훨씬 적은 1,168억 달러 수준임을 공개함으로써 시장의 과도한 공포를 차단했다.

2016년의 공개 사건은 1974년 윌리엄 사이먼이 구축했던 비밀스러운 페트로달러 동맹이 더 이상 유효하지 않음을 상징한다. 미국은 더 이상 사우디아라비아를 특별 관리할 필요가 없다고 판단했고, 사우디아라비아 역시 이를 계기로 미국 일변도의 투자에서 벗어나 중국, 러시아와 손을 잡는 각자도생의 길을 걷기 시작했다.

페트로달러 체제의 균열은 달러 패권에는 심각한 위기를 몰고 올 수 있다. 석유 결제에서 달러의 독점이 깨진다면, 해외에 머물던 수조 달러의 자금이 일시에 미국 본토로 회귀하며 하이퍼인플레이션을 촉발할 수 있다.

먼저 달러가 지난 50년간 어떻게 미국 외부에서 머물 수 있었는지, 그리고 그 댐이 터졌을 때 어떤 경로로 재앙이 닥치는지 살펴봐야 한다.

첫 번째 경로는 '달러 환류(Recycling) 시스템'이 중단되는 것이다. 페트로달러 체제하에서 전 세계 국가들은 석유를 사기 위해 울며 겨자 먹기로 달러를 보유해야 했다. 이렇게 각국 중앙은행에 쌓인 달러는 다시 미국 국채를 사는 데 쓰였고, 결과적으로 미국은 돈을 아무리 찍어내도 그 돈이 국내 시장에 풀려 물가를 자극하는 대신 해외 어딘가의 금고에 묶여 있게 만들었다. 석유 결제가 위안화나 유로화 등으로 다변화되면, 더 이상 다른 나라들이 막대한 달러를 들고 있을 이유가 없다. 이들이 보유했던 달러 국채를 시장에 던지기 시작하면, 수십 년간 해외에 머물던 수조 달러의 '종이 호랑이(국채)'들이 일시에 미국 국내 시장으로 쏟아져 들어오게 된다.

두 번째 경로는 '통화량이 폭발적으로 증가하고 구매력이 붕괴되는 국면'이다. 경제학자 밀턴 프리드먼(Milton Friedman)은 《화폐경제학(Money Mischief, 1992)》에서 "인플레이션은 언제 어디서나 통화적 현상"이라고 단언했다. 해외에서 회귀한 달러가 미국 내 은행 시스템과 실물시장에 유입되면 시중 통화량은 기하급수적으로 늘어난다. 반면 미국 내에서 생산되는 재화와 서비스의 양은 한정되어 있다. 너무 많은 달러가 너무 적은 물건을 쫓는 전형적인 하이퍼인플레이션 국면에 진입한다. 어제 1달러였던 사과가 오늘 10달러, 내일 100달러가 되면 화폐에 대한 신뢰를 완전히 파괴한다.

세 번째 경로는 '수입 물가가 수직으로 상승하는 국면'이다. 페트로달러 시스템이 무너져 달러 가치가 폭락하면, 미국인들이 해외에서 수입해 쓰는 모든 물건값이 천정부지로 솟구친다. 그동안 미국은 가치가 높은 달러 덕분에 전 세계의 자원을 저렴하게 소비하는 특권을 누려왔다. 달러 약세는 수입 비용을 폭등시켜 국내 물가 상승에 기름을 붓는다. 이는 1970년대 석유 파동 당시보다 훨씬 치명적이다. 당시엔 달러를 대체할 수단이 마땅치 않았지만 지금은 비트코인이나 금과 같은 대안 자산이 존재하기 때문에 달러로부터의 이탈 속도는 훨씬 빠를 수밖에 없다.

페트로달러의 해체는 지난 50년간 미국이 '전 세계에 전가한 인플레이션'이라는 부담을 한꺼번에 돌려받는 상황이 닥칠 수 있다는 걸 의미한다. 38조 달러의 부채를 짊어진 상태에서 금리마저 통제 불능으로 치솟으면 미국 정부는 이자를 갚기 위해 더 많은 돈을 찍어내야 하고, 이는 다시 가치 하락을 부르는 악순환의 늪에 빠질 수 있다.

3장

트럼프 골드 쇼크, 장부를 고쳐 달러를 벌다

금은 최후의 담보인가, 낡은 족쇄인가

현재, 미국은 여전히 8,133톤의 금을 가진 세계 최대 금 보유국이다. 금은 사실 그리 유용한 금속은 아니다. 미국은 왜 지난 50년간 금을 금고에 보관했을까.

닉슨 쇼크 이후 미국의 금 준비금을 둘러싼 논쟁의 핵심은 달러가 금 없이도 기축통화의 지위를 유지할 수 있는가에 대한 것과 관련 있다. 1971년 닉슨 대통령의 전격적인 금 태환 정지 선언은 전후 세계 경제를 지탱하던 금의 가치를 부정한 것이었기 때문이다. 이는 1970년대 미국 재무부 중심의 '금 비화폐화

(Demonetization)' 전략과 이에 맞선 유럽 국가들의 '실물담보 유지론' 사이의 날선 대립으로 시작되었다. 미국은 금의 족쇄를 완전히 벗어던져야만 무제한적 달러 발행이 가능하다는 점을 간파했다. 이를 위해 미국은 국제 통화 질서에서 금을 단순한 원자재로

■ 닉슨 쇼크 이후 미국의 금 비화폐화 전략

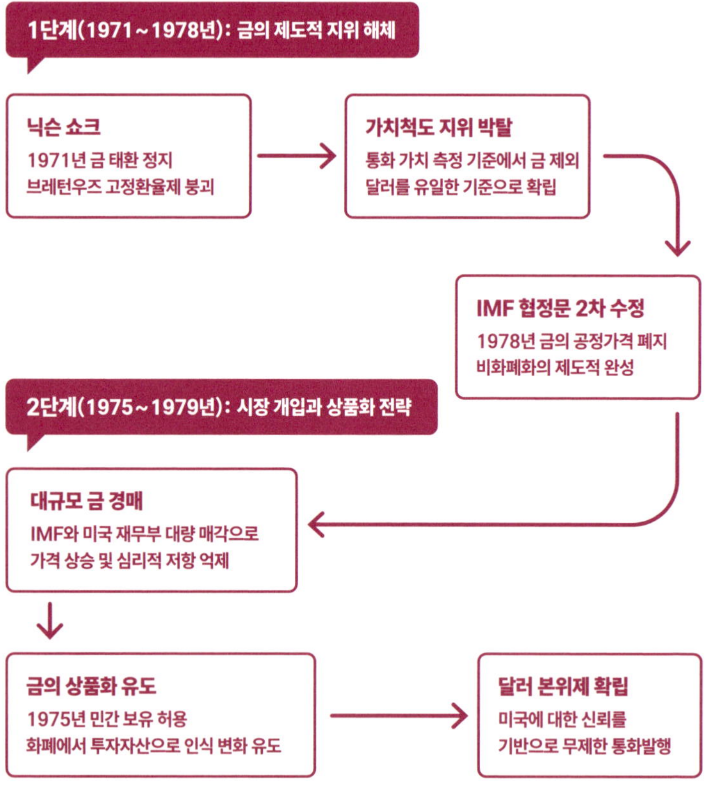

격하시키려 했다. 유럽 국가들은 이러한 시도가 미국의 무책임한 달러 발행을 정당화하는 수단이라고 직격했다.

■ 온스당 금 가격으로 보는 달러의 구매력 변화

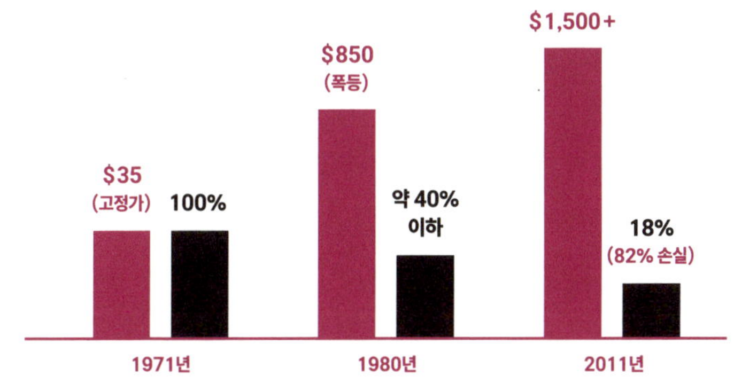

닉슨 쇼크 이후 미국 재무부는 국제통화기금이라는 무대를 활용해 금의 화폐적 가치를 파괴하는 고도의 공세를 펼쳤다. 윌리엄 사이먼 당시 재무장관이 금의 비화폐화 전략을 주도했다. 사이먼 장관은 금이 국제 통화 시스템의 중심에 남아있는 한 미국이 무제한으로 달러를 발행해 적자를 메우는 방식이 불가능하다는 점을 간파했다. 그는 1976년 1월 자메이카에서 열린 IMF 잠정위원회 회의를 통해 '킹스턴 체제'를 구축했다. 온스당 35달러라는 금의 공식 가격을 완전히 폐지한 것이다. 당시 미국은 킹스턴 협정을 통해 IMF 회원국들이 더 이상 금에 화폐 가치를 고정하지

못하도록 명문화함으로써 금을 단순한 원자재로 격하시켰다. 동시에 IMF가 보유하고 있던 막대한 양의 금을 시장에 강제로 매각하는 IMF 금 경매(1976~1980년)를 단행했다.

IMF 금 경매는 미국 재무부가 주도한 금의 비화폐화 공작 중 가장 공격적인 조치였다. 이는 킹스턴 협정의 후속 조치로서 IMF 보유 금의 3분의 1에 달하는 약 2,500만 온스(약 777톤)를 시장에 매각하는 게 골자다. 당시 미국은 개발도상국 지원이라는 인도주의적 명분을 내세워 경매 수익금을 신탁 기금으로 전환한다고 발표했다. 실제 목적은 금이 일반 원자재에 불과하다는 신호를 시장에 각인시키는 데 있었다.

1976년 6월, 첫 경매가 시작되자 미국 재무부는 금값이 국제 통화 시스템에서 퇴출되고 있다고 자축했다. 시간이 지나면서 상황이 역전됐다. 인플레이션이 심화되자 유럽 중앙은행들과 민간 투자자들이 IMF가 내놓은 매물을 대거 빨아들이며 1980년 금값이 오히려 온스당 850달러까지 폭등했다. 당황한 미국 재무부는 미국이 자체적으로 보유한 금까지 시장에 내다 팔았다. 금값 상승을 억제하려는 필사적인 공세였다. 경매 낙찰자 명단에서 중앙은행들을 배제하거나 금 투자를 위험한 도박으로 묘사하는 등 금의 '신성함'을 파괴하기 위한 고도의 외교적·심리적 압박을 병행했다.

4년간의 경매는 금의 시장 가격을 완전히 무너뜨리는 데는 실패했다. 하지만 국제 금융의 회계 단위와 규정에서 금을 영구적으로 삭제하고 달러만이 유일한 가치 척도로 남게 하는 제도적 승리를 거두었다. 미국은 비로소 금 보유량의 한계 없이 달러를 발행하는 '부채 기반 경제'로 진입했다.

이러한 조치는 시장에 금이 더 이상 귀한 담보가 아니라 정부가 언제든 처분할 수 있는 매물이라는 인식을 심어주어 금값을 인위적으로 억제하려는 심리전이었다. 미국은 이를 통해 달러가 국가의 법적 권위만으로도 충분히 작동할 수 있음을 전 세계에 강요하여 미국이 금 보유고라는 물리적 한계에 구애받지 않고 글로벌 유동성을 독점하려는 고도의 전략을 완성했다.

프랑스를 필두로 한 유럽 중앙은행들은 금이 없는 달러는 언제든 인플레이션을 전 세계로 수출할 수 있는 위험한 화폐라고 비판했다. 때문에 금을 여전히 국제 결제의 최종 수단으로 남겨두어야 한다고 주장했다. 유럽 국가들은 달러가 가치를 잃고 표류할 때 자신들의 자산 가치를 보존할 유일한 수단은 금뿐이라고 믿었다. 미국이 금을 시장에 내다 팔라고 압박할 때도 오히려 비밀리에 금을 사들이며 달러 패권에 대한 '보험'을 들었던 것이다.

이러한 논쟁은 1980년대 초반 미국이 심각한 스태그플레이션 (Stagflation, 경기 침체와 물가 상승이 동시에 일어나는 현상)을 겪으며 다시 한번 불붙었다. 이번엔 미국과 유럽 사이가 아니라 미국 내에서 벌어졌다. 1980년대 초 극심한 스태그플레이션의 늪에 빠져 있던 미국은 달러의 신뢰를 회복하기 위해 '금본위제로의 복귀'라는 역사적 회귀를 진지하게 검토했다. 이 과정에서 1981년 로널드 레이

건 대통령은 대선 공약의 연장선상에서 금이 통화 시스템에서 수행해야 할 역할을 재평가하기 위해 '금 위원회'를 설치했다. 재무 장관을 의장으로 하고 국회의원과 연준위원 등이 위원으로 참여했다. 이 위원회에서는 인플레이션의 근본 원인이 금이라는 '닻'을 잃어버린 정부의 무분별한 발권력에 있다고 주장하는 잭 켐프(Jack Kemp) 의원과 주드 와니스키(Jude Wanniski) 같은 공급 중시 경제학자들이 금본위제 복귀를 강력히 제안했다. 반면 당시 연준 의장이었던 폴 볼커는 금본위제 복귀가 통화 정책의 자율성을 완전히 박탈하고 현대 경제의 복잡성을 무시하는 위험한 발상이라며 강력히 반대했다. 그는 중앙은행이 금리를 극단적으로 올리는 방법으로 달러의 신뢰를 충분히 회복할 수 있다는 '정책적 의지'를 증명해 보이고자 했다. 결국 1982년 3월 금 위원회는 폴 볼커의 고금리 정책이 인플레이션을 잡기 시작하면서 복귀 명분이 약해지자 "현 시점에서 금본위제로의 복귀는 바람직하지 않다"는 최종 보고서를 제출했다.

그리고 미국은 금을 공식적인 통화 기준으로 사용하지는 않되 포트녹스 등에 세계 최대 규모의 금 비축량을 그대로 유지하는 '전략적 모호성'을 택하게 됐다. 금을 화폐 시스템에서 퇴출하되, 만에 하나 달러 신용이 붕괴될 경우를 대비한 최후의 보험으로서 금을 유폐시킨 것이다.

금값은 올랐는데 장부 가격은 왜 그대로인가

2000년대 초반 미국의 쌍둥이 적자(재정 적자와 경상 수지 적자)와 부채 문제가 심화하면서 '금 재평가(Gold Revaluation)' 논쟁이 다시 수면 위로 떠올랐다. 이 논쟁은 미국 재무부 장부상 온스당 42.22달러로 묶여 있는 8,133톤의 금을 시장 가치로 현실화해 그 차액으로 미국의 부채 문제를 해결하자는 발상에서 시작됐다.

이 논쟁이 대중적 주목을 받은 결정적 계기는 2008년 글로벌 금융위기 직후 연방준비제도가 무제한 양적완화를 통해 부채를 급증시키던 시점이다. 당시 론 폴(Ron Paul) 텍사스주 하원의원은 연준의 자산 건전성에 의문을 제기하며 포트녹스에 보관된 금의 실사와 재평가를 강력히 요구했다. 론 폴은 텍사스주를 기반으로 12선을 지낸 공화당 중진 의원이었다. 하지만 당론에 얽매이지 않고 개인의 자유와 헌법에 기초한 엄격한 통화 질서를 강조하며 '닥터 노(Dr. No)'라는 별명을 얻을 만큼 자유지상주의 성향이 강했던 이였다. 론 폴이 포트녹스 실사와 금 재평가를 요구한 건 단순히 회계 투명성을 높이려는 의도가 아니다. 그것은 중앙은행 시스템인 연방준비제도의 존립 근거를 타격하려는 치밀한 정치적 투쟁이었다.

첫째 목적은 연준 폐지 운동인 '엔드 더 페드(End the Fed)'의 확산이었다. 론 폴은 연준이 투표로 선출되지 않은 권력임에도 불구하고 무제한적인 양적완화를 통해 화폐 가치를 파괴하고 부의 불평등을 심화시킨다고 믿었다. 그는 금 실사를 통해 포트녹스의 금이 장부보다 적다는 사실이 드러날 것으로 예상했다. 이는 연준과 재무부의 도덕적 파산을 의미하며 결국 연준을 폐지하고 금본위제로 복귀해야 한다는 자신의 정치적 숙원을 달성할 결정적 계기가 될 것으로 보았다.

둘째 목적은 법정 화폐 시스템의 기만성을 폭로하는 것이다. 론 폴은 정부가 아무런 실물담보 없이 종이돈을 찍어내는 행위 자체를 '합법적인 위조'로 규정했다. 온스당 42.22달러라는 터무니없는 가격으로 기록된 금 장부는 국민을 기만하는 회계적 허상이라고 비판했다. 그는 금 재평가를 통해 국민들에게 "달러의 가치가 얼마나 허약한 신용 위에 세워져 있는지"를 시각적으로 확인시키고자 했다. 금 장부 가격이 42.22달러에서 5,000달러로 바뀌는 순간 달러 가치가 그만큼 떨어졌다는 사실을 시장에서 직관적으로 확인할 수 있다고 생각한 것이다.

셋째는 미국 주권을 확인하고 해외 유출설을 검증할 목적이었다. 정치권 일각에서는 미국이 보유한 금이 이미 대형 은행들의 공매도 담보로 쓰였거나 독일 등 타국 중앙은행이 맡긴 금을 미국이 몰래 처분했다는 의혹들이 제기되고 있었다. 론 폴은 금 실사를 통해 포트녹스의 금이 온전히 미국의 소유로 남아있는지를 확인하는 과정을 국가 안보와 주권의 문제로 격상시켰다. 이를 통해 연준의 폐쇄적인 운영 방식을 대중의 감시 아래 놓이게 함으로써 기득권 금융 세력에 대한 강력한 정치적 압박을 가했다.

　론 폴의 이러한 파격적인 제안은 제임스 리카즈(James Rickards)와 같은 화폐 전략가들에 의해 이론적으로 구체화됐다. 제임스 리카즈는 미국의 변호사이자 투자 전략가로 복잡계 이론을 금융 시장에 접목해 국제 통화 시스템의 구조적 결함을 날카롭게 분석해 온 화폐 경제학의 권위자이다. 복잡계 이론은 개별 요소들의 단순한 합으로는 설명할 수 없는 전체 시스템의 유기적이고 역동적인 행태를 규명하는 현대 과학의 정점이다. 이 이론의 핵심은 수많은 구성 요소가 서로 얽히고설켜 예상치 못한 전체적 특성을 만들어내는 창발성(Emergence)과, 나비의 날갯짓이 태풍을 부르듯 작은 변수가 시스템 전체를 뒤흔드는 비선형성(Non-linearity)에 있다. 복잡계는 외부의 지휘자 없이도 스스로 질서를 찾아가는 자기조직화(Self-organization) 과정을 거치며, 완전한 질서와 무질서 사이의 아슬아슬한 접점인 '혼돈의 가장자리(Edge of Chaos)'에서 가장 폭발적인 생명력과 혁신을 보여준다. 2026년 현재 우리가 목격하고 있는 금값 폭등이나 달러 패권의 균열 역시 수조 달러의 자본, 지정학적 야망, 그리고 알고리즘 매매가 결합하여 만들어낸 전형적인 초복잡계적 현상으로 이해할 수 있다. 개별 경제 지표 하나에 집착하기보다 시스템 전체의 연결망과 피드백 고리를 읽어내는 이 시각은, 불확실성이 일상이 된 시대에 우리가 맞닥뜨린 거대한 변화의 파도를 이해하는 가장 정교한 지적 도구라 할 수 있다.

　리카즈는 CIA와 국방부에서 금융 전쟁과 비대칭 전력에 관한 자문을 맡았으며, 1998년 전 세계 금융위기를 초래했던 헤지펀드 LTCM 파산 당시 구조조정 협상을 주도하며 시스템 붕괴의 현장을 직접 목격한 실무 전문가이기도 하다. 닉슨 쇼크 이후 금의 화폐적 지위를 둘러싼 논쟁에서 리카즈는 《화폐 전쟁(Currency Wars: The Making of the Next Global Crisis, 2011)》을 통해 주류 경제학과는 궤를 달리하는 독보적인 금 재평가 논리를 전개했다. 그의 주장은 달러라는 법정 화폐 시스템이 붕괴 직전에 도달했을 때, 국가가 취할 수 있는 유일한 기술적 해법으로 금의 가치를 재정의하는 데 초점을 맞추고 있다.

리카즈는 금을 구리나 농산물 같은 일반 원자재로 취급하는 현대 경제학의 오류를 지적한다. 그는 금을 '가장 순수한 형태의 화폐'로 규정하며, 정부의 신용에만 의존하는 종이돈과 달리 금은 그 자체로 물리적 가치를 지닌 '무결점 자산'임을 강조한다. 따라서 전 세계적 통화 전쟁이나 하이퍼인플레이션으로 인해 달러에 대한 신뢰가 증발하는 시스템적 위기가 닥치면, 인류는 본능적으로 가장 확실한 가치 척도인 금으로 회귀할 수밖에 없다는 것이 그의 핵심 전제이다.

리카즈 논리의 핵심은 금값을 시장의 자율에 맡기지 말고 국가가 인위적인 '비평형 가격(Non-equilibrium price)'으로 재평가해야 한다는 점이다. 비평형 가격이란 시장의 수요와 공급에 의해 자연스럽게 결정되는 가격이 아니다. 이는 무너진 통화 시스템을 재건하기 위해 국가나 중앙은행이 인위적으로 선포하고 고정하는

'행정적 가격'을 의미한다. 리카즈는 현재 시장에서 거래되는 금값이 각국 중앙은행의 개입과 파생상품 시장의 영향으로 인해 화폐 발행량의 진실을 반영하지 못한다고 진단한다. 따라서 정부가 금값을 현재 시장가보다 훨씬 높은 수준으로 전격 재평가해야 한다는 게 리카즈의 논리다. 가격을 산출하는 공식은 단순하다. 현재 유통되는 통화량을 국가가 보유한 실물 금의 무게로 나누어 도출되는 '수학적 해답'이 바로 비평형 가격의 기준이 된다. 예를 들어 온스당 2,000달러대인 금값을 국가가 일시에 1만 5,000달러로 재정의하고 이 가격에서 금과 달러의 자유로운 교환을 보장한다면, 종이 화폐에 대한 신뢰는 실물자산이라는 강력한 닻을 얻어 즉각적으로 회복될 수 있다. 이는 물리적으로 금을 추가 확보하지 않고도 '가격의 재정의' 만으로 기하급수적으로 불어난 국가 부채 비중을 낮추고 달러의 실물담보율을 강제로 높이는 효과를 가져온다.

가장 강력한 반론은 정부가 시장 가격과 동떨어진 임의의 가격을 설정할 때 발생하는 실효성의 문제다. 리카즈는 이를 단순한 가격 선언이 아닌 통화 시스템의 '강제적 재설정(Reset)' 관점에서 반박한다. 그는 우선 시장 가격과의 괴리 문제를 해결하기 위해 연준이 특정 가격에 금을 무제한으로 매입하고 매도하는 '공개 시장조작'을 수행해야 한다고 주장한다. 예를 들어 연준이 시장가보다 훨씬 높은 온스당 1만 달러에 금을 사겠다고 선언하면, 전 세계의 금 유동성이 연준으로 집중되면서 시장 가격은 즉각 연준이 제시한 가격으로 수렴하게 된다는 논리다. 이는 정부가 금의 최종 구매자(Buyer of Last Resort)로서 시장에 직접 개입하여 가격을 강제로 고정시키는 메커니즘을 의미한다.

최근 트럼프 행정부나 공화당이 "금을 팔아 비트코인이나 국채를 매입한다"는 표현을 쓰는 건 시장이 이해하기 쉽게 직관적으로 설명하기 위해서다. 금의 장부상 재평가는 기술적인 회계 조정을 의미하는 것이지 실제 금고에 있는 금은 단 1g도 시장에 내다팔 필요가 없다. 재무부가 금 가치를 온스당 1만 달러로 재평가한 경우를 가정해 보자. 이를 통해 재무부는 장부상 평가차액인 약 2조 6,000억 달러에 해당하는 새로운 '금 준비금 증서'를 발행해 연준에 넘긴다. 연준은 이만큼 달러를 찍어 재무부에 보내면 금을 '팔아' 돈을 마련하는 회계적 마술이 완성되는 것이다. 이런 장부 조정은 포트녹스 금고에 있는 실물 금에는 손을 대지 않아도 얼마든지 가능하다.

재무부는 이렇게 확보된 현금으로 시장에 나온 국채를 직접 사들여 금리 상승을 억제하는 수익률곡선통제(YCC)를 실행하거나, 비트코인을 대량 매집하여 국가의 전략적 자산을 비축하는 과정을 밟게 된다. 이 과정에서 연준은 2조 6,000억 달러 규모의 금 증서라는 자산이 늘어나고, 재무부에 넘겨준 2조 6,000억 달러 현금은 부채로 기록된다. 미국은 연준과 재무부의 대차대조표에 숫자를 바꾸는 것만으로도 2조 6,000억 달러의 현금을 확보할 수 있다.

이런 회계 기법이 인위적 가치 조작이라는 비판에 대해 리카즈는 아무런 실체 없는 종이돈을 무제한으로 발행하는 현재의 법정 화폐 시스템이야말로 가장 큰 조작이라고 역설한다. 그는 금 태환을 전제로 하는 금본위제로의 돌아가자는 것은 아니지만, 빚(국채)으로 달러를 찍는 게 아니라 금이라는 실물자산을 담보로 부채 없는 달러를 발행할 수 있다는 면에서 금 재평가가 훨씬 합리적인 수습책이라고 주장한다. 법정 화폐 시스템의 허점을 이용한 부채 해결법이란 의미다.

리카즈는 급격한 금값 인상이 하이퍼인플레이션을 초래할 것이라는 주류 학계의 비판을 정면으로 반박한다. 그는 금 재평가가 인플레이션을 유발하는 것이 아니라, 오히려 '달러 가치가 금에 대해 폭락하는 과정'을 국가가 선제적으로 통제해 시장에 명확한 수치를 제시하는 행위라고 보았다. 온스당 수만 달러라는 압도적인 가격을 고정함으로써 시장에 "더 이상 무분별한 달러 발행은 없다"는 신호를 주어, 화폐 시스템에 '심리적 정박지'를 제공해야 한다는 논리다.

금 재평가와 비트코인 전략비축의 상관관계

이러한 리카즈의 논리는 2026년 현재 미국 정부가 비트코인을 팔지 않는 '최후의 보유자'가 됨으로써 달러의 디지털 담보로 세우려는 전략비축(SRB) 구상에 핵심적인 이론적 토대가 됐다. 리카즈의 주장은 현행법을 근거로 하고 있어 트럼프 행정부가 마음만 먹으면 언제든 시행이 가능하다. 리카즈가 말하는 금 재평가의 법적 근거는 '1934년 금 준비법(Gold Reserve Act)'과 '연방준비은행 회계 매뉴얼(FAM) 섹션 2.10'이다. 1934년 금 준비법은 미국 내 모든 금 소유권을 재무부에 귀속시키면서 재무부 장관이 대통령 승인하에 금의 공식 가격을 설정할 수 있는 독점적 권한을 부여했다. 금 준비법은 대공황이라는 전무후무한 경제 위기 속에서 미국 정부가 달러 가치를 인위적으로 떨어뜨려 경기를 부양하기 위해 미국 정부가 단행한 조치였다. 당시 미국은 심각한 디플레이션과 실업에 시달리고 있었으나 금본위제의 제약으로 인해 돈을 마음대로 찍을 수 없었다. 이에 프랭클린 루스벨트 대통령은 1933년 행정명령으로 민간의 금 소유를 금지한 뒤 1934년 1월 30일 해당 법안을 통과시켰다. 당시 재무장관이던 헨리 모건소 주니어는 금 준비법의 실무를 총괄하며 모든 금의 소유권을 연준으로부터 재무부로 귀속시켰다. 루스벨트 대통령은 법 시행 바로 다음 날인 1월 31일에 금의 공식 가격을 온스당 20.67달러에서 35달러로 약 70% 인상한다고 선포했다. 이러한 조치는 코넬대학의 경제학자 조지 워런(George Warren)의 이론적 자문을 바탕으로 설계되었다. 재무부는 단순히 금의 장부 가격을 올리는 것만으로 약 28억 달러의 회계적 이익을 거두었다.

루스벨트 행정부는 이 재평가 이익 중 20억 달러를 활용해 '환율안정기금(ESF)'을 창설했다. 이는 의회의 예산 통제를 받지 않는 특별 회계 계좌다. 환율안정기금은 달러의 가치를 지킨다는 명분으로 행정부가 마음대로 쓸 수 있는 통화 정책 수단이다. 통화 정책은 의회의 권한이지만, 대공황이란 비상 상황이 이 권한의 일부를 행정부가 탈취하는 강력한 명분이 됐다. 이는 국가가 비상시에 자산 가격을 임의로 조정해 막대한 재원을 마련할 수 있다는 전례를 남겼다. 이어 오늘날 트럼프 행정부가 구상하는 금 재평가를 통한 비트코인 비축 전략의 가장 강력한 법적·역사적 뿌리가 되고 있다. 리카즈는 이 조항이 현재 온스당 42.22달러인 금값을 의회 투표 없이 1만 달러 등으로 즉시 수정할 수 있는 법적 치트키라고 주장한다.

이와 연결된 연준 회계 매뉴얼 섹션 2.10은 재무부가 금을 화폐화(Monetize)할 때 연준이 어떻게 장부를 처리해야 하는지 상세히 규정하고 있다. 재무부가 금의 공식 가격을 변경해 새로운 금 증서를 제출하면 연준은 이를 자산으로 잡고 그 차액만큼 재무부 예금 계좌에 현금을 즉시 입금해 줘야 할 회계적 의무가 있다. 락커즈가 자신의 주장을 펼치던 당시 연준 의장이었던 벤 버냉키(Ben Bernanke)를 비롯한 제도권 경제학자들은 인위적인 금 재평가가 국제 사회에 미국의 파산 신호를 주어 달러의 기축통화 지위를 붕괴시킬 수 있다고 경고했다. 이들은 금 재평가가 달러의 패권적 지위를 근본적으로 뒤흔들 수 있는 세 가지 치명적인 위험성을 경고했다.

첫째는 '암묵적 파산 선언'으로 해석될 여지였다. 벤 버냉키는 장부상 가치를 인위적으로 올리는 행위 자체가 국제 금융시장에 미국이 더 이상 정상적인 세수나 경제 성장을 통해 부채를 상환할 능력이 없음을 자인하는 꼴이라고 보았다. 금 재평가는 채무자가 빚을 갚기 위해 집안의 골동품 가격을 억지로 높여 부풀리는 절망적인 회계 조작으로 비춰질 수 있으며, 이는 달러 투매와 국채 금리 폭등을 유발하는 트리거가 될 수 있다는 논리였다.

둘째는 '법정 화폐 시스템(Fiat System)의 자기부정'으로 해석될 수 있어서였다. 연준 입장에서 달러의 가치는 미국의 국력과 연준의 정교한 통화 정책에 의해 유지되어야 한다. 만약 금 가치를 재평가해 달러를 방어하려 한다면, 이는 역설적으로 "달러는 오직 금에 의해서만 가치를 인정받는다"는 사실을 인정하는 셈이 된다. 이는 1971년 닉슨 쇼크 이후 구축해 온 '금 없는 달러'의 정당성을 뿌리째 흔들고, 연준이 가진 무소불위의 통화 조절 권력을 스스로 반납하는 자가당착에 빠지게 된다는 경고였다.

셋째는 '글로벌 통화 질서의 대혼란'이다. 금 재평가는 전 세계 중앙은행들이 보유한 외환보유고의 가치를 하룻밤 사이에 요동치게 만드는 무책임한 조치가 된다. 특히 금 비축량이 적고 달러 자산이 많은 국가들은 상대적인 자산 가치 하락을 겪게 된다. 우리나라가 대표적이다. 이는 기축통화국으로서 미국이 지켜온 '예측 가능성과 안정'이라는 공적 신뢰를 파괴하는 행위로 간주될 수 있다.

제도권의 완강한 저항으로 미국은 포트녹스에 8,133톤이라는 세계 최대의 금을 보유하고도 장부상으로는 온스당 42.22달러, 총액 약 110억 달러라는 미미한 자산으로 기록하는 '회계적 유폐' 상태를 선택했다. 이는 금의 실물 가치를 인정하는 순간 달러의 신용 가치가 훼손될 수 있다는 공포가 만들어낸 기묘한 불일치였다.

트럼프가 금 재평가 논쟁에 다시 불을 붙인 이유는 버냉키가 우려했던 '신뢰의 붕괴'가 금 재평가가 아닌 38조 달러의 부채 그 자체에 의해 발생하고 있기 때문이다. 이제 미국은 달러를 지키기 위해 금을 부정하던 시대를 지나, 금 혹은 비트코인이라는 실물담보를 다시 끌어들여야만 시스템을 연장할 수 있는 역사적 변곡점에 서 있다는 판단에서다.

실물자산을 국가 안보와 주권과 연결하는 움직임은 2020년대 중반 신시아 루미스(Cynthia Lummis) 공화당 상원의원에 의해 '디지털 자산 주권론'으로 진화한다. 루미스는 비트코인을 '디지털 금'이자 미국의 '새로운 영토'로 정의함으로써 론 폴의 논리를 디지털 시대로 확장했다. 중국이 채굴력을 장악하고 러시아가 제재 우회 수단으로 비트코인을 비축하는 상황에서, 미국이 이를 선점하지 못하는 것은 과거 금을 잃는 것만큼이나 치명적인 안보 공백을 초래한다는 주장이다. 루미스 의원은 이 같은 논리로 국방수권법(NDAA)을 통해 금융자산을 국방부와 정보 당국이 관리해야 할 '전략 물자'로 격상시킴으로써, 비트코인 비축을 적대국의 사이버·금융 공격에 대응하는 '디지털 방어 체계'로 편입시키는 것에 성공했다. 자산의 성격만 실물에서 디지털로 바뀌었을 뿐 국가의 생존을 자산의 선점과 통제권에서 찾으려는 주권 확보의 투쟁이라는 본질은 변하지 않았다.

금에서 비트코인으로, 디지털 포트녹스로의 이전

금 재평가 차익으로 비트코인을 사는 '자산 스왑(Asset Swap)' 구상은 임계점에 도달한 부채 위기 속에서 달러의 기축통화 신뢰를 재구축하기 위해 고안된 트럼프식 통화 전략이다. 이 파괴적 혁신은 2024년 7월 '비트코인 2024 컨퍼런스'를 기점으로 신시아 루미스 상원의원이 발의한 '비트코인 전략비축 법안(BITCOIN Act of 2025, 약칭 비트코인 액트)'을 통해 정책적 실체로 부상했다. 트럼프 행정부의 경제 참모진들이 이에 가세하며 미국 국가 재정의 대전환을 예고하고 있다(2026년 초 기준 비트코인 액트는 주 단위에서 법안들이 통과되고 있으며 연방 단위에서 입법이 추진되는 상황이다).

루미스 상원의원이 발의한 비트코인 전략비축 법안은 미국의 국가 재정 담보를 비트코인으로 확장하여 부채 위기를 돌파하려는 입법 시도이다. 이 법안의 핵심은 미국 정부 차원의 공식적인 비트코인 전략비축(Strategic Bitcoin Reserve)을 구축하는 것으로, 5년에 걸쳐 매년 20만 개씩 총 100만 개의 비트코인을 매입하는 게 목표다. 이는 전체 발행량의 약 5%에 달하는 규모로, 미국을 전 세계에서 가장 많은 비트코인을 보유한 국가로 만들어 디지털 통화 패권을 선점하겠다는 것이다.

가장 파격적인 대목은 자금 조달 방식이다. 루미스 의원은 추가적인 증세나 국채 발행 대신, 미국 재무부가 보유한 금의 장부 가치(온스당 42.22달러)를 현재의 시장 가치로 재평가해 발생하는 회계적 이익을 활용할 것을 제안한다. 이렇게 창출된 수조 달러의 가치를 비트코인 매입 예산으로 할당하는 이른바 자산 스왑 방식을 법제화함으로써, 국가 부채를 늘리지 않고도 미래 성장 자산을 확보하는 기술적 경로를 마련한 것이다. 리카즈의 주장을 현실화하는 법안인 셈이다.

법안은 국가 자산으로서의 안정성을 보장하기 위해 강력한 'HODL(장기 보유)' 원칙을 명시하고 있다. 매입한 비트코인은 최소 20년 동안 매각할 수 없으며, 오직 국가 부채 상환이라는 특수한 목적을 위해서만 처분이 가능하다. 지리적으로 분산된 스토리지 시스템에 비트코인을 보관해 물리적·사이버 위협으로부터 보호하며, 재무부 장관이 비축량과 보안 상태를 정기적으로 의회에 보고하도록 했다.

이 법안은 비트코인을 미중 패권 전쟁 속에서 미국의 안보와 관련된 전략적 기술 자산으로 정의하는 선언이다. 이는 금이라는 과거의 자산에서 가치를 뽑아내어 비트코인이라는 미래의 엔진에 주입함으로써, 달러를 '수학적 알고리즘과 네트워크 효과에 의해 뒷받침되는 통화'로 재편하려는 거대한 통화적 실험의 시작이다.

2025년 발동된 트럼프 대통령의 '비트코인 전략비축 행정명령(Executive Order on Strategic Bitcoin Reserve)'은 달러 패권을 디지털 기반으로 재설계하려는 야심 찬 계획이다. 이 조치는 국제 금융 질서의 근간을 뒤흔드는 역사적 전환점이다. 트럼프는 2025년 취임 직후, 신시아 루미스 의원의 법안이 의회 문턱을 넘기 전 행정명령이라는 행정부의 권한을 선제적으로 행사했다. 과거 전략비축유(SPR)처럼 국가 비상사태나 부채 위기 시 달러를 방어하는 '디지털 방벽'을 구축하겠다는 선언이다. 루미스 법안에서 제안된 자산 스왑, 즉 금의 장부가치를 현실화해 그 차익으로 비트코인을 사는 방식은 행정명령의 실질적인 예산 집행 근거가 된다. 실제로 집행될 수 있도록 만들 엔진이 될 수 있는 것이다.

이 행정명령의 가장 깊은 역사적 의미는 준비금의 교체를 통한 기축통화 지위의 강제 전이에 있다. 준비금을 바꾸는 것이 기축통화의 기본 프레임을 교체하는 것이란 사실은 1947년 미국과 영국 간에 체결된 영미대출협정의 경험에서 알 수 있다.

제2차 세계대전 후 영국은 파산 위기에 처했다. 미국은 '영미대출법(Anglo-American Loan Agreement)'을 통해 37억 달러를 지원했다. 영국은 2차 세계대전 당시 전비 지출을 위해 발행한 파운드 채권을 달러로 갚게 된 것이다. 이는 파운드의 담보물이 달러라는 사실을 전 세계에 알리는 계기가 됐다. 이는 1944년 브레턴우즈 체제 이후에도 파운드화가 지켜온 국제 결제 화폐란 지위를 비로소 무너뜨렸다. 이 사건은 파운드 패권의 종말과 달러 기축통화 시대의 실질적인 개막을 알린 신호탄이었다.

트럼프의 이번 조치는 1947년 대출법이 그랬던 것처럼, 전 세계 중앙은행들에게 "이제 새로운 표준에 적응하라"는 메시지를 던진다. 금과 석유에 묶여 있던 달러의 운명을 비트코인이라는 수학적 알고리즘에 연결해, 부채 위기로 무너진 달러의 정당성을 회복하려 하는 것이다. 1947년이 파운드의 시대가 가고 달러의 시대가 왔음을 보여주었다면, 2025년 트럼프의 행정명령은 '물리적 자산 패권'의 시대가 가고 '디지털 네트워크 패권'의 시대가 도래했음을 선포한 역사적 대전환이다.

닉슨이 금의 사슬을 끊음으로써 달러 패권의 수명을 50년 연장했다면, 트럼프는 여전히 궁극의 화폐로 기능하는 금을 다시 소환해 달러 패권을 100년 더 늘리려는 야심찬 계획을 실행하고 있는 것이다. 이것이 '트럼프 골드 쇼크'의 본질이다. 트럼프 골드 쇼크는 달러 패권의 수명 연장 계획으로 '닉슨 쇼크 2.0 버전'이다.

비트코인이 금보다 우월한 이유

트럼프의 비트코인 전략비축 구상은 붕괴하는 달러 패권의 토대를 '인간의 정책'에서 '수학적 알고리즘'으로 옮기려는 역사적 승부수이다. 비트코인이 금보다 우월한 이유는 금 재평가를 통해 확보한 자금을 비트코인이라는 디지털 자산으로 바꿔 체제의 생존력을 연장하려는 지정학적 맥락에서 명확히 드러난다. 금은 수천 년간 가치를 보존해 왔으나, 가격이 상승할수록 채굴 기술이 발달하여 공급량이 늘어나는 공급 탄력성을 지닌다. 비트코인은 코드에 의해 2,100만 개라는 상한선이 영구적으로 박혀 있다. 가격이 아무리 폭등해도 공급 속도를 조절하는 난이도 조절 알고리즘 덕분에 공급량이 결코 늘어나지 않는다. 트럼프의 전략은 금 재평가를 통해 확보한 잠자는 자본을 이처럼 수학적으로 완결된 희소성으로 바꿈으로써, 미국의 대차대조표를 '인위적 정책'이 아닌 '불변의 프로토콜' 위에 세우려는 것이다. 이는 38조 달러의 부채 위기 속에서 달러의 가치를 지탱할 가장 견고하고 예측 가능한 담보를 확보하는 행위이다.

금은 가치를 보존하지만 스스로 증식하지 못한다. 비트코인은 채택률이 높아질수록 가치가 기하급수적으로 상승하는 네트워크 효과를 지닌다. 미국 재무부가 금의 일부를 비트코인으로 전환하는 것은 국가 자산 구조를 방어형에서 성장형으로 개편하여, 향후 비트코인의 기하급수적 상승분으로 국가 부채를 상쇄하겠다는 고도의 금융 공학적 계산이 깔려 있다. 이는 단순히 가치를 지키는 '닻'을 넘어, 부채를 녹여버릴 수 있는 '에너지 엔진'을 장착하는 것과 같다. 지정학적 관점에서 금은 물리적 무게로 인해 전시나 위기 상황에서 즉각적인 유동성 확보와 운송이 어렵고, 공급망 또한 적대적 경쟁국들의 채굴 지배력에 노출되어 있다. 비트코인은 국경과 물리적 공간의 제약을 받지 않고 빛의 속도로 이동하는 담보이다. 미국이 비트코인을 선점하는 것은 적대국들이 금이나 석유를 통해 달러 패권에 도전하는 통화 전쟁 상황에서, 가장 유동적이고 강력하며 검증 가능한 디지털 반격 수단을 확보한다는 걸 의미한다.

4장 트럼프와 월가의 전쟁

세계화로 금융을 독점한 월가 vs. 반세계화 선봉 트럼프

트럼프 행정부의 비트코인 전략비축 구상은 '세계화(Globalism)'에 대한 선전포고이다. 월가 금융 자본이 지배한 경제 구조를 해체하고 제조업 중심의 국가주의 경제로 돌아가려는 시도이다. 트럼프의 핵심 슬로건인 'MAGA(Make America Great Again, 미국을 다시 위대하게)'는 본질적으로 '산업 자본의 복권(復權)과 금융 자본의 견제'라는 이중 구조를 담고 있다.

닉슨 쇼크 당시 월가는 환호했다. 금 태환을 벗어난 달러의 변동성은 불확실성이 아니라 수익을 창출할 기회였다. 닉슨 쇼크

소식이 전해진 날 미국 증시는 이른바 '닉슨 랠리'로 폭죽을 터뜨렸다. 8월 16일 월요일 아침, 뉴욕 증권거래소가 개장하자마자 다우존스 산업평균지수는 하루 만에 32.93포인트(3.9%)나 폭등하며 당시 기준 역대 최대 일일 상승 폭을 기록했다.

당시 시티은행(現 시티그룹)의 월터 리스턴(Walter Wriston)과 체이스 맨해튼 은행의 데이비드 록펠러(David Rockefeller) 같은 월가의 거물들은 금이라는 '닻'이 사라진 자리를 무한한 '유동성'이 채울 것임을 간파했다. 금본위제 아래서는 금 보유량만큼만 화폐를 발행하고 대출할 수 있었다. 달러가 법정 통화가 되자 월가는 제약 없는 신용 팽창을 통해 대출 규모를 기하급수적으로 늘릴 수 있게 됐다. 이에 변동환율제를 상품화한 파생상품 시장이 꽃을 피웠다. 1972년 시카고상업거래소(CME)의 레오 멜라메드(Leo Melamed)는 밀턴 프리드먼의 조언을 받아 세계 최초의 통화 선물시장을 개설했다. 환율 변동 자체가 '거래 가능한 상품'으로 탈바꿈한 것이다. 그 결과로 미국 경제는 급격히 '금융화'되었다. 자본은 오랜 시간이 걸리는 공장 설립이나 설비 투자 대신, 즉각적인 수익 창출이 가능한 주식, 채권, 파생상품 등 금융자산으로 대거 쏠리기 시작했다. 이때부터 미국의 국부는 물건을 만드는 '생산'이 아닌 자본을 굴리는 '거래'에서 나오기 시작했다.

사실 닉슨 쇼크의 본질은 기존의 월가의 수익 모델과는 상충했다. 채권자인 월가 입장에서 달러 약세는 반가운 일이 아니었다. 되돌려 받을 돈의 가치가 떨어지기 때문이다. 닉슨 쇼크는 당

시 정부가 글로벌 금융시장을 따돌리기 위한 기습 공격에 가까웠
다. 월가 출신 금융 전문가이자 빌 클린턴 행정부에서 상무부 차
관보를 지낸 제프리 가튼(Jeffrey Garten)의 저서 《캠프 데이비드에서
의 3일(Three Days at Camp David, 2021)》에 따르면, 1971년 8월의 결정
을 앞두고 닉슨과 그의 참모들은 정보 유출로 인한 시장의 투기
를 막기 위해 철저히 보안을 유지했다. 월가의 핵심 인물들조차
발표 직전까지 이 사실을 까맣게 몰랐다.

　닉슨 쇼크의 골자는 당시 미국의 금 보유고가 100억 달러까지
떨어지며 400억 달러에 달하는 대외 부채를 감당할 수 없는 파산
직전의 위기에 몰리자, 행정부가 국가의 생존을 위해 일방적으로
금 창구를 닫아버린 것이다. 물론 정책 설계 과정에 깊숙이 참여
한 당시 재무부 차관보 폴 볼커가 체이스맨해튼은행 부사장 출신
이라는 점에서 월가의 금융 철학이 간접적으로 투영되었다는 시
각은 존재한다. 볼커는 금 태환 정지의 기술적 로드맵을 직접 짰
으며, 이는 나중에 월가가 금이라는 물리적 제약 없이 통화량을
팽창시켜 부를 독점하는 '금융 주도 세계화'와 부채 기반 시스템
의 토대가 되었다. 그러나 닉슨의 주된 동기에는 1972년 재선을
앞두고 수입품에 고율의 관세를 매겨 국내 일자리를 지키고 인플
레이션을 억누르려는 지극히 포퓰리즘적이고 정치적인 계산이
깔려 있었다. 이는 소비자 물가보다 노동자의 생산 역량을 중시
했던 중상주의적 국가주의의 결과물이었다. 닉슨 쇼크는 제조업
중산층을 되살려 표심을 가두려는 선거 공학의 결과였다.

그런데 금융화된 세계화 속에서, 달러의 지위는 '약하면서 강한 이중 구조'를 갖게 됐다. 발행량이 늘면서 달러의 가치는 급격히 떨어졌다. 하지만 페트로달러 체제에서 석유를 사기 위해 전 세계는 달러를 구매해야 하는 프레임에 묶였다. 월가가 만든 금융자산을 사기 위해 달러를 사야 한다. 때문에 달러는 원화 등 다른 국가의 화폐에 비해서는 강세를 유지했다.

상대적인 달러 강세로 미국 제조업 수출은 급격히 감소했다. 그리고 빠른 이익을 좇는 자본의 속성과 세계화 구조 속에서 미국의 제조업 몰락은 가속화됐다. 1980년대 들어 월가의 자산운용사들과 투자은행들은 '주주 가치 극대화'를 기업 경영의 절대선으로 내세웠다. 잭 웰치(Jack Welch)로 대표되는 경영진은 월가의 기대 수익률을 맞추기 위해 장기적인 연구와 개발(R&D) 투자보다는 단기 이익을 높이는 데 사활을 걸었다. 미국 전체 기업 이익 중 금융업 비중은 1980년대 초 10% 미만에서 2000년대 중반 40%까지 치솟았다. 이 과정에서 금융 자본은 기업에 '자산경량화(Asset-light)'를 강요했다. 이는 곧 제조업의 설비 투자 축소와 인력 감축으로 이어졌다.

금융화된 자본은 더 높은 자기자본이익률(ROE)을 달성하기 위해 미국의 높은 인건비와 규제를 피해 생산 기지를 해외로 이전하는 오프쇼어링(Offshoring)을 적극적으로 주도했다. 월가는 공장을 중국 등 저임금 국가로 옮겨 비용을 절감한 기업들에 높은 주가를 부여하며 보상했다. 그 결과 1970년대 말 약 1,900만 명에 달했던 미국 제조업 종사자 수는 2010년대 초 1,100만 명대로 주 저앉았다. 약 800만 개의 일자리가 사라진 미국 중서부 공업 지대는 러스트 벨트(Rust Belt)라는 폐허로 남게 됐다.

제조업이 공동화된 자리를 대신한 것은 월가가 발행한 부채였다. 미국은 더 이상 물건을 만들어 수출하는 나라가 아니라, 달러를 찍어 전 세계의 물건을 사오는 소비 국가가 됐다. 미국의 국가 부채는 1971년 약 4,000억 달러에서 2026년 38조 달러를 돌파하며 기하급수적으로 늘고 말았다. 연준과 대형 투자은행, 그리고 블랙록과 같은 거대 자산운용사로 구성된 세력은 부채 기반의 금융 시스템을 유지하며 부를 독점했다. 트럼프 대통령은 세계화를 주도하고 그 시스템 안에서 이익을 극대화하는 금융 세력을 '글로벌리스트'라고 부르는데 이들에게 세계화와 자유무역은 자본의 이익을 극대화하는 도구였으나 미국 국가 전체로 보면 산업 기반이 완전히 파괴되는 결과를 초래했다.

트럼프 1기 경제 참모이자 국수주의 전략가인 스티브 배넌(Steve Bannon)은 이를 "글로벌리스트들이 미국 중산층의 부를 도둑질해 중국과 월가에 상납한 역사적 비극"으로 규정하였다. 따라서 MAGA는 금융 수수료로 먹고사는 월가의 지대 추구(Rent-seeking) 모델을 타파하고, 공장을 다시 미국으로 불러들여 실물경제의 근육을 키우겠다는 중상주의적 국가주의를 표방한다.

월가가 관세전쟁을 싫어하는 이유

이를 이해하면 월가가 관세전쟁을 탐탁치 않아 하는 이유가 보인다. 트럼프의 보호무역주의는 제2차 세계대전 이후 미국이 구축한 '자유무역 질서'의 용도 폐기를 의미한다. 로버트 라이트하이저(Robert Lighthizer)는《자유무역이라는 환상(No Trade Is Free: Changing Course, Taking on China, and Helping America's Workers, 2023)》에서 "세계화가 미국의 국가 안보를 위협하고 산업 기반을 파괴했다"고 주장했다. 제조업 몰락을 안보 위기란 프레임으로 본 것이다. 이 책은 제2차 세계대전 이후 미국이 주도해 온 신자유주의적 국제 질서의 종말을 선언한 정책 선언문이다. 트럼프 1기 행정부에서 미국 무역대표부(USTR) 대표를 지낸 그는 이 책을 통해 지난 수십 년간 미국 경제를 지배해 온 자유무역 교조주의가 어떻게 미국의 산업 기반을 파괴하고 국가 안보를 위협했는지 구체적으로 폭로한다.

중국은 글로벌 금융 수익 구조의 핵심

핵심 논리는 주류 경제학이 맹신한 '소비자 후생 극대화'라는 가치가 실상은 미국의 노동자와 공동체를 파괴하는 독이 되었다는 점에 있다. 라이트하이저는 저렴한 수입품이 제공하는 단기적인 가격 혜택보다, 그 물건을 만들던 공장이 사라짐으로써 발생하는 지역 사회의 붕괴, 중산층의 몰락, 그리고 기술 주권의 상실이라는 사회적·국가적 비용이 훨씬 크다고 주장한다. 저가 중국 제품이 주는 행복보다 일자리를 잃은 슬픔이 더 크다는 것이다. 그는 "우리는 소비자이기 이전에 생산자이며 시민이다"라는 철학을 바탕으로, 무역 정책의 최우선 순위를 소비자의 장바구니 물가가 아닌 노동자의 일자리와 국가의 제조 역량에 두어야 한다고 역설했다.

그는 중국을 미국의 생존을 위협하는 적대국으로 규정했다. 중국이 보조금 지급, 지식재산권 탈취, 강제 기술 이전 등 중상주의적 정책으로 자유무역 시스템을 악용해 왔음을 지적하며, 미국이 생존하기 위해서는 중국에 대한 경제적 의존도를 완전히 끊어 내는 '전략적 디커플링(Strategic Decoupling)'이 필수라고 강조하였다. 반도체, 의약품, 에너지와 같은 핵심 분야의 공급망을 미국 내로 되돌리는 '리쇼어링(Reshoring)'은 선택이 아닌 생존의 문제라는 것이다.

라이트하이저는 관세를 상대국의 불공정 행위를 교정하고 미국의 산업 기반을 보호하며 세수를 확보하는 가장 강력하고 아름다운 지렛대로 재정의한다. 그는 모든 국가에 똑같이 적용되는 보편적 기본 관세와 상대방이 매기는 만큼 우리도 매긴다는 상호무역주의(Reciprocity)를 미래 무역 질서의 기본 원칙으로 제시한다. 이러한 그의 사상은 2026년 현재 트럼프 행정부가 집행하고 있는 강력한 보호무역주의와 비트코인 전략비축을 통한 경제 구조 리모델링의 이론적 교본이라 할 수 있다.

트럼프가 추진하는 정책은 반세계화(De-globalization)를 넘어선 리쇼어링(Reshoring)과 프렌드쇼어링(Friend-shoring)으로의 구조 개편이다. 프렌드쇼어링은 리쇼어링이 안 되면 우방국에라도 지으라는 것이다. 트럼프는 글로벌 공급망을 파괴함으로써 해외에서 저렴한 노동력을 착취해 이익을 극대화하던 글로벌 기업과 월가의 수익 모델을 정조준한다. 이는 자본의 효율성보다는 국가의 자급자족과 안보를 우선시하는 '지경학'으로의 회귀다.

관세전쟁은 미중 패권전쟁이 아니다

레이 달리오는 저서 《변화하는 세계 질서》에서 지금 상황을 미국의 '내전 상태'라고 규정했다. 달리오는 역사적 빅 사이클을 분석하며 현재 미국이 내부적 평화와 번영을 지나 갈등과 쇠퇴의 징조가 뚜렷한 '내부 사이클 5단계'에 깊숙이 진입했다고 진단한다. 한 국가가 막대한 부채를 쌓고 빈부 격차가 극심해지는 이 단계에서는 기득권 세력과 소외된 민중을 대변한다는 포퓰리스트 지도자들 사이에 타협 불가능한 정면충돌이 발생한다. 상위 0.1%가 하위 90%와 맞먹는 부를 소유하게 된 현재의 미국은 경제적 자원을 재배분하려는 힘과 이를 수호하려는 힘이 충돌하는, 사실상 경제적 내전 상태에 놓여 있다. 이 과정에서 중앙은행이 부채를 갚기 위해 무분별하게 돈을 찍어내 화폐 가치를 떨어뜨리면 화폐 시스템에 대한 신뢰가 붕괴된다. 이는 기존의 금융 질서

를 유지하며 이익을 챙기던 월가 엘리트들에 대한 대중적 분노로
이어진다.

영국 〈파이낸셜타임스(FT)〉는 이러한 현상을 두고 지난 50년
간 시장의 효율성과 자본의 논리가 지배했던 '금융 자본주의' 시
대가 종언을 고하고, 국가의 안보와 통치 권력이 모든 경제적 결
정을 압도하는 '정치 자본주의' 시대가 도래했음을 선포했다.
〈FT〉의 분석에 따르면, 트럼프 행정부가 제롬 파월(Jerome Powell)
연준 의장을 사법적으로 압박하고 제이미 다이먼(Jamie Dimon)과 같
은 월가의 상징적 인물들에게 전방위적인 소송을 거는 행위는 단
순한 정책 수정을 넘어, 자원배분의 권한을 시장에서 국가로 강
제 환수하려는 선전포고와 같다. 트럼프가 월가에 요구하는 것은
과거와 같은 대등한 파트너십이나 적당한 타협이 아니라 행정부
의 국가주의적 목표에 대한 '완전한 굴복'이다.

관세전쟁 본질은 산업자본과 금융자본의 내전

트럼프의 반세계화 정책은 19세기 링컨이 영국 시티오브런던
과 월가의 금융 지배에 맞서 구축하려고 했던 '미국 체제(American
System)'를 21세기 월가 글로벌리스와 딥스테이트 연합의 현대판
약탈 세력에 맞서 부활시키려는 '제2의 미국 체제'라고 할 수 있
다. 미국 남북전쟁(1861~1865년)의 본질은 노예 해방이나 연방 유지
라는 명분 너머 남부 농업과 북부 상공업 간의 화폐전쟁이다. 시
티오브런던의 거대 금융 자본과 결탁하여 면화 수출을 기반으로

은본위제적 성격의 자유무역을 옹호했던 남부의 농업 자본과, 독자적인 국가 신용을 구축해 산업화를 밀어붙이려 했던 북부의 산업 자본 사이의 충돌이었다. 당시 시티오브런던은 월가를 전초기지로 북부 상공업까지 지배하고 있었다.

변호사 겸 저명한 작가인 엘런 브라운(Ellen Brown)은 그의 저서 《부채의 그물(Web of Debt, 2011)》에서 링컨이 은행에 빌붙는 대신 재무부의 신용을 바탕으로 발행한 화폐인 그린백(Greenback)이 단순한 전쟁 비용을 조달할 수단이 아니라, 당시 시티오브런던과 월가 금융 세력의 '부채 사슬'을 끊어버리려 했던 가장 강력한 '경제적 독립 선언'이었다고 강조했다.

남북전쟁 당시 미국은 법적으로는 금과 은을 모두 화폐의 기준으로 삼는 금은복본위제(Bimetallism) 상태였다. 1792년 주화법에 따라 도입된 복본위제는 전쟁 직전까지 국가 통화의 근간이었다. 1861년 전쟁이 난 직후 정부와 은행들이 지폐를 금이나 은으로 바꿔주는 정금 지급(Specie Payment)을 전격 중단했다. 당시 은행가들은 연 24%에서 36%에 달하는 살인적인 고금리를 요구하며 국가를 빚더미에 앉히려 했다. 남북전쟁의 관건은 막대한 전비였고 고금리 유혹을 뿌리치기 힘들었다. 그런데 링컨은 1862년 법정화폐법(Legal Tender Act)을 제정해 정부의 신용을 담보로 무이자 화폐인 그린백을 직접 발행하는 정공법을 택했다.

당시 남부 역시 독자적인 지폐를 발행했으나 극심한 하이퍼인플레이션을 겪었다. 북부의 그린백 역시 전쟁의 향방에 따라 그

가치가 요동치는 변동환율의 시대를 겪었다. 1865년 전쟁이 끝난 후 금리와 물가를 안정시킨다는 명분에 금융 세력은 금본위제로의 복귀를 강력히 주장했다.

금융 세력이 은을 배제하고 금본위제 복귀를 주장한 건 전후 인플레이션을 수습하고 국제 금융 질서의 주도권을 쥐기 위한 치밀한 계산이 깔려 있었다. 전쟁 중 발행된 그린백으로 통화량이 팽창하자 월가와 시티오브런던의 금융가들은 자신들이 보유한 채권의 실질가치가 하락하는 것을 막기 위해 강력한 통화 긴축과 금으로의 복귀를 압박했다. 1873년 통과된 주화법(Coinage Act of 1873), 이른바 '1873년의 범죄'는 은화의 주조를 중단시킴으로써 사실상 복본위제를 폐지하고 금본위제로 들어서는 단초가 됐다. 금융 세력은 당시 네바다주 등에서 은광이 대거 발견되자 은값 폭락을 우려했다. 복본위제가 될 경우 자신들이 보유한 막대한 채권의 실질가치가 헐값이 되기 때문이었다. 은화 주조를 금지하고 금본위제로 복귀하자, 미국의 물가는 1890년대까지 20여 년간 극심한 디플레이션을 겪었다. 디플레이션은 채권자에게는 유리했지만, 빚더미에 앉은 노동자, 특히 남서부 농민들에겐 극심한 고통을 줬다. 밀턴 프리드먼과 안나 슈와츠는 공저《미국 화폐사(A Monetary History of the United States, 1963)》에서 이 결정이 아니었다면 미국은 훨씬 완만한 물가 흐름을 유지했을 것이라 분석했다.

금융 세력 입장에선 당시 무역과 금융의 중심이었던 영국과 보조를 맞출 수밖에 없었다. 영국은 1817년 일찌감치 금본위제를 도입했고, 1871년 보불전쟁에서 프랑스에 승리한 독일이 금본위제 행렬에 동참하며 유럽은 금본위제가 대세가 됐다. 금이 사실상 기축통화였던 것이다. 이 같은 지정학적 상황에서 미국은 결국 1875년 정금지급재개법(Specie Payment Resumption Act)을 통과시키고 1879년 공식적으로 금본위제를 받아들였다. 산업 자본이 필요로 하는 풍부한 유동성 대신 금융 자본이 선호하는 '강한 달러'를 선택한 것이다.

남북전쟁은 연방준비제도(Fed)의 탄생의 계기가 됐다. 오스트리아학파 경제학의 거두이자 아나코-캐피탈리즘의 선구자로, 국가의 간섭을 배제한 철저한 자유시장을 옹호했던 머레이 라스바드(Murray Rothbard)는 그의 저서 《미국 화폐와 은행의 역사(A History of Money and Banking in the United States: The Colonial Era to World War II, 2002)》에서 1863년과 1864년의 '국가은행법(National Banking Acts)'을 북부 산업 자본과 월가 금융 세력이 결탁해 벌인 '화폐적 쿠데타'로 규정한다. 라스바드에 따르면, 당시 전비 조달에 급급했던 북부 정부는 국채를 사줄 큰손이 필요했다. 월가의 은행들은 자신들의 지배력을 강화할 독점적 권한이 필요했다. 당시 미국은 수천 개의 은행들이 제각각 화폐를 발행하는 파편화된 체제였다. 월가 대형 은행들은 이 혼란을 종식시킨다는 명목하에 자신들이 주도하는 단일한 통화 질서를 세우고자 했다. 국가은행법은 은행들에게 '이중의 수익'을 안겨주는 사실상 법적 특혜였다. 은행이 정부 국채를 사서 재무부에 예치하면 그 담보가치의 90%에 해당하는 '국가

은행권(National Bank Notes)’ 발행권을 부여받았다. 은행은 국채 이자를 챙기고, 화폐(국가은행권)를 발행해 대출을 해주고 또 이자를 받았다.

또 이 법은 지방 은행들이 준비금의 상당 부분을 월가의 ‘지정 예치 은행’에 보관하도록 강제해 전국의 자금이 월가로 흘러들게 했다. JP모건을 중심으로 월가 대형 은행 카르텔이 사실상 중앙 은행 역할을 한 것이다. 의회는 전비 마련을 위해 막대한 국채 발행을 해야 했기에 금융 세력의 의도를 간파하고도, 이 같은 법안을 통과시킬 수밖에 없었다. 월가에게 국가은행법은 전쟁이라는 비상시국을 틈타 화폐 발행권을 사유화하고 국가 신용을 자신들의 이익 증폭기로 전환시킨 역사적 승전보였다. 이러한 중앙 집권적 금융 카르텔은 훗날 1913년 연방준비제도의 탄생으로 이어지는 결정적인 징검다리가 되었다. 오늘날 트럼프 행정부가 ‘내부의 적’이라 부르며 해체하려는 금융 세력의 뿌리가 바로 이 지점에 닿아 있다.

한편 작가 겸 다큐멘터리 제작자인 G. 에드워드 그리핀(G. Edward Griffin)은 그의 저서 《지킬 아일랜드의 괴물(The Creature from Jekyll Island: A Second Look at the Federal Reserve, 1994)》에서 1910년 지킬 아일랜드에서 비밀리에 모여 연준을 설계한 은행가들의 행적을 까발렸다. 연준이란 중앙은행 시스템은 국가를 영구적인 부채의 늪에 빠뜨리기 위한 ‘금융 카르텔’의 발명품이라는 게 그리핀의 시각이다. 그리핀은 남북전쟁 당시 유럽의 로스차일드 가문 등 국제 금융 세력이 미국의 국력을 약화시키고 막대한 이자 수익을 챙기기 위해 의도적으로 남북 양측에 전쟁 자금을 대며 분열을 조장했다고 주장한다. 링컨의 그린백 발행은 이들의 음모에 대한 정면 도전이었던 것이다. 이 같은 맥락에서 그리핀은 링컨 암살이 단순한 정치적 보복이 아니라 통화패권을 장악하려 했던 금융 세력의 경고 메시지였다는 파격적인 주장을 하기도 했다.

월가가 비트코인 전략비축을 싫어하는 이유

트럼프 행정부의 정책은 월가를 중심으로 한 글로벌리스트와 이들을 옹호하는 관료 집단인 딥스테이트(Deep State)와 충돌한다. 여기서 딥스테이트는 정권과 무관하게 국가를 주무르는 핵심 관료들을 뜻한다. 월가 입장에서 트럼프는 자신들이 통제하던 세계 금융의 규칙을 깨트리는 방해꾼이다. 트럼프는 47대 대선을 위한 정책 공약집 '어젠다 47(Agenda 47)'을 통해 딥스테이트와 글로벌리스트를 "미국을 안에서부터 파괴하는 부패한 세력"이라고 강력히 비난하며 이들을 국가의 주적으로 규정했다. 그는 여러 연설에서 "우리의 외교 정책을 장악한 글로벌리스트 계급은 지난 수십 년간 미국인의 국익 대신 자신들의 호주머니를 채우기 위해 중국의 부상을 방조했다" 주장하며, 이들이 월가의 이익을 대변하느라 미국의 제조 기반을 망가뜨렸다고 몰아세웠다. 특히 "외부의 적보다 내부의 적(Enemy within)이 훨씬 더 위험하다"는 발언으로 워싱턴의 기득권 관료 집단이 중국과 결탁해 중산층의 삶을 짓밟았음을 강조했다. 트럼프는 당선 직후 공무원 해임을 용이하게 하는 '스케줄 F(Schedule F)'를 시행해 딥스테이트를 대거 숙청하고, 글로벌리스트가 설계한 자유무역 질서를 고율의 보편적 기본 관세(Universal baseline tariff)로 대체해 중국과의 경제적 연계를 완전히 끊겠다고 공언했다. 트럼프에게 중국은 무찔러야 할 경쟁자이지만, 그 적을 키워준 진짜 몸통은 세계 금융 규칙을 주무르며 미국을 배신한 내부의 글로벌리스트와 딥스테이트라는 것이 그의 확고한 논리다. 그리고 비트코인 전략비축은 트럼프가 월가의 금융 독점을 깨기 위해 도입한 '게임 체인저'다.

전통적으로 월가는 연준과의 긴밀한 관계를 통해 달러 발행과 유통의 길목을 지켜왔다. 그런데 비트코인을 국가 전략자산으로 삼겠다는 것은, 월가가 개입할 수 없는 수학적 알고리즘에 달러의 가치를 정박시키겠다는 선언이다. 중앙은행과 대형 은행들이 화폐를 찍어내어 자산 거품을 만드는 시스템을 견제하고, 금 재평가를 통해 확보한 가치를 비트코인이라는 새로운 디지털 담보로 옮김으로써 월가의 '달러 지배력'을 약화시키려는 고도의 전략이다.

월가는 트럼프 행정부의 비트코인 전략비축계획(SBR)을 싫어할 수밖에 없다. 크게 두 가지 이유로 정리할 수 있다. 월가는 비트코인을 자산관리의 도구이자 수익을 창출하는 금융상품으로 편입하여 막대한 수수료와 거래 차익을 노리려 한다(월가가 왜 비트코

. 정부가 100만 개 이상의 비트코인을 대량으로 묶어두는 SBR은 시장의 유동성을 제한하고 비트코인의 성격을 '수익자산'이 아닌 '국가 통제자산'으로 변질시킬 위험이 있다. 월가는 시장의 주도권이 공공 부문으로 넘어가는 것을 경계한다. 특히 정부의 매집 행위가 시장의 가격 형성 메커니즘을 왜곡하여 금융사들의 정교한 차익 거래와 파생상품 전략을 무력화할 것을 우려한다.

지정학적 게임 이론의 관점에서 볼 때 트럼프 행정부는 이 계획을 결코 철회할 수 없다. 중국과 러시아 등 경쟁국들이 달러 패권에 대항해 디지털 자산을 국가 전략에 활용하려는 움직임을 가속화하는 상황에서, 미국이 SBR을 철회하는 것은 새로운 형태의 디지털 금융 주권을 선제적으로 포기하는 항복 선언과 다름없기 때문이다. 트럼프 행정부와 월가는 비트코인 전략비축계획을 놓고 필연적으로 충돌할 수밖에 없다.

신시아 루미스 공화당 상원의원이 비트코인 전략비축 법안을 미국 국방 예산의 근간인 국방수권법(NDAA)의 일부로 편입한 것은 비트코인을 국가 안보와 직결된 전략적 자원으로 격상시킨 고도의 지정학적 포석이다. 게임 이론의 관점에서 비트코인은 먼저 점유하는 국가가 네트워크의 주도권과 가치 상승의 혜택을 선점하는 '선점자 우위(First-mover advantage)' 특성이 있다. 이는 경쟁국이 보유했을 때 나만 가지지 않으면 치명적인 약점이 되는 '죄수의 딜레마' 상황을 형성한다. 루미스 의원은 중국이나 러시아 같은 적대 세력이 달러 패권에 균열을 내기 위해 비트코인을 국가 자산으로 편입하거나 채굴 패권을 장악하려는 움직임을 선제적으로 차단하고자 했다. 더불어 미국이 먼저 비트코인을 '디지털 금'으로 공인하여 새로운 글로벌 표준을 선점하려는 의도를 분명히 했다. 특히 이 법안을 반드시 통과되어야 하는 NDAA에 끼워 넣은 것은 비트코인 비축을 타협할 수 없는 국방의 영역으로 끌어들여, 월가의 로비와 정치적 반대 세력을 정면 돌파하려는 전략적 승부수다.

금융 주도 세계화의 종말을 선언할 독립선언

트럼프 2기 경제 정책은 1944년 브레턴우즈 체제 이후 지속된 '금융 주도 세계화'의 종말을 고하는 의식이다. 제조업 부활을 위해 관세를 휘두르고, 금융 세력을 견제하기 위해 비트코인을 끌어들이는 트럼프의 행보는 기득권 세력에게는 눈엣가시다. 2026년 현재 벌어지는 비트코인 비축 논쟁은 미국의 국부를 누가 통제할 것인가를 두고 벌이는 '제2의 미국 독립 전쟁'이다. 그래서 나는 자기 과시를 즐기는 트럼프 대통령이 2026년 7월 4일 미국 독립 250주년 기념식에서 실제로 '제2의 미국 독립 선언'을 할 것이란 시나리오를 생각해 본다. 토머스 제퍼슨이 250년 전 미국의 정치적 독립을 선언했다면, 트럼프는 자신이 월가 글로벌리스트와 딥스테이트 관료들을 몰아내고 미국을 이들의 경제적 속박으로부터 구원한 영웅이란 점을 최대한 부각할 것이다. 이는 2026년 11월에는 중간선거로 가는 길목에서 트럼프가 선택할 수 있는 가장 트럼프다운 선거 캠페인이다.

실제 미국 건국 250주년인 2026년 7월 4일을 기점으로 트럼프 행정부는 역대 최대 규모의 축제를 준비하고 있다. 아이오와에서 시작해 워싱턴 내셔널몰에서 마무리되는 '위대한 미국 주 박람회'와 위인 250명의 동상을 세우는 '미국 영웅들의 국립 정원' 건립 추진이 핵심이다. 여기에 워싱턴 도심을 질주하는 '자유 250 그랑프리' 자동차 경주와 대규모 군사 퍼레이드, 청소년 체육 대회인 '애국 게임'까지 더해져 미국 전역은 거대한 축제 장소로 변모할 전망이다.

건국 250주년 기념식의 백미는 독립문(Independence Arch) 건립이다. 이 개선문은 링컨 기념관과 알링턴 국립묘지를 잇는 메모리얼 서클 부지에 들어서는 것으로 추진되고 있다. 건국 250주년을 상징하는 250피트(약 76m) 높이로 설계되었고 프랑스 파리의 에투알 개선문보다 높은 세계 최대 규모다. 미국의 압도적인 국력을 시각적으로 과시하려는 트럼프 대통령의 강력한 의지가 담겨 있다. 건축 양식은 조지 워싱턴과 토마스 제퍼슨이 선호했던 신고전주의 스타일을 따르며, 아치 상단에는 거대한 독수리상과 금빛 자유의 여신상을 배치하여 화려함을 극대화할 계획이다. 주목할 점은 건축 비용을 정부 예산이 아닌 아마존, 구글, 록히드마틴 등 민간 대기업들의 기부금으로 상당수 충당한다는 방침이다. 트럼프 대통령은 이미 백악관 집무실에 개선문 모형을 두고 대사들과 기업인들에게 직접 홍보하며 조기 착공을 독려하고 있다. 한편으로 역사적 경관 훼손을 우려하는 전문가들과의 마찰도 적지 않다.

트럼프의 독립문 건립 구상은 그의 2기 집권 철학을 압축한 고도의 정치적 상징물이다. 이 거대한 아치가 무엇으로부터의 독립을 선언하는지 생각해 보면 의미심장하다. 화살촉은 서구식 글로벌 질서와 이른바 딥스테이트라 불리는 내부 관료 조직을 향하고 있다. 트럼프에게 이번 독립은 전통적인 우방과의 결속이나 국제기구의 규범에서 벗어나 오직 미국의 이익만을 최우선으로 하는 완전한 주권 회복을 의미한다. 또한 이 문이 축하하고자 하는 승리는 외국의 적을 물리친 결과가 아니라, 워싱턴의 기득권 정치와 미국 중산층을 몰락시킨 진보적 가치로부터 거둔 내부적 승리를 상징한다. 이러한 맥락에서 트럼프 2기 정책은 철저한 보호무역주의를 통한 경제적 자립과 금융 세력이 만든 세계화 프레임의 철저한 해체로 수렴한다. 독립문은 다자주의라는 허울을 벗어던지고 고립주의적 번영을 택한 '트럼프식 미국'의 완성을 세상에 공표하려는 선언문인 셈이다. 이는 동맹국들에게는 공동의 가치보다 철저한 거래와 비용 분담을 요구하는 압박의 상징이 될 것이며 내부적으로는 과거의 질서를 무너뜨린 새로운 권력의 등극을 알리는 승전비가 될 전망이다.

다음은 트럼프 대통령이 7월 4일 선포할 것으로 예상해서 써 본 '가상의 독립 선언문'이다. 트럼프 대통령은 이를 제2의 건국

선언문이라고 하지 않을까. 구성은 1776년 토머스 제퍼슨이 초
안을 쓴 독립선언문의 끌어와 작성했다.

제2의 독립선언문

I. 서문: 인류의 역사에서 한 주권 국가가 자신들을 글로벌리스트의
폭정에 묶어두었던 정치적, 경제적 사슬을 끊고, 자연의 법과 신의 섭
리가 부여한 독립적이고 평등한 지위를 차지해야 할 때, 인류의 의사
에 대한 엄중한 존중은 그들로 하여금 이 제2의 독립을 결행하게 된
이유를 선포할 것을 요구한다.

II. 권리의 선언: 우리는 다음과 같은 진리를 자명한 것으로 받아들인
다. 모든 미국인은 창조주로부터 누구에게도 양도할 수 없는 권리를
부여받았으며, 그 안에는 생명과 자유, 그리고 국가적 번영의 추구가
포함된다. 이 권리를 보장하기 위해 정부가 세워졌으며, 정부의 정당
한 권력은 피치자의 동의로부터 나오는 것이지, 선출되지 않은 관료
나 먼 땅의 외국 기구로부터 나오는 것이 아니다. 어떤 형태의 글로벌
거버넌스나 그림자 정부가 이러한 목적을 파괴할 때, 그 체제를 폐지
하고 '미국 우선주의'의 원칙 위에 새로운 지도부를 세우는 것은 국민
의 권리이다.

III. 고발의 목록: 글로벌리스트 엘리트와 딥스테이트, 그리고 중국 공
산당의 역사는 끊임없는 상처와 찬탈의 역사였다. 이를 증명하기 위
해 다음의 사실을 세계 앞에 밝힌다. 그들은 우리의 산업을 공동화하
고 미국의 부를 극동으로 빼돌리기 위해 공모했다. 그들은 국민을 보
호해야 할 사법 기구를 오히려 국민을 공격하는 무기로 사용했다. 그
들은 우리 공화국의 주권을 약화시키기 위해 국경을 개방하여 침략을
방조했다. 그들은 미국 가정이 인위적인 위기 속에 고통받는 동안 비
밀스러운 거래를 통해 자신들의 배를 불렸다. 그들은 검열과 진실 조

작을 통해 국민의 의지를 억압하려 시도했다.

Ⅳ. 결론: 이에 우리 미국 국민은 정당하게 선출된 지도부를 통해, 미국 정신의 이름으로 장엄하게 선포한다. 미합중국은 딥스테이트의 그림자와 글로벌리즘의 쇠사슬, 그리고 외세의 영향력으로부터 자유롭고 독립적인 국가이며 마땅히 그러해야 한다. 이 선언을 뒷받침하기 위해, 우리는 신의 섭리를 굳게 믿으며 서로의 생명과 재산, 그리고 신성한 명예를 걸고 함께 나아갈 것을 맹세한다.

5장

AI가 몰고 올 생산성 혁명

기술이 빚을 갚는 시대가 온다

현재 미국이 직면한 부채는 기존의 정책만으로는 해결할 수 없다. 트럼프 행정부가 구상하는 새로운 정책의 총체성은 'AI 생산성 혁명'으로 구체화된다. 미국의 38조 달러 부채를 실물경제의 성장으로 돌파하자는 전략이다. 일론 머스크를 비롯한 트럼프의 핵심 조언자들은 AI와 로보틱스가 가져올 폭발적인 생산성 증대만이 유일한 대안이라고 주장한다. 인플레이션 없는 성장을 유도하여 부채 비중을 획기적으로 낮출 수 있기 때문이다. 이는 화폐 가치를 떨어뜨려 빚을 녹이는 과거의 방식이 아니다.

기술 혁신으로 생산성이 커지면 GDP 대비 부채 비중이 작아진다. 노벨 경제학상 수상자인 로버트 솔로(Robert Solow)는 기술 진보가 자본과 노동의 한계를 넘어 경제의 총요소생산성(TFP)을 끌어올리는 유일한 동력임을 증명했다. 생산성이 폭발적으로 증가하면 부채라는 분자보다 GDP라는 분모가 훨씬 빠르게 커지게 된다. 이는 국가의 전체적인 채무 위험도를 낮추고 대외 신뢰도를 높여 실질적인 이자 부담을 줄인다.

하버드대의 케네스 로고프(Kenneth Rogoff)와 카르멘 라인하트(Carmen Reinhart) 역시 역사적 분석을 통해 경제 성장이 가장 고통이 적고 지속 가능한 부채 해결책임을 강조했다. 생산성 혁명은 증세 없이도 정부의 세수를 자연스럽게 늘려주며, 부채를 상환할 수 있는 재정적 여력을 만들어낸다. AI와 로보틱스가 주도하는 공급 능력의 비약적 향상은 물가 상승을 억제하면서도 실질 성장을 견인한다. 이는 과거처럼 화폐 가치를 떨어뜨려 빚을 녹이는 인플레이션 방식보다 훨씬 좋은 방법이다.

역사적으로 생산성 혁명이 국가 부채의 실질적인 부담을 줄여준 사례는 크게 세 시기에서 확인된다. 제2차 세계대전 직후인 1946년, 미국의 GDP 대비 부채 비율은 106%로 정점에 달했다. 이후 포디즘으로 대변되는 전후 제조업의 자동화와 레이더 등 첨단 전쟁 기술의 민간 이전으로 폭발적인 생산성 향상이 일어났다. 부채의 절대 액수는 줄지 않았지만 생산성 증대가 실질 GDP를 약 3배 이상 키웠다. 이 덕에 1974년 미국의 부채 비율은 23%

까지 떨어졌다.

19세기 영국의 사례는 더욱 극적이다. 나폴레옹 전쟁 직후인 1815년 영국의 부채 비율은 GDP의 250%에 육박했다. 파산 직전의 수준이었다. 증기기관과 철도로 상징되는 산업혁명이 인류사적 생산성 도약을 이뤄냈다. 기계화로 인해 면직물 생산량이 폭증하고 물류 혁명이 이뤄짐으로써 세수가 비약적으로 늘어났다. 영국 정부는 인위적인 부채 탕감 없이도 1900년대 초 부채 비율을 30% 미만으로 낮추며 대영제국의 전성기를 구가할 수 있었다.

1990년대 후반 미국을 휩쓴 IT 혁명은 정보통신기술(ICT)을 통한 업무 자동화가 생산성을 비약적으로 높여 부채 위기를 어떻게 정면 돌파할 수 있는지를 보여줬다. 현재 연준 의장 지명자인 케빈 워시(Kevin Warsh)는 이러한 생산성 향상은 단순한 기술 발전을 넘어 중앙은행이 금리를 낮게 유지할 수 있는 강력한 '디스인플레이션(물가 상승 둔화)' 방어막을 형성한다고 주장한다. 당시 연준 의장이던 앨런 그린스펀(Alan Greenspan)은 전통적인 경제 모델이 인플레이션을 경고할 때도 IT 기술이 유도한 생산성 혁명의 실체를 간파하고 금리 인상을 늦추는 파격적인 통화정책을 펼쳤다. 덕분에 미국은 1990년대 초반의 만성적 적자에서 벗어나 1998년부터 4년 연속 재정 흑자를 기록했으며, 부채 비율을 31.4%까지 떨어뜨리는 기적을 일궈냈다. 이는 생산성 증가가 '성장률(g) > 이자율(r)'의 구도를 안착시켜, 부채를 억지로 갚는 대신 경제의 덩치를 키워 부채의 상대적 크기를 줄여버리는 마법 같은 환경을 조성했음을 보여준다.

트럼프의 제네시스 프로젝트,
AI·에너지·비트코인 삼위일체

트럼프 행정부의 '제네시스 미션(Genesis Mission)'은 AI, 에너지, 비트코인을 결합해 미국의 산업과 금융 지배력을 영구화하려는 거대한 프로젝트다. 이 미션은 2025년 11월 24일 트럼프 대통령이 서명한 행정명령을 통해 공식 출범했다. 1960년대 달 탐사를 실현했던 아폴로 계획의 정신을 계승해 중국과의 기술 냉전에서 압도적 우위를 점하고 38조 달러에 달하는 부채 문제를 기술 혁신을 통한 폭발적 성장으로 돌파하겠다는 전략이다.

프로젝트의 핵심은 AI, 에너지, 비트코인, 즉 각각 지능, 동력, 자본을 수직 계열화하는 삼위일체 전략에 있다. 에너지부(DOE) 산하 17개 국립연구소의 슈퍼컴퓨터와 연방 데이터를 민간 기업에 전면 개방해 과학적 발견 속도를 혁신적으로 단축하고 AI 구동에 필수인 저렴하고 풍부한 전력을 확보하기 위해 소형모듈원자로(SMR)와 핵융합 기술에 국가적 역량을 집중 투입하는 것이다.

여기서 비트코인은 에너지를 디지털 자산으로 바꾸는 매개체다. 남는 전력으로 채굴한 비트코인을 국가 전략자산으로 비축해 실물 에너지와 기술 중심의 강력한 '디지털 담보 체제'를 완성하는 것이 이 프로젝트의 본질이다.

이 거대한 설계의 주역은 트럼프 행정부 내 기술 관료들과 민간 혁신가들이다. IBM 리서치 국장 출신인 다리오 길(Darío Gil) 에너지부 과학 차관이 국립연구소와 민간의 기술 결합을 실질적으로 지휘하고 있다. 마이클 크라치오스(Michael Kratsios) 백악관 과학기술정책실장이 범정부 차원의 AI 정책과 자원동원을 총괄한다. 셰일 혁명의 주역인 크리스 라이트(Chris Wright) 에너지부 장관이 AI 인프라를 위한 에너지 공급망 확충을 진두지휘하고 있다. 스콧 베센트 재무장관과 일론 머스크 테슬라 CEO가 각각 금융적 뒷받침과 규제 철폐를 통한 생산성 극대화의 이론적 토대를 제공하고 있다.

2부

금값을 밀어올린 미중 패권전쟁: 페트로위안과 미국 관세

　　2부에서는 중국이 실물 금을 기반으로 구축하려는 새로운 결제 시스템과 이에 맞서 금의 통제권을 탈환하고 부채 위기를 돌파하려는 미국의 충돌을 중점적으로 다룬다. '페트로위안'을 통해 달러 패권을 공략하려는 중국에 맞서 미국이 트럼프식 관세 전략과 금 보유고 재평가, 그리고 비트코인이라는 새로운 자산을 이용해 어떻게 달러 지배력을 재설계하려는지 살펴본다. 이를 통해 기축통화를 지탱하는 금이라는 오래된 닻을 '새로운 닻'으로 바꾸려는 미국의 전략을 파헤친다.

1장

상하이금거래소와 위안화 국제화 전략

실물자산에 기반한 중국판 금본위제

중국은 상하이금거래소를 중심으로 금과 위안화를 결합해 달러 패권에 정면 도전하고 있다. 중국의 이러한 행보는 실물자산에 기반한 새로운 국제 통화 질서를 구축하려는 구체적인 로드맵에 따른다. 이른바 '유사 금본위제(Pseudo-gold standard)'로의 회귀다.

유사 금본위제라는 용어는 20세기 자유주의 경제학의 거두인 밀턴 프리드먼이 1961년 몽펠르렝소사이어티(Mont Pelerin Society)에서 발표하고 이후 《법경제학 저널(Journal of Law and Economics)》에 게재한 '실제 금본위제와 유사 금본위제(Real and Pseudo Gold Standards)'

라는 제목의 논문 논문에서 처음으로 정립했다. 프리드먼은 사람들이 일상에서 금을 직접 화폐로 사용하거나 종이 화폐가 창고에 보관된 실물 금의 영수증 역할을 수행하는 '진짜 금본위제(Real Gold Standard)'와, 정부가 단순히 금의 공식 가격만을 고정해 놓고 중앙은행이 통화량을 재량적으로 조절하는 체제를 엄격히 구분하고자 이 용어를 사용했다. 논문에 따르면 1934년부터 1971년 닉슨 쇼크 이전까지의 브레턴우즈 체제나 제1차 세계대전 이후의 금환본위제는 정부의 인위적인 가격 통제와 시장 개입이 필수적인 유사 금본위제에 불과하다. 이는 고전적 금본위제의 자동 조절 기능을 상실한 채 정치적 판단에 따라 화폐 가치가 흔들리는 불안정한 시스템이라는 것이 논리의 핵심이다. 사실상 정부가 재정 상황에 따라 임의로 화폐를 발행했기 때문이다.

제임스 리카즈가 주창하는 금 재평가는 본질적으로 밀턴 프리드먼이 정의했던 유사 금본위제를 현대적으로 바꾼 것이다(1부 3장 참고). 리카즈의 논의는 과거처럼 금화가 주머니 속에서 오가거나 금 증서가 직접 유통되는 물리적 시대로의 회귀를 말하는 게 아니다. 현재 유통되는 막대한 통화량을 국가가 보유한 실물 금의 무게로 나누어 산출한 높은 재평가 가격을 정부가 전격 선포하고, 달러의 가치를 그 지점에 강제로 '정박(Anchor)'하는 행정적 조치가 핵심이다. 이는 달러를 금이라는 족쇄에 다시 가두는 것처럼 보인다. 그러나 실제 본질은 그 반대로 해석해야 한다. 족쇄에 달러를 맞춘 게 아니라, 달러의 자유를 위해 족쇄를 키우자는 주장이다.

리카즈 역시 자신의 주장이 고전적 금본위제로의 완벽한 복귀가 아님을 알고 있다. 2026년 38조 달러에 달하는 부채 위기 속에서 하이퍼인플레이션이나 파산 없이 시스템을 유지할 수 있는 유일한 '금융적 리셋' 장치로 이를 제안한 것이다. 리카즈 본인의 설명대로라면, 그의 구상은 프리드먼이 정의한 유사 금본위제라는 형식적 틀을 차용하되, 운용에 있어서는 중앙은행의 무분별한 재량을 수학적 등식으로 억제하여 실제 금본위제가 가졌던 강력한 화폐 규율을 강제로 복원하려는 전략이다. 그의 말이 맞으려면 한 가지 전제조건이 필요하다. 금 재평가 이후 달러를 추가로 발행하지 않는 것이다. 달러를 계속 더 찍어내면, 금이라는 족쇄를 그에 맞게 반복적으로 키워야 한다. 금 재평가가 연례행사가 되면 리카즈의 주장은 자기 합리화에 불과하다.

그리고 중국이 금의 가치를 위안화 국제화의 도구로 삼으려는 것도 중국판 유사 금본위제의 변형이라고 할 수 있다.

금으로 석유를 사는 중국의 페트로위안 체제

중국은 지난 수십 년간 서구 금융 자본이 지배해 온 '종이 자산' 중심의 질서를 해체하고, 실물 금을 기반으로 한 위안화 국제화 전략을 치밀하게 실행해 왔다. 그 중심에는 2002년 설립되어 현재 세계 최대의 현물 금 거래소로 성장한 상하이금거래소가 자리하고 있다. 중국의 전략은 상하이 국제에너지거래소(INE)의 원유 선물시장과 상하이금거래소의 현물 태환 기능을 결합하여 '위안화-금-원유'로 이어지는 결제 시스템을 완성하는 것이다.

이 시스템의 핵심은 사우디아라비아나 러시아와 같은 주요 산유국들이 원유를 팔고 받은 위안화를 상하이금거래소에서 즉시 실물 금으로 바꿀 수 있게 보장하는 것이다. 이는 1974년 닉슨 행정부가 사우디아라비아와 맺었던 '석유-달러 독점 결제' 시스템인 페트로달러 체제에 대한 정면 도전이다. 산유국들 입장에서 위안화는 달러에 비해 유동성이나 신뢰도가 부족하다. 상하이금거래소를 통해 언제든 금이라는 절대적 실물자산으로 바꿀 수 있다는 보장은 달러 패권의 구속력에서 벗어날 수 있는 강력한 유인책이 된다.

중국이 위안화 석유 결제를 위해 추진해 온 '페트로위안(Petro-yuan)' 전략은 지난 십수 년간 치밀한 인프라 구축과 정상급 외교가 결합된 지경학적 승부수다. 이 거대한 설계의 초석은 전 증권감독관리위원회 부주석이자 중국 금융 국제화의 브레인으로 불리는 팡싱하이(方星海)가 놓았다. 그는 위안화가 국제 통화로서 실질적인 힘을 갖기 위해선 반드시 에너지라는 실물자산과 연결되어야 한다는 논리를 바탕으로 2018년 3월 26일 상하이 국제에너지거래소에 위안화 표시 원유 선물을 상장시켰다.

초기 시장의 회의론에도 불구하고 중국은 세계 최대 원유 수입국이라는 구매력을 무기로 거래량을 폭발적으로 키웠다. 결정

■ 중국의 유사 금본위제 전략

핵심 전략: 위안화-금-원유 삼각 체제

실물 금 확보: 상하이 프리미엄

① **상하이 금 가격 런던, 뉴욕보다 높게 유지** : 전 세계 실물 금 흡수

② **COMEX 등 서구 금융 시장 '피지컬 런' 위기** : 미결제약정 증가, 실물제고 및 구조적 신용 위기

자원 무기화: 은 수출 통제

① **2026년 1월 은 수출 전면 금지**

   : 국가 전략 통제 물자 지정, 해외 수출 차단

② **미국 테크 산업 및 '제네시스 프로젝트' 타격**

   : 첨단 산업 핵심 소재의 무기화

> * 일론 머스크 "공급망의 편중이
> 미래 에너지 전환의 가장 큰 병목
> 이 될 것"

지경학적 파트너십

> * 미국의 대응 전략: 사우
> 디 위안화 결제 묵인, AI
> 기술 패권 및 비트코인
> 전략비축

① **사우디아라비아의 실용적 이탈**

   : mBridge 프로젝트, 디지털 위안화 결제망 구축과 '금 태환 옵션' 활용

② **러시아 주도의 탈달러 동맹**

   : 서방 제재 대응, 대중국 원유 수출 대금 위안화 전환, 주체적 참여

적으로 2022년 12월 9일 시진핑 국가주석이 사우디아라비아 리야드를 방문하여 무함마드 빈 살만 왕세자와 석유 및 가스 대금의 위안화 결제를 전면 추진하기로 합의하면서 50년 된 페트로달러 체제에 균열을 냈다.

서방 금융 제재로 코너에 몰린 러시아의 블라디미르 푸틴 대통령은 이 시스템에 적극 참여했다. 러시아는 2024년과 2025년을 거치며 대중국 원유 수출 대금의 대부분을 위안화로 전환하는 '탈달러 동맹'을 가속화했다. 이러한 흐름은 이라크, 브라질, 아랍에미리트연합 등 다른 자원국들의 연쇄적 동참을 끌어냈다. 2025년 한 해 동안 중국의 전체 원유 수입량 중 위안화 결제 비중은 역사상 처음으로 두 자릿수를 넘어섰다. 중국 인민은행(PBoC)은 금 보유량을 지속적으로 늘려 위안화의 실물담보력을 강화함으로써 글로벌 사우스 국가들이 달러 대신 위안화와 금을 선택하게 하는 거대한 포트폴리오의 전환을 이끌어냈다.

2026년 1월 현재 중국은 위안화의 신뢰도를 보완하기 위해 산유국이 받은 위안화를 상하이금거래소에서 즉시 실물 금으로 바꿀 수 있는 금 태환 시스템을 완성했다. 사우디아라비아의 위안화 석유 결제는 2026년 현재 부분적으로 실행 중이다. 이는 1974년 리처드 닉슨 행정부가 구축한 페트로달러 체제의 독점적 지위를 해체하는 시발점이다. 여기에는 사우디아라비아의 실권자인 빈 살만 왕세자의 실용주의 노선이 주효했다. 그는 미국과의 안보 동맹을 유지하면서도 최대 원유 수입국인 중국과의 경제적 결속을 강화하기 위해 2023년 말 중국 인민은행과 통화 스와프 협정을 체결하며 원유 대금의 일부를 위안화로 결제받기 시작했다. 사우디 중앙은행은 중국으로부터 받은 위안화를 상하이금거래소 국제판(SGEI)을 통해 즉시 실물 금으로 전환할 수 있는 '금 태환 옵션'을 적극적으로 활용한다.

사우디아라비아는 다자간 중앙은행 디지털화폐 결제 플랫폼인 'mBridge 프로젝트'에 정식 회원으로 참여하여 디지털 위안화(e-CNY)로 직접 대금을 정산할 수 있는 기술적 인프라를 구축했다. 이는 사우디아라비아가 미국의 금융 제재 권력으로부터 자율성을 확보하려는 전략적 행보다. 이러한 사우디아라비아의 움직임은 중국 정유사들과의 거래 중 일부 물량에 대해 위안화 결제를 수용하고 그 대금을 중국산 인프라 장비나 첨단 기술 도입 비용으로 충당하는 순환 구조로 이어지고 있다. 이는 중국이 설계한 위안화-금-원유 삼각 체제가 실제 작동하는 원동력이다.

미국이 사우디아라비아의 위안화 석유 결제 행보에 대해 즉각적이고 강력한 보복 조치를 취하지 않는 이유는 전략적인 이해관계 때문이다. 1970년대에는 미국이 사우디아라비아 원유의 최대 고객이었기 때문에 강력한 제재가 가능했다. 하지만 현재 미국은 셰일 혁명을 통해 세계 최대 산유국 반열에 오르며 에너지 자급 자족을 이룬 경쟁자적 위치다.

이러한 상황에서 사우디아라비아의 빈 살만 왕세자는 최대 원유 수입국으로 부상한 중국과의 관계를 지렛대 삼아 미국의 무조건적인 안보 우산에서 벗어나 독자적인 외교 노선을 구축하려 시도하고 있다. 한편 미국은 사우디아라비아를 중국이나 러시아의 영향권으로 완전히 밀어내는 것이 전략적으로 더 큰 손해라는 판단을 내리고 있다. 특히 2026년 현재 트럼프 행정부는 사우디아라비와 '전략적 인공지능 파트너십'을 체결하고 엔비디아의 최첨단 반도체를 공급하는 등 기술 패권을 매개로 사우디아라비아를 달러 금융 시스템 안에 묶어두려는 유화책과 통제책을 동시에 구사하고 있다.

미국은 사우디아라비아의 위안화 결제를 일종의 '제한된 외교적 이탈'로 묵인하는 대신 사우디아라비아의 안보 인프라와 첨단 AI 산업 결제망을 달러 기반으로 고착화하여 실질적인 경제 주도권을 놓지 않으려는 실용적인 대응 방식을 택한 셈이다. 위안화가 여전히 자본 통제로 인해 국제 예비 통화로서의 유동성과 신뢰도가 달러에 비해 현격히 낮다는 점도 미국이 당장 페트로달러의 종말을 우려해 극단적인 조치를 취하지 않는 자신감의 근거다. 더불어 미국이 추진하는 비트코인 전략비축 카드가 중국의 유사 금 태환 시스템에 대응하는 강력한 디지털 담보자산으로서 글로벌 통화 패권의 향방을 어떻게 바꿀 것인지에 대해서도 주목할 필요가 있다.

전 세계 금을 빨아들이는 상하이 프리미엄

중국은 런던금시장연합회(LBMA)나 뉴욕상품거래소(COMEX) 등 서구 금융 자본이 주도해 온 기존 질서에 균열을 내기 위해 자국 내 금 가격을 국제 시세보다 의도적으로 높게 책정하는 '상하이 프리미엄' 전략을 구사한다. 가격 차별화 전략은 전 세계에 흩어진 실물 금을 중국 본토로 흡수하는 강력한 진공청소기 역할을 수행한다. 이는 실제 금 현물 없이 장부상의 숫자로만 거래되는 '종이 금' 중심이라는 서구 금 거래의 취약점을 정밀하게 파고든다.

특히 2023년 하반기부터 2024년 사이에는 상하이금거래소의 금 가격이 런던 시세보다 온스당 최대 100달러 이상 높게 형성되는 기현상이 지속되었다. 이는 인민은행이 수입 쿼터를 조절하고 국내 공급을 통제하며 인위적으로 만들어낸 전략적 가격 격차였다. 상하이금거래소는 현물 중심 시장이다. 이곳에서 거래되는 금은 인민은행의 엄격한 가이드에 따라 일단 중국 내부로 유입되면 다시 외부로 유출되지 않는 일방통행 구조다. 중국은 서구 금융 세력이 파생상품과 선물 거래를 통해 금 가격을 억누르던 방식에 맞서 압도적인 현물 보유량을 바탕으로 국제 금 가격의 결정권을 런던과 뉴욕으로부터 상하이로 이전시키려는 지경학적 포석을 두고 있다.

서구의 금 시장인 런던과 뉴욕은 실물 금 재고가 급격히 마르는 사상 초유의 사태를 맞이하고 있다. 2026년 1월, 뉴욕상품거래소의 인도 가능 재고(Registered Inventory)는 종이 위에서 약속된 미결제약정(Open Interest)에 비해 턱없이 부족한 수준으로 떨어졌다. 한때 명목상 거래 비율이 실물 대비 300대 1을 넘어서는 등 구조적 신용 위기가 심화되었다.

미결제약정이란 선물이나 옵션 같은 파생상품 시장에서 계약이 체결된 후 반대매매를 통해 청산되지 않고 시장에 그대로 남아 있는 계약의 총수량이다. 투자자들이 특정 자산의 가격이 오르거나 내릴 것에 배팅하며 던진 표가 아직 회수되지 않고 유효하게 쌓여 있는 상태를 뜻한다. 이는 시장의 자금 유입 정도와 관심을 측정하는 척도로 활용된다. 보통 미결제약정이 증가한다는 것은 새로운 자금이 시장에 유입되어 기존의 추세가 더욱 강화될 가능성이 높다는 신호로 해석된다. 하지만 금 시장과 같은 실물 자산 거래에서는 종이 위의 계약과 실제 물량 사이의 격차를 보여주는 위험 지표가 되기도 한다.

특히 런던과 뉴욕의 금 시장에서 미결제약정이 실제 거래소 금고에 보관된 현물 재고량보다 수십 배에서 수백 배 이상 많아지는 현상은 서구의 종이 금 시스템이 지닌 치명적인 약점을 드러낸다. 만약 미결제약정을 보유한 투자자들이 한꺼번에 실물 금 인도를 요구하게 되면 거래소는 그 수요를 감당할 수 없어 계약 불이행 사태에 빠지게 된다. 이를 이른바 '숏 스퀴즈' 혹은 '피지컬 런'이라 부른다. 중국은 바로 이 지점을 파고들어 상하이 프리미엄을 통해 서구의 실물 금을 흡수함으로써 종이 위에서만 유효한 미결제약정의 허구성을 폭로하고 서구 금융 자본의 가격 결정권을 무력화하는 전략을 취하고 있다.

2026년 초 금값이 온스당 5,000달러를 넘어서는 급등세 속에서 실물 인도를 요구하는 기관 투자자들이 급증함에 따라 실물 금 부족 사태는 통제 불능의 상태로 치닫고 있다. 런던 귀금속시장협회의 금 리스 요율(Lease Rates)이 8%대까지 치솟은 것은 시장에 빌려줄 금이 더 이상 존재하지 않는다는 강력한 신호이다. 금 리스 요율은 금을 보유한 대형 은행이나 중앙은행이 다른 금융기관에 금을 빌려줄 때 받는 일종의 임대료이자 금리의 개념이다. 이는 시장에 유통되는 실물 금의 여유가 얼마나 있는지를 보여주는 가장 직접적인 지표다. 보통 'LIBOR(런던 은행 간 금리)'에서 'GOFO(금 선도 오퍼 금리)'를 뺀 값으로 계산된다.

일반적인 상황에서 금 리스 요율은 낮은 수준을 유지하지만 시장에서 실물 금을 구하기 어려워지는 공급 부족 사태가 발생하면 이 수치는 급격히 상승한다. 8%란 리스 요율은 전례 없는 수치다. 이처럼 리스 요율이 폭등하면 공매도 기관들은 빌린 금을 갚기 위해 시장에서 비싼 가격에 금을 되사야 하는 숏 스퀴즈 상황에 직면한다. 공매도는 금값이 떨어질 것을 예상해 금을 빌려 팔고, 실제 가격이 떨어지면 다시 사서 갚는 방식으로 차익을 취하는 기법이다. 특히 상하이금거래소가 높은 프리미엄으로 전 세계의 현물 금을 흡수하고 있는 상황에서 서구 금융기관들이 금을 조달하지 못해 발생하는 리스 요율의 상승은 종이 금 시스템의 붕괴를 가속화하는 기폭제가 된다. 2025년 말 기준 상하이 금거래소를 통한 금 인출량이 연간 1,300톤에 육박하는 동안 서구의 주요 거래소들은 인도 지연과 계약 불이행 위기에 직면하며 실물 자산을 장악한 중국에 가격 결정권을 점진적으로 탈취당하고 있는 상황이다.

중국이 은 수출을 금지한 이유

실물을 장악함으로써 패권을 쟁취하려는 중국의 행보는 은에서도 나타난다. 중국 정부는 2026년 1월 1일을 기점으로 은을 단순한 산업용 금속에서 희토류에 준하는 '국가 전략 통제 물자'로 격상시키고 지정된 44개 국영 및 핵심 기업 외의 수출을 전면 차단하는 초강수 조치를 단행했다. 이 결정은 중국 상무부와 국가발전개혁위원회(NDRC)가 주도했으며 그 중심에는 자원 안보와 금융 패권을 설계해 온 인민은행의 통화 정책 참모들이 깊숙이 관여하고 있다. 이들은 은이 태양광 패널의 전극과 전기차의 전도체뿐만 아니라 특히 인공지능 데이터 센터의 고성능 서버와 반도체 패키징에 필수인 소재라는 점을 명확히 인식하고 있으며, 자국 내 공급망을 선제적으로 보호하여 기술 패권 전쟁의 우위를 점하겠다는 의지를 드러냈다. 동시에 중국은 금 가격이 폭등하는 거대한 통화 전환기에 은을 금의 보조적 가치저장 수단으로 활용하여 귀금속 시장 전반에 대한 장악력을 높이려고 한다. 은은 금과 가격 연동성이 매우 높다. 은 수출을 통제하는 것은 자국 내 실물자산의 총량을 보존하고 서구 금융시장의 은 재고를 고갈시켜 가격 결정권을 가져오는 효과가 있다. 이는 서구 첨단 산업의 제조 원가를 급등시켜 미국 트럼프 행정부가 추진하는 '제네시스 프로젝트' 등 AI와 에너지 혁명 전략의 비용을 높인다.

중국의 은 수출 금지는 런던과 뉴욕의 금 시장에서 실물 재고가 마르는 상황과 맞물려 서구의 종이 금 시스템에 대한 불신을 더욱 증폭시킨다. 중국은 전 세계 은 생산과 정제에 있어 압도적 비중을 차지하는 지위를 활용해 은을 금융과 기술이라는 두 개의 전선에서 동시에 무기화하고 있다. 이는 달러 패권을 실물자산으로 무너뜨리려는 중국의 장기 전략에 잘 맞는다.

일론 머스크는 자신의 SNS를 통해 "은은 지구상에서 가장 전도성이 높은 금속이지만, 그 희소성과 공급망의 편중이 미래 에너지 전환의 가장 큰 병목이 될 수 있다"며 급격한 은값 상승에 대한 우려를 노골적으로 표명했다. 머스크의 발언은 테슬라의 전기차와 태양광 사업이 직면한 비용 압박을 넘어, 중국의 자원 무기화가 미국 테크 산업의 근간을 뒤흔드는 지경학적 위기 상황이란 점을 경고한 것이다.

전기차는 내연기관차보다 약 2배 이상의 은을 소모한다. 특히 태양광 패널의 전극을 형성하는 은 페이스트는 제조 원가에서 큰 비중을 차지한다. 모두 테슬라의 비용 구조에 심각한 압박이다. 머스크는 생산 효율을 극대화해 제품 가격을 낮추는 전략을 고수해 왔다. 은값의 폭등은 차량 한 대당 수천 달러의 비용 인상 요인을 발생시켜 테슬라의 가격 경쟁력을 근본적으로 약화시킨다. 중국 정부가 은 수출을 차단하면서 테슬라는 전 세계 은 공급망의 60% 이상을 장악한 중국의 손아귀에 기술적 생사 여탈권을 저당 잡힌 형국이 되었다.

2장

금값을 밀어올리는 트럼프의 관세 전략

런던에서 뉴욕으로, 금 실물 주도권의 대이동

오랫동안 글로벌 금 시장의 절대 권력은 런던금시장연합회가 쥐고 있었다. 전 세계 금 거래의 약 70%가 집중되는 거래 중심지였고, 뉴욕상품거래소는 서류상의 선물 거래가 주를 이루는 보조적 시장에 불과했다. 2025년 트럼프 2기 행정부 출범과 함께 이 구도는 전환점을 맞이한다. 2025년 초, 트럼프 행정부가 보편적 관세를 선포하고 '자산 본토 회귀 정책(America First Asset Protection)'을 가동하자 런던 금고에 잠자던 실물 금들은 대거 대서양을 건너 뉴욕으로 향했다. 트럼프 행정부는 해외로 유출된 자본과 자원을 미국 영토 내로 결집하여 국가 장부를 강화하려고 하고 있다. 이 정책은 금융자산, 실물 금, 디지털 자산까지 미국 시스템 안으로 가두는 것을 골자로 한다.

정책의 첫 번째 핵심축은 재정 자산의 현대화와 재평가다. 스콧 베센트 재무장관은 정부 보유 유휴 자산의 가치를 현실화하여 부채 문제를 해결하겠다는 의지를 표명했다. 특히 온스당 42.22달러라는 장부가로 기재된 금을 시가로 재평가하여 수조 달러의 회계적 이익을 창출하고, 이를 기반으로 인프라 투자와 부채 상환에 활용할 국가 국부펀드를 창립하는 구상을 담고 있다.

두 번째는 관세로 실물자산 유입을 강제하는 것이다. 트럼프는 관세를 글로벌 자본을 미국으로 끌어당기는 자석으로 활용했다. 해외에 금이나 원자재를 보관할 경우 발생할 관세 및 규제 리스크를 강화하여 전 세계 투자자들이 자산을 COMEX 등 미국 내 안전 창고로 옮기도록 유도했다. 그 결과 LBMA가 보유했던 실물 금 주도권을 뉴욕으로 가져오는 실질적인 성과를 거두었다.

세 번째 축은 비트코인의 전략적 비축이다. 비트코인을 디지털 시대의 새로운 금으로 규정하고 이를 국가 준비자산으로 편입하여 달러의 디지털 담보력을 보강하려는 접근이다. 이는 적대국보다 먼저 디지털 영토를 선점하겠다는 게임이론적 판단에 근거한다.

정책의 궁극적인 목적은 자산 재평가와 스왑을 통해 신규 화폐 발행 없이 국가의 부채를 해결하고, 금과 비트코인이라는 이

중 담보를 통해 달러 패권의 신뢰를 회복하는 데 있다. 결과적으로 미국의 부채는 자산 가치 상승으로 갚고 전 세계의 핵심 자산은 미국 안에 묶어두는 것이다. 이는 20세기 금본위제와 21세기 디지털 시스템을 결합하여 미국 중심의 새로운 글로벌 경제 질서를 재편하려는 정교한 시나리오다.

스콧 베센트 재무장관은 정교한 금융공학적 관점에서 이 정책을 설명한다. 그는 〈월스트리트저널〉 및 폭스뉴스와의 인터뷰에서 "미국 대차대조표의 자산 측면을 현대화(Modernize)해야 한다"는 주장을 거듭 펼쳤다. 여기서 현대화란 장부상 저평가된 금의 가치를 현실화하여 부채 비율을 낮추는 전략을 의미한다. 베센트는 "미국은 세계에서 가장 자산이 많은 국가임에도 불구하고 그 가치를 제대로 장부에 반영하지 않고 있다"고 지적하며, 금 재평가를 통해 확보한 회계적 이익이 부채 상환과 경제 성장의 마중물이 될 것임을 역설했다. 베센트는 '3-3-3 전략'을 통해 재정 적자를 GDP의 3%로 줄이고, 규제 완화와 에너지 증산으로 경제 성장률 3%를 달성하며, 일일 300만 배럴의 석유를 증산하겠다는 구체적인 목표를 제시했다. 그는 "강한 달러는 강한 경제에서 나오며, 강한 경제는 가치 있는 자산의 효율적 운용에서 시작된다"고 언급하며 자산 본토 회귀 정책의 정당성을 부여했다.

존 폴슨(John Paulson)도 이 전략을 설계한 핵심 인물로 꼽힌다. 폴슨은 미국의 억만장자 헤지펀드 매니저이자 트럼프 행정부의 핵심 경제 고문이다. 그는 2008년 글로벌 금융위기 당시 서브프

라임 모기지 시장의 붕괴를 예측하고 거액의 공매도 포지션을 취해 약 40억 달러의 수익을 올리며 금융계의 전설로 등극했다. 그는 트럼프 대통령의 자산 본토 회귀 정책과 금 전략자산화 시나리오를 설계하는 막후의 실력자다. 폴슨이 금 시장에 미치는 영향력은 그의 확고한 '탈달러화'와 '금본위적' 사고에서 기인한다. 그는 2025년 초 여러 인터뷰를 통해 금 가격이 2028년까지 온스당 5,000달러에 도달할 것이라는 전망을 내놓았다. 금 가격이 온스당 3,000달러 선이었던 당시에는 파격적인 전망이었다. 그의 논리는 단순하면서도 명확하다. 미국을 포함한 주요국들의 막대한 부채와 인플레이션 리스크 속에서, 각국 중앙은행들이 종이화폐(Fiat Currency)에 대한 신뢰를 잃고 실물자산인 금으로 보유고를 전환하는 흐름이 가속화될 것이라는 분석이다.

폴슨은 트럼프 행정부의 관세 정책과 금 재평가 전략을 연결하는 가교 역할을 하고 있는데 "미국 달러에 대한 믿음이 약해질 때 가장 안전한 피난처는 금이다"라고 강조하며, 미국 정부가 보유한 금을 단순한 장부상의 수치가 아닌 실질적인 국가 방어 무기로 활용해야 한다고 주장해 왔다. 이는 스콧 베센트 재무장관이 추진하는 자산 재평가와 궤를 같이한다. 그는 트럼프의 보편적 관세가 미국 내 제조업을 살릴 뿐만 아니라, 글로벌 자본이 안전자산인 달러와 금을 찾아 미국으로 유입되게 만드는 강력한 유인책이 될 것이라고 분석한다.

트럼프 2기 행정부의 경제 정책은 폴슨의 시계 바늘을 2년 이상 앞당겼다. 2025년 하반기부터 본격화된 보편적 관세 위협과 미국의 금 전략자산화 움직임은 글로벌 자본의 패닉 매수를 불렀다. 이는 그가 예측한 '달러에 대한 신뢰 하락'과 '중앙은행의 금 매집' 속도가 지정학적 변화로 인해 기하급수적으로 빨라졌음을 증명한다. 폴슨은 러시아 자산 동결 사태 이후 각국 중앙은행이 달러 대신 금을 선택할 수밖에 없는 게임 이론적 구조를 정확히 짚어냈다. 트럼프 행정부는 관세라는 촉매제를 투여해 이 흐름을 폭발시켰다.

2028년까지 5,000달러를 가리켰던 폴슨의 화살표는 이제 새로운 목표가를 향하고 있다. JP모건과 골드만삭스 등 주요 투자은행들은 폴슨의 전망치가 조기에 달성되자 2026년 말 목표가를 6,000달러 이상으로 상향 조정하기 시작했다. 이는 트럼프의 자산 본토 회귀 정책이 시장의 예측 범위를 완전히 벗어난 강력한 회계적 무기로 작동하고 있음을 보여준다. 이 정책이 금을 미국으로 끌어들인 원리는 시장의 공포와 제도적 유인책의 결합에 있다. 트럼프 행정부는 2025년 4월 해외 수입 금괴에 대해 최대 39%에 달하는 고율 관세를 검토하고 있다는 신호를 보냈다. 이는 글로벌 트레이더들에게 지금 미국 안으로 실물을 옮기지 않으면 향후 유동성이 완전히 잠길 수 있다는 강력한 경고가 되었다. 특히 베센트 재무장관이 금 재평가 가능성을 언급한 것이 금이 미국으로 돌아오는 결정적인 계기가 됐다. 투자자들 입장에서는 세금 폭탄을 피하는 동시에, 향후 미국 정부가 주도할 자산 재평가의 수혜를 입기 위해 실물 금을 뉴욕의 COMEX 인증 창고로 옮기는 것이 최상의 선택이 된 것이다.

타이거브로커스의 '2025년 금 시장 리뷰' 보고서에 따르면, 2025년 1월부터 4월 사이 런던 LBMA의 재고량은 관세 우려로 인해 급격히 감소한 반면, 뉴욕 COMEX의 금 재고는 약 500톤 이상 급증하며 역대 최고치를 경신했다. 〈파이낸셜타임스〉 역시 2025년 초 보도를 통해 미국 대선 이후 393톤의 금이 COMEX 금고로 이동했으며, 이는 재고량이 75% 이상 증가한 수준이라고 분석했다.

결과적으로 2025년 하반기 들어 금의 가격 결정권은 런던의 보수적인 은행가들에게서 미국의 정책 결정자들과 월가로 완전히 넘어왔다. 월드뱅크는 2025년 10월 보고서에서 금 가격이 2025년 한 해 동안 약 41% 급등하며 사상 최고치를 경신한 원인 중 하나로 이러한 구조적 이동을 꼽았다. 트럼프는 관세라는 경제적 울타리를 활용해 전 세계 실물 금을 미국 영토 안으로 가둠으로써 달러의 신뢰도를 실물자산으로 재무장시켰다. 이는 향후 미국이 추진할 금 재평가 모델로 달러 패권을 수호할 수 있는 가장 강력한 무기를 확보한다는 걸 의미했다.

관세 블러핑과 시장으로 회귀하는 금

하지만 이러한 흐름은 2025년 하반기 들어 기묘한 반전을 맞이한다. 당초 예고됐던 금 수입 관세가 집행 단계에서 보류되자, 미국 본토에 과잉 공급되었던 금들이 다시 글로벌 유동성을 찾아 빠져나가는 현상이 발생했다. 차익 거래를 노린 이탈이었다. 이는 2025년 미국의 경상수지 통계에서 극명하게 드러난다. 미국 상무부(DOC)와 인구조사국(Census Bureau)의 데이터에 따르면, 2025년 미국의 '비화폐용 금(Non-monetary Gold)' 수출액은 전년 대비 약 35% 증가한 480억 달러를 기록했다. 특히 2025년 3분기에는 금 수출이 미국 전체 상품 수출 증가분의 상당 부분을 차지하며 경상수지 적자 폭을 일시적으로 개선하는 효과를 냈다.

비 화폐용 금이란 각국 중앙은행이나 IMF 같은 국제금융기구가 외환보유액의 일부로 보유하는 '화폐용 금'을 제외한 모든 형태의 금을 말한다. 국가의 공식적인 자산이 아니라 민간 영역에서 유통되거나 산업에 사용되는 금이 모두 여기에 해당한다. 국제수지(BOP) 통계에서 이 구분은 매우 중요하다. 화폐용 금은 국가 간 거래 시 금융자산의 이동으로 취급된다. 이와 달리 비 화폐용 금은 일반적인 상품과 똑같이 취급된다. 한 나라가 비 화폐용 금을 수출하거나 수입하면 그것은 일반 수출입 통계에 상품 교역으로 잡힌다.

비 화폐용 금은 용도에 따라 크게 세 가지로 분류할 수 있다. 첫째는 장신구용 금이다. 전 세계 비 화폐용 금 수요의 가장 큰 비중을 차지한다. 주로 보석이나 장식품으로 가공된다. 둘째는 산업 및 기술용 금이다. 금의 뛰어난 전도성과 부식 방지 특성 덕분에 반도체, 스마트폰, 치과용 의료 장비의 핵심 소재로 쓰인다. 셋째는 민간 투자용 금이다. 개인이 자산 증식이나 위험 회피를 목적으로 소유하는 골드바, 금화 등이 포함된다.

최근 금의 가치가 다시 주목받는 경제 상황에서 비 화폐용 금의 흐름은 한 나라의 실질적인 금 보유 실태를 파악하는 중요한 지표다. 중앙은행 금고에 쌓인 금도 중요하지만, 민간이 보유한 막대한 양의 금 역시 국가의 잠재적인 경제 복원력을 상징하기 때문이다. 트럼프 행정부처럼 자국 중심의 강력한 화폐 가치를 지향하는 정책 환경에서는 이러한 민간 금 보유량과 국제적 이동 경로가 환율이나 무역수지에 미치는 영향력이 더욱 정밀하게 분석되곤 한다.

결과적으로 2025년 미국의 금 수출 비중 증가는 트럼프 행정부의 정책적 블러핑이 만들어낸 시장의 밀당을 상징한다. 관세라는 위협으로 전 세계의 금을 일단 미국 금고에 가두는 데는 성공했으나, 규제가 현실화하지 않자 자본은 다시 차익 거래를 위해 효율적인 시장으로 회귀한 것이다. 〈파이낸셜타임스〉는 이를 두고 "미국 대선 이후 약 393톤의 금이 유입되며 재고량이 75% 급증했으나, 하반기 수출 재개로 인해 실물 주도권은 다시 런던과 뉴욕 사이의 팽팽한 균형점으로 돌아왔다"고 분석했다. 그렇다면 트럼프는 무엇을 얻었는가? 트럼프는 관세라는 울타리를 '실제로 치지 않고도' 금 가격을 5,000달러 선까지 펌핑시켰다. 동시에 금 수출을 통해 무역 지표를 개선하는 '실리적 성과'를 거두었다.

트럼프는 의도적으로 금을 펌핑하고 있다

몇 차례 언급했듯 트럼프 행정부가 금 가격의 점진적 상승을 유도하며 이른바 '펌핑 전략'을 구사하는 배경에는 금 재평가로 국가 부채 문제를 단번에 해결하려는 회계적 시나리오가 깔려 있다. 현재 미국 재무부 장부상 금 가격은 1973년 이후 온스당 42.22달러에 고정되어 있다. 이를 시가인 5,000달러 이상으로 재평가하면 미국이 보유한 약 8,133톤의 금 가치는 약 110억 달러에서 순식간에 1조 3,000억 달러 이상으로 불어난다. 앞서 말했듯이 재평가 가격이 반드시 시가와 연동될 필요는 없다. 법적으로는 트럼프 행정부가 고시하는 가격이 재평가 가격이 될 수 있다. 이러한 자산 가치의 폭등은 화폐 발행 없이도 정부의 순자산을 늘려 부채 비율을 획기적으로 낮추는 마법과 같은 효과를 발휘한다.

금 재평가는 경제 위기 시 국가 부채를 해결하는 비장의 카드로 활용되어 왔다. 1934년 프랭클린 루스벨트 대통령은 금본위제하에서 금 가격을 온스당 20.67달러에서 35달러로 약 69% 인상하며 대공황으로 인한 재정난을 타개했다. 당시 발생한 재평가 차익은 환율안정기금의 종잣돈이 되어 미국 경제 재건의 핵심 동력이 되었다. 트럼프 행정부의 고문들은 이 역사적 사례를 현대적으로 재해석하여, 금과 비트코인을 망라한 전략적 자산 재평가를 통해 달러 패권을 수호하려 한다.

재평가 후 발생하는 차익은 자산 스왑이라는 고도의 금융 기법을 통해 처리된다. 재무부는 재평가된 금 가치를 바탕으로 새로운 금 증서(Gold Certificates)를 발행하여 이를 연방준비제도에 예치한다. 연준은 이 증서를 담보로 재무부 계좌에 해당 금액만큼의 현금을 입금하거나, 재무부가 발행했던 국채를 상계 처리하는 것이다. 트럼프 2기 들어 본격화하고 있는 금 재평가 논의는 1971년 닉슨 쇼크 이후 유지되어 온 현대 통화 시스템의 근간을 흔드는 파격적인 전략적 카드로 분석된다. 뱅크오브아메리카의 원자재 연구 책임자 프란시스코 블랑시(Francisco Blanch)는 이러한 재평가를 통해 발생하는 약 1조 달러 안팎의 평가 차익이 증세나 추가 국채 발행 없이도 막대한 재정적 유동성을 공급하는 통로가 될 것이라고 진단한다.

케빈 워시를 차기 연준 의장으로 지명한 이유

트럼프 대통령이 2026년 1월 30일 케빈 워시(Kevin Warsh)를 차기 연준 의장으로 지명한 건 '금 재평가'라는 회계적 연금술을 실제로 실행에 옮기기 위한 포석이다. 과거 연준 이사 시절부터 '건전 화폐(Sound Money)'를 옹호해 온 워시는 1973년 이후 온스당 42.22달러라는 가격으로 묶여 있던 재무부 보유 금 2억 6,150만 온스의 가치를 시장가인 5,000달러 이상으로 현실화하는 방안을 추진 중이다.

오스트리아학파가 말하는 건전 화폐란 금과 같은 실물과 연결돼 가치가 안정된 돈이다. 인플레이션으로 구매력이 떨어지는 화폐가 아니란 뜻이다. 이 같은 화폐는 정부가 정하는 게 아니라 시장에서 이용자들이 선택하는 과정을 통해 만들어진다. 오스트리아학파의 창시자인 카를 멩거(Carl Menger)는 화폐가 국가의 법령이 아닌 개별 경제 주체들의 선택 과정에서 탄생했다는 화폐 발생의 진화론적 관점에서 건전 화폐 개념을 제시했다. 이러한 사상적 토대 위에서 루트비히 폰 미제스(Ludwig von Mises)는 그의 저서《화폐와 신용의 이론(The Theory of Money and Credit, 1912)》에서 건전 화폐를 정치적 외압으로부터 개인의 자유와 재산권을 수호하는 헌법적 장치로 규정했다. 그는 정부가 무분별한 화폐 발행을 통해 국민의 구매력을 갈취하는 인플레이션 정책은 도덕적 해이이자 보이지 않는 세금이라고 강력히 비판했다. 미제스의 제자인 머레이 로스바드는 여기서 더 나아가 화폐의 가치가 오직 시장의 수요와 공급에 의해서만 결정되어야 하며, 정부가 독점하는 법정 통화 시스템은 필연적으로 통화 팽창과 경제적 왜곡을 초래한다고 주장했다.

오스트리아학파가 금본위제를 옹호하는 본질적인 이유는 금이 가진 물리적 특성 그 자체보다, 금이 인간의 의지로 마음대로 늘릴 수 없는 물리적 희소성을 지니고 있어서다. 정부가 부채 해결을 위해 화폐 가치를 조작하려는 시도를 원천적으로 차단하기 때문이다.

이들은 인위적인 통화 팽창이 시장의 가격 신호를 왜곡하여 기업가들의 잘못된 투자(Malinvestment)를 유발하고, 이것이 결국 거대한 경제 위기로 이어진다는 오스트리아 경기순환이론(ABCT)을 바탕으로 건전 화폐의 중요성을 역설한다. 뱅크오브아메리카나 카토연구소(Cato Institute)의 전문가들은 건전 화폐가 경제적 예측 가능성을 높여 장기 투자를 촉진하고, 정부의 비대화를 억제하는 헌법적 장치와 같은 역할을 수행한다고 분석한다. 트럼프 행정부 내의 건전 화폐 옹호론자들이 주장하는 금 재평가는 달러를 다시 금 실물자산과 연결함으로써 통화의 신뢰도를 복원하려는 근본적인 체제 변혁 시도로 이해할 수 있다.

워시가 오스트리아학파의 건전 화폐 이론을 적극적으로 수용하게 된 건 2006년부터 2011년까지 연준 이사로 재직하며 느낀 실망감 때문이다. 워시는 2008년 글로벌 금융위기 당시 벤 버냉키 의장의 최측근으로서 위기에 대응했다. 하지만 위기 이후 단행된 무제한 양적완화가 미제스가 《화폐와 신용의 이론》에서 경고한 자본의 오배분과 잘못된 투자를 초래한다고 판단하여 2011년 사임했다. 무분별한 양적완화는 양극화와 버블로 이어질 수밖에 없다는 것이었다. 그는 이후 스탠퍼드대학교 후버연구소(Hoover Institution)에서 하이에크의 화폐 탈국가화 이론에 심취하며 정부 독점 화폐 체제의 한계를 연구했다. 그 무렵 트럼프의 고문인 쥬디 셸턴(Judy Shelton)과 교류하며 화폐가 정치적 조작에서 벗어나 금과 같은 실물자산에 정박해야 한다는 규칙 기반(Rule-based)

통화 정책의 신봉자가 되었다.

쥬디 셸턴은 《굿 애즈 골드(Good as Gold)》의 저자로 사실상 금 재평가 전략의 설계자다. 그녀는 미국의 금 장부가액을 시장 가격으로 현실화하는 것이야말로 38조 달러에 달하는 부채 위기에서 달러를 구해낼 유일한 탈출구라고 트럼프를 설득해 왔다. 셸턴의 논리는 통화 주권의 회복에 초점을 맞추고 있다. 그녀는 정부가 무분별하게 달러를 찍어내어 부채를 해결하려는 행위가 국민의 재산권을 침해하는 도덕적 해이임을 강조한다. 금 재평가를 통해 확보된 막대한 차익으로 국채를 상쇄하거나 달러를 다시 실물자산에 정박시키는 '정박 효과(Anchoring Effect)'를 노려야 한다고 주장했다.

특히 그녀는 2026년 7월 4일 미국 독립 250주년을 기점으로 '금 연동 국채(Gold-linked Bonds)'를 발행하여 달러의 신뢰를 복원하자는 구체적인 로드맵을 제시했다. 금 연동 국채란 채권의 원금이나 이자 지급액을 실물 금 가격의 변동에 연동시킨 특수 채권이다. 원금이 1,000달러가 아니라 10온스의 금이라는 식으로 생각하면 된다. 만기에 실제 금으로 상환하는 건 아니고, 당시 10온스의 금 가격을 돈으로 받는다. 역사적으로는 1973년 프랑스가 발행했던 '지스카르 채권(Giscard bond)'이 대표적인 금 연동 국채다.

셸턴은 금 재평가가 미국의 대차대조표를 강력하게 만들어 글로벌 통화 전쟁에서 우위를 점할 수 있는 핵심 병기라고 트럼프에게 주입했다. 그녀는 유럽 국가들이 이미 시가 평가를 통해 금 가치를 장부에 반영하고 있다는 점을 들어, 미국도 숨겨진 자산인 금의 가치를 현실화하여 의회의 승인 없이도 강력한 재정 집행력을 확보해야 한다고 역설했다.

트럼프가 추진하는 금 재평가의 핵심 동력은 '신(新) 재무부-연준 협약'이라는 워시의 구상이다. 이는 재무부-연준 협약을 75년 만에 현대적 부채 위기에 맞춰 재편한 것이다. 재무부-연준 협약은 1951년 3월 4일 한국전쟁 당시 전비 조달을 위해 국채 금리를 강제로 고정하던 재무부의 압박에서 벗어나 연준의 독립성을 확립했던 역사적 협약이다. 워시의 구상은 재무부가 금을 재평가하여 발생한 약 1조 2,000억 달러의 회계적 차익을 바탕으로 '금 증서'를 발행하고 이를 연준이 인수하게 함으로써, 국회 승인 없이도 정부 부채를 소각하거나 유동성을 창출하는 제도적 통로를 확보하는 데 있다. 이러한 급진적 구상의 이면에는 스콧 베센트 재무장관이 주도하는 3-3-3 정책이라는 거시 경제 프레임워크가 자리 잡고 있다. 금 재평가 차익은 이 야심 찬 목표를 달성하기 위한 핵심 재정 보충 수단으로 활용될 예정이다.

재평가 수익의 활용처를 둔 입장 차이

한편 재평가 수익의 구체적인 활용처를 두고는 행정부 내에서도 케빈 워시와 스콧 베센트 간에 전략적 긴장이 감지되고 있다. 워시는 평가 차액을 회계 처리를 통해 연준의 대차대조표상 자산을 곧바로 줄이는 방안을 선호한다. 평가 차액이 1조 달러라면,

대차대조표상 1조 달러의 국채를 지우는 식이다. 트럼프나 베센트 재무장관은 평가 차액만큼 돈을 찍어 정부가 임의대로 쓸 수 있는 특별계좌에 입금하는 방법으로 유도할 가능성이 크다. 워시 입장에서는 금의 재평가로 막대한 돈이 시중에 일시에 풀릴 경우 하이퍼인플레이션이 발생할 가능성에 방점을 찍고 있는 반면, 트럼프 행정부는 돈이 유권자들의 지갑을 불리는 절차를 거치며 11월 중간선거에서 활용하고 싶어 한다.

구체적인 방법을 보면 워시는 확보된 재원을 '미국 미래 펀드(U.S. Future Fund)'라는 전략적 국부펀드에 할당하여 AI 및 반도체 등 첨단 산업에 투자하고, 신시아 루미스 상원의원이 발의한 비트코인 법안과 연계하여 비트코인 100만 개를 국가 전략자산으로 비축함으로써 달러의 담보력을 디지털로 전이시키려는 미래 지향적 설계를 강조한다. 워시는 루미스 의원의 비축안에 대해 직접적인 찬성표를 던지지는 않았으나 "미래 펀드의 포트폴리오는 아날로그와 디지털을 아우르는 미국의 모든 우위 자산을 포함해야 한다"고 청문회에서 언급한 적이 있다. 비트코인 비축에 대한 간접적인 지지 의사를 밝힌 것이다. 한편 트럼프와 베센트 재무장관은 평가차액을 금 준비법상에 나온 환율안정기금에 넣은 뒤 필요에 따라 사용하는 방안을 구상하고 있다. 트럼프 행정부도 이 재원을 비트코인 전략비축에 사용하는 것에 대해서는 이견이 없다.

트럼프표 연금술에 대해 주류 경제학계의 비판과 찬성론자들의 대립 또한 격렬하다. 스티븐 미런(Stephen Miran) 연준 이사는 금 재평가를 실질적 가치 창출이 없는 '회계적 속임수'로 규정한다. 그는 글로벌 투자자들에게 달러 가치 하락에 대한 공포를 심어주어 장기적으로 미국 국채 시장의 신뢰를 파괴하는 승자의 저주가 될 것이라고 강력히 경고한다. 금의 재평가로 법정 화폐 달러를 금이라는 희소한 자원에 정박시킴으로써 달러의 신뢰도를 보증하는 수단으로 활용한다는 트럼프의 구상을 정면으로 반박한 것이다. 금의 재평가는 달러의 신뢰도를 높이는 전략이 아니라 달러를 더 많이 찍어내기 위한 '트릭'에 불과하다는 것이다.

반면 셸턴 같은 건전 화폐 옹호론자들은 금 연동 국채(Gold-linked Bonds)를 발행하는 것은 무분별한 화폐 발행을 억제하는 기능을 할 수 있다고 반박했다.

거시 경제와 통화 정책 분석에 정통하다는 평가를 받는 스위스 피크테자산운용(Pictet)은 2026년 2월 보고서인 'And the winner is… Kevin Warsh'에서 이러한 논쟁이 시장에 워시 쇼크(Warsh Shock)를 불러일으켰다고 분석했다. 워시 쇼크란 2026년 1월 30일 트럼프 대통령이 차기 연준 의장으로 워시를 지명한 이후 금은 물론 채권, 주식, 비트코인 등 거의 모든 자산 가격이 폭락한 충격을 말한다. 이는 시장이 워시를 인플레이션 완화론자가 아닌 화폐 가치를 지키기 위해 긴축을 불사할 매파적 파수꾼으로 인식했기 때문이라는 게 피크테의 설명이다.

국제적 맥락에서 미국의 이러한 행보는 전 세계적인 평가절하 경쟁을 촉발할 위험을 내포하고 있다. 이미 유럽중앙은행의 지침에 따라 분기별로 금 시가를 반영하며 재평가 계정(Revaluation Accounts)을 관리 중인 독일 연방은행(Bundesbank) 등 유로존 국가들은 미국의 급진적인 재평가가 달러 약세를 유도하여 자신들의 수출 경쟁력을 훼손할 것을 우려하고 있다.

피크테의 거시 전략가들은 미국이 금 가치를 높여 부채를 해결하려는 시도가 성공할 경우 다른 국가들도 자국 통화의 급격한 절상을 막기 위해 금 재평가나 통화 가치 하락 경쟁에 뛰어드는 21세기판 금본위제 경쟁이 발발할 수 있다고 진단한다.

피크테 보고서는 금 재평가 수익으로 비트코인을 매입하는 행위에 대해서는 '달러 약세의 공식화'를 가속화할 것이라고 분석한다. 금의 준비금 지위를 의도적으로 약화시키고 변동성이 큰 디지털 자산으로 치환하는 과정 자체가 전통적인 달러 패권을 스스로 해체하고 새로운 디지털 패권으로 이주하려는 미국의 '위험한 도박'이라는 것이다

금이 오르면 중국이 웃는다? 중국 금 죽이기

한편 중국 정부와 민간이 보유한 금의 총량은 글로벌 금 시장의 수급 불균형을 설명하는 가장 큰 변수다. 세계금협회와 금 시장 분석가들의 데이터를 종합하면 중국은 이미 세계 최대의 금 보유국 중 하나다. 그 규모는 공식 발표치를 훨씬 상회할 것으로 추정된다.

중국 인민은행이 발표한 2026년 초 공식 금 보유량은 약 2,200~2,300톤이다. 대다수의 기관은 실제 보유량은 이보다 훨씬 많을 것으로 본다. 블룸버그인텔리전스(Bloomberg Intelligence)와 귀금속 분석가 도미닉 프리즈비(Dominic Frisby) 등은 중국 정부가 국가외환관리국(SAFE)이나 국영 은행들의 계좌를 통해 분산 관리하는 금을 포함할 경우, 그 실제 규모는 4,000톤에서 최대 5,000톤에 이를 것으로 분석한다. 이는 8,133톤을 가진 미국에 이어 세계 2위의 보유량이다. 중국은 달러 패권에서 벗어나기 위한 대안으로 지난 18개월 이상 연속으로 금을 사들였다는 게 이 같은 추정을 뒷바침한다.

민간 부문의 금 보유량은 더욱 압도적이다. 세계금협회와 상하이금거래소의 출하량을 근거로 산출한 중국 민간의 금 보유량은 최소 2만 톤에서 2만 5,000톤 이상으로 추정된다. 중국은 2007년 이후 세계 1위의 금 생산국임과 동시에 최대 수입국으로서, 자국 내에서 채굴된 금의 수출을 법으로 금지하고 매년 수천 톤의 금을 홍콩과 상하이를 통해 빨아들이고 있다. 전문가들은 중국 국민들이 부동산 시장의 불황과 위안화 가치 하락에 대비해 실물 금을 일종의 '안전한 저축'으로 인식하며 사재기하고 있다고 분석했다. 특히 중국 금 시장에서는 중국 여성들의 치맛바람이 거세게 불고 있다. 중국의 중년 여성 투자층을 지칭하는 다마(Dama, 大妈)는 시장의 하방 지지선을 형성하면서 급격한 가격 급등을 유도하는 거대한 매수 세력을 형성하고 있다. 다마는 중국 가계 저축의 약 60% 이상을 통제한다. 특히 주변 네트워크를 통한 강한 집단 행동을 보이는 성향이 있다.

다마 커뮤니티는 중국 자산 시장을 움직이는데 일례로 2013년 4월, 국제 금 시장은 30년 만에 가장 가파른 하락을 목격하며 큰 혼란에 빠졌다. 골드만삭스를 비롯한 월가의 대형 투자은행들이 금 시장의 약세장을 전망하며 대규모 매도 리포트를 발표하자 국제 금값은 순식간에 폭락했다. 이때 시장의 흐름을 뒤바꾼 주인공이 다름 아닌 다마다. 이들은 금값 하락을 저가 매수 기회로 보고 4월 15일부터 약 2주 동안 중국 전역의 금은방과 은행으로 몰려가 실물 금을 무차별적으로 사들였다. 당시 이들이 사들인 금의 양은 액 300톤으로 추산된다. 전 세계 연간 금 생산량의 10%에 달하는 엄청난 물량이었다. 월가의 공매도 세력이 주도한 가격 하락 압력을 민간의 막대한 실물 수요로 정면 돌파한 것이다. 이 사건은 전 세계 금융 전문가들을 경악하게 만들었다. 비록 이후 금값의 장기적인 하락세를 완전히 막지는 못했으나, 다마 군단은 자본 시장의 논리를 뛰어넘는 강력한 구매력을 입증하며 국제 원자재 가격 결정 과정에서 무시할 수 없는 핵심 변수로 각인되었다.

다마들의 투자는 중국 내 자산의 70%를 차지하던 부동산 시장의 장기 침체와 위안화 가치 하락에 대응하는 본능적인 가치저장 욕구에 기인한다. 특히 골드바나 장신구 같은 실물 금에 집중하는 이들의 보수적 성향은 물리적 공급 부족을 초래하여 선물과 현물 가격의 괴리를 키우고 시장 전체의 변동성을 증폭시키는 기폭제가 된다.

정부와 민간을 합친 중국의 총 금 보유량 추정치는 최대 3만 톤에 달한다. 이는 전 세계 금 보유량의 약 15%를 차지하는 막대한 규모다. 케빈 워시와 쥬디 셸턴이 추진하는 미국의 금 재평가 시나리오가 현실화될 경우, 중국에게 좋은 일이 될 가능성이 크다. 중국은 이 막대한 비축량을 바탕으로 위안화의 담보력을 강화하며 미국과의 통화 패권 전쟁에서 가장 강력한 반격 카드를 쥐게 될 수 있는 것이다.

여기까지 듣고 나면 의문이 생긴다. 중국은 엄청난 금을 자국으로 끌어들이고 있는데 앞서 설명했듯 트럼프의 행보가 금값을 끌어올린다면 중국에 좋은 것이 아닌가?

금값은 올리되 유동성 통제권은 미국이 가진다

트럼프는 중국이 금 재평가의 반사이익을 취하지 못하도록 정교한 전략을 짜놓았다. 미국의 전략은 금이 화폐로서 갖는 권위를 약화시키고 중국의 자산을 유동성 함정에 빠뜨리는 것이다. 베센트와 워시가 설계한 이 전략의 핵심은 중국이 보유한 '아날로그 금'의 가치를 미국이 주도하는 '디지털 자산' 체제로 강제 전이시키는 데 있다.

미국 관세국(CBP)은 2025년 7월 31일 국제 시장의 주요 거래 단위인 1kg 및 100온스 골드바를 기존의 면세 대상인 '미가공 금

(HTS 7108.12)'이 아닌 '기타 반제품(HTS 7108.13.5500)'으로 재분류하는 내용을 골자로 한 행정 결정(Ruling N351466)을 단행했다. 이 결정은 당시 트럼프 행정부가 시행한 상호주의 관세(Reciprocal Tariffs)와 맞물려 스위스 등 주요 정련국에서 수입되는 금에 대해 39%에 달하는 고율 관세를 즉각 적용시키는 결과를 초래했다. 100온스 금괴는 뉴욕상품거래소 선물시장의 핵심 인도 단위다. 이를 겨냥한 관세 부과는 중국 등 해외 세력이 금을 매도하여 달러 유동성을 확보하는 통로를 차단하려는 고도의 전략적 포석으로 분석되었다.

관세국의 품목 변경 조치 후 국제 금 시장은 즉각적인 패닉에 빠졌다. 8월 8일 뉴욕상품거래소의 금 선물 가격은 온스당 3,534.10달러를 기록하며 역대 최고치를 경신했다. 특히 스위스산 금괴에 부과될 39%의 고율 관세는 시장의 인도 체계를 마비시켰다. 현물과 선물의 가격 차이인 스프레드는 평소 범위를 아득히 벗어나 순식간에 온스당 95달러에서 최대 130달러까지 벌어졌다. 스위스가 미국으로 수출하는 금의 연간 규모가 약 615억 달러에 달한다는 점을 고려할 때, 이 관세가 유지되었다면 무려 240억 달러(약 32조 원)의 추가 비용이 발생할 위기였다. 당시 전문가들은 스위스에서 정련된 금이 뉴욕으로 유입되기 위해서는 국제 금 값이 온스당 4,700달러까지 치솟아야 수지타산이 맞는다는 분석을 내놓기도 했다. 거래량 또한 폭발하여 8월 8일 하루에만 1온스 금 선물 계약이 2만 900건 넘게 체결되는 대혼란이 이어졌다.

8월 11일 트럼프 대통령이 SNS를 통해 관세 면제를 선언하자 선물 가격은 3,407달러로 약 2.4% 급락하며 진정세로 돌아섰다. 이후 백악관은 관세청의 분류 결정이 표준 금괴에까지 적용된 것은 단순한 행정적 오해에서 비롯된 일이라며 공식 해명했다. 단 며칠간의 소동으로 뉴욕 금 재고 1,000톤의 가치가 하룻밤 새 32억 달러 이상 요동친 이 사건은, 관세라는 행정적 무기가 '실물자산의 유동성'을 얼마나 파괴적으로 마비시킬 수 있는지 보여준다. 2026년 현재 시점에서는 골드바에 대해 39%의 관세가 부과되고 있지는 않다. 하지만 미국 관세국에 해당 품목 코드가 여전히 존재하고 언제든 정책적 도구로 활용될 수 있는 상황이다.

달러 유동성을 창출하지 못하는 중국 금

트럼프 행정부는 중국의 금에 대한 불신을 조장하기 위해 과거 중국에서 벌어졌던 가짜 금 스캔들을 단순한 사기 사건이 아닌 중국 금융 시스템 전반의 '구조적 결함'으로 규정하며 이를 외교 및 통화 정책의 명분으로 적극 활용하고 있다. 특히 스콧 베센트 재무장관은 2026년 2월 초 폭스뉴스와의 인터뷰에서 최근의 금값 변동성을 언급하며 중국 내 거래 상황이 "통제 불능(unruly)" 상태라고 강도 높게 비판하며 중국 금에 대한 시장의 불신을 조장하는 고도의 심리전을 펼치고 있다.

중국 금 함량 미달과 가짜 금 사건은 중국 금융시장의 신뢰를 뿌리부터 흔들어온 고질적인 리스크다. 특히 2020년 발생한 우한 킹골드쥬얼리(Kingold Jewelry) 사건은 전 세계 금 시장에 큰 충격을 주었다. 당시 나스닥 상장사이자 중국 최대 금 가공 업체 중 하나였던 킹골드는 약 83톤의 금괴를 담보로 중국 내 14개 금융기관으로부터 약 200억 위안, 한화로 약 3조 4,000억 원을 대출받았다. 담보로 맡긴 금괴가 사실은 겉만 금으로 도금한 구리 덩어리였다는 사실이 드러나며 중국 금융 역사상 최악의 사기극으로 기록되었다. 83톤이라는 규모는 당시 중국 연간 금 생산량의 약 22%에 달하는 엄청난 양이었다. 공인된 검사 기관과 정부 소유 보험사(PICC)가 이를 보증했다는 점이 밝혀지면서 중국 내 금 유통 및 검증 시스템 전반에 대한 신뢰도가 급격히 추락했다.

2016년 산시성과 허난성 일대에서 발생한 약 190억 위안 규모의 금 담보 대출 사기도 시장에 큰 충격을 줬다. 당시 사기 일당은 텅스텐이나 납을 섞어 정교하게 제조한 가짜 금괴를 사용해 금융기관의 일반적인 검수를 피하는 치밀함을 보였다. 텅스텐은 비중이 금과 매우 유사해 단순 무게 측정만으로는 판별이 어렵다. 이는 결과적으로 중국 내 19개 은행의 금고에 수천 톤의 함량 미달 금이 쌓여 있을 수 있다는 '차이나 리스크'의 근거가 되었다. 2010년에는 홍콩의 유명 주얼리 브랜드인 주생생(Chow Sang Sang) 마저 중국 내 분점에서 판매하던 18K 제품의 금 함량이 표준치에 미달해 전면 판매 중단과 환불 조치를 단행하는 등, 민간 유통 시장에서의 함량 미달 사고 또한 지속적으로 발생해 왔다.

이러한 가짜 금 스캔들은 트럼프 행정부가 중국의 금 보유량을 '신뢰할 수 없는 자산'으로 낙인찍어 국제 표준에서 배제하려는 전략에 강력한 명분을 제공했다. 미국 재무부와 연준은 과거의 대규모 사기 사례들을 근거로 중국의 비축분이 실질적인 담보 가치가 없는 '오염된 자산'일 가능성을 제기하며 국제 금융시장에서 중국산 금에 대한 징벌적 할인을 유도하고 있다.

2026년 2월 5일 베센트 재무장관이 중국의 금 거래 시스템을 '통제 불능'이라 규정한 직후 금값은 온스당 5,000달러 선이 붕괴되며 10% 이상 급락했다. 2월 9일부터 런던과 스위스의 주요 정련소들이 중국산 금에 대한 순도 재검증 비용을 현물 가격에 선제적으로 반영하면서 중국산 금 매도가 폭증했다.

피크테자산운용과 UBS 등 주요 투자은행의 2026년 2월 긴급 분석 보고서에 따르면, 미국의 39% 고율 관세 부과와 함께 중국산 금에 대한 품질 신뢰도 공격이 결합될 경우 런던금시장연합회의 금 순도, 생산 및 유통에 대한 기준인 '굿 딜리버리(Good Delivery)' 표준 금 대비 중국산 금의 할인율은 최소 15%에서 최대 40%까지 벌어질 수 있다. 미국의 금과 중국의 금에 대한 '이중 가격 체계(Two-tier Market)'의 도래가 예고되고 있는 셈이다.

케빈 워시 연준 의장 지명자가 계획하는 '신 재무부-연준 협약'에는 전 세계 금의 서열을 새로 정하는 일종의 '금의 계급화' 전략이 포함되어 있다. 핵심은 미국 정부가 금고에 쌓아둔 8,133톤의 금만을 화폐와 똑같은 가치를 지닌 '준비자산'으로 공인하고, 그 외 다른 나라나 민간이 보유한 금은 '일반 원자재'로 격하시키는 것이다. 이렇게 되면 연준이 찍은 일련번호를 가진 금과, 인민은

■ 케빈 워시의 금 계급화 전략

1. 전략적 금 재평가

① **8,133톤 미국 보유 금 가치 현실화**

: 1973년 이후 42.22달러로 고정된 가격 재평가

② **1조 달러 이상 회계적 잉여금 창출**

: 금 재평가를 통해 확보한 자금 재무부 일반계정 전입

③ **대규모 국부펀드의 마중물**

: 창출된 잉여금 미국 경제적 역량 확대 위한 펀드 기반으로 활용

2. 금 계급화 메커니즘

1등급: 공인된 준비자산

연준이 직접 감독 및 관리하는 미국 금으로 글로벌 금융에서 화폐와 동일한 최상위 위치

* 담보 인정 비율 100%

2등급: 일반 원자재

중국 등 경쟁국과 민간이 보유한 금으로 단순 원자재로 격하

* 담보 인정 제한

3. 전략적 목표

① **미국 공인 금의 독점적 지위 확보**

: 글로벌 금 유통과 공인 기준 장악으로 미국 중심 실물자산 질서 구축

② **달러 패권 강화 및 금융 전쟁 승리**

: 금과 달러의 연계로 지배력을 높이고 경쟁국 자산 가치 제어

③ **그림자 연준과 유연한 통화 정책**

: 단기 국채 중심으로 자산 제련, AI 생산성 향상과 유연한 금리 정책 병행

행의 일련번호가 낙인된 금의 담보가치가 크게 달라진다.

미국이 시장의 기본적인 룰을 무시하고 이 같은 조치를 취할 수 있는 건 달러 결제망이라는 금융 인프라를 독점했기 때문이다. 금융기관들이 보유한 자산은 바젤 III(Basel III)와 같은 국제 은행 규제에 따라 그 가치를 인정받는다. 미국이 신 재무부-연준 협약을 통해 자국 금만을 준비자산으로 지정하면, 다른 국가나 민간의 금은 원자재로 분류되어 은행 자본금 산정 시 가치가 깎이는 '하이컷'을 적용받게 된다. 예를 들어 미국 금은 100달러를 그대로 인정해 주지만 중국산 금은 60달러만 인정해 주는 식이다. 현재 금의 시가가 온스당 5,000달러라면, 중국산 금은 3,000달러가 되는 셈이다. 시장 참여자들은 규제 리스크를 피하기 위해 자연스럽게 미국이 공인한 금으로 몰리게 된다. 이 과정에서 시장 논리는 권력의 논리에 흡수된다.

금 거래의 실무적 핵심인 굿 딜리버리 표준과 국제 결제망은 미국의 영향력 아래 있다. 미국은 런던금시장연합회나 주요 정련소들에 '순도 재검증'이나 'ESG 준수 여부'를 근거로 중국산 금의 인증을 까다롭게 하도록 압박할 수 있다. 이는 물리적인 금이 있더라도 금융 시스템 내에서 '유통될 수 없는 상태'를 만들어낸다.

모든 자산의 가치는 최종적으로 달러로 환전될 때 완성된다. 미국은 중국산 금의 달러 환전을 법적으로 제한함으로써 국제 시장의 유동성을 통제한다. "팔 수 없는 금은 더 이상 돈이 아니다"라는 명제 아래, 미국은 중국산 금의 화폐적 가치를 박탈하고 단순한 구리나 철과 같은 원자재로 되돌려놓는 힘을 행사하려는 것이다.

신 재무부-연준 협약의 공식적인 법적 효력은 아직 발효 전이지만, 금융 현장에서는 이미 '선제적 위험 관리'라는 명목으로 이 규칙이 적용된다. 골드만삭스와 JP모건 같은 대형 수탁 은행들은 스콧 베센트 재무장관이 중국 내 금 거래를 통제 불능이라고 규정한 직후부터 중국산 금에 대한 리스크 등급을 대폭 상향 조정했다. 기존에 최고 우량 자산으로 대우받으며 95% 수준의 담보 인정비율을 적용받던 상하이금거래소 규격의 금들은 현재 60% 이하로 담보가치가 삭감되거나 일부 은행에서는 아예 담보 목록에서 제외됐다. 사실상 중국산 금이 국제 시장에서 달러 유동성을 창출하는 도구로서의 기능을 상실했다.

디지털 자산으로 이전되는 금의 힘

2026년 초 중국 금 금융의 허브인 선전 수이베이 시장에서 발생한 제워루이(JWR) 플랫폼 붕괴 사고는 경영진의 비윤리적인 투기와 자금 운용 실패가 낳은 대규모 금융 사기 사건이다. 당시 제워루이 경영진은 향후 국제 금값이 하락할 것이라는 쪽에 거액을 베팅하며, 투자자들이 실물 금 매입을 위해 입금한 막대한 유치금을 금 확보에 쓰지 않고 수익 극대화를 노린 고위험 파생상품과 여타 금융상품에 전용해 투자했다. 경영진의 예상과 정반대로 국제 금값이 역대 최고치를 경신하며 급등하자 반대 방향으로 베팅했던 투자금은 회생 불가능한 수준의 손실을 입었다. 결국 약 134억 위안, 한화 약 2조 5,000억 원이라는 기록적인 미정산 피해액을 남기며 플랫폼이 지불 불능 상태에 빠졌다. 이 사건은 시세보다 낮은 가격과 고수익을 미끼로 실물자산을 보관해 주던 기존 시스템에 대한 다마들의 맹목적인 신뢰를 완전히 부쉈다. 관리자의 오판과 도덕적 해이로 실물자산이 한순간에 공중분해될 수 있음을 체감한 투자자들은 이를 기점으로 중앙의 통제 없이 투명성과 소유권이 보장되는 비트코인 등 디지털 자산으로 자본을 급격히 이동시켰다. 이는 수천 년간 이어진 금 중심의 자산 구조가 디지털로 전환되는 '디지털 대이동'의 결정적 도화선이 되었다.

피크테 보고서에 따르면 2026년 1월 기준 중국어 기반 장외거래(OTC) 채널을 통한 암호화폐 유입액은 전 분기 대비 45% 급증한 약 161억 달러(약 22조 원)로 집계되었다. 다마들은 비트코인을 보관과 이동이 자유로운 디지털 금으로 정의하며 홍콩 비트코인 현물 ETF나 텔레그램 기반의 전문 OTC 네트워크를 통해 우회 투자를 감행하고 있다. 이러한 군집 행동은 비트코인의 유통 물량을 동결시키는 호들 성향으로 이어져 자산의 희소성을 극대화하고 가격의 하방 지지선을 높인다.

중국 다마 자본의 비트코인 매입은 한국 시장 특유의 가격 괴리 현상인 김치 프리미엄을 키우는 요인이다. 중국 본토의 삼엄한 규제를 피해 한국 거래소로 스며드는 다마들의 우회 자금은 국내의 독특한 금융 장벽과 맞물려 시장의 기형적 가격 형성을 촉발한다. 한국의 외국환거래 규제는 시장을 거대한 수조처럼 가둬버리는 이중의 장벽이다. 연간 5만 달러라는 송금 제한은 자본이 밖으로 빠져나가는 것을 막는 방패처럼 보이지만, 실상은 시장의 자정 작용인 '차익 거래'를 원천 봉쇄하는 족쇄가 된다. 정상적인 시장이라면 국내 가격이 높을 때 외부에서 저렴한 자산을 사와 팔아 공급을 늘려야 가격이 안정된다. 그러나 외환규제로 물건값을 치를 외화를 밖으로 보낼 길이 막히니 새로운 공급이 일어날 수 없는 구조가 됐다. 수요는 폭발하는데 공급은 규제에 갇혀 있는 이 폐쇄적 환경은 국내 가격이 국제 시세보다 기형적으로 높게 형성되는 프리미엄 현상을 고착화한다.

이런 구조 속에서 규제를 우회한 다마들의 막대한 매집 자금이 한꺼번에 몰리자, 공급이 수요를 전혀 감당하지 못하는 심각한 수급 불균형이 발생한다. 한정된 공급량에 비해 폭발적으로 늘어난 수요는 국제 시세와의 격차를 급격히 벌리며 순식간에 10% 이상의 프리미엄을 형성한다. 뱅크오브아메리카의 분석에 따르면 김치 프리미엄의 변동폭 중 약 35%가 중국발 자금 유입과 직접적인 상관관계를 보인다. 이는 한국 소매 투자자들의 포모 심리와 동기화되어 거품을 형성하는 동시에 프리미엄이 임계점을 넘었을 때 중국 자본의 차익 실현 매물이 쏟아지며 가격이 급락하는 리스크를 동반한다.

트럼프 정부는 비트코인 전략비축을 통해 금의 지위를 디지털 영역으로 강제 이전시키는 전략을 강력히 추진 중이다. 신시아 루미스 의원이 발의한 비트코인 법안에 따라 향후 5년간 비트코인 100만 개를 매입함으로써 중국이 주도하는 금 기반 통화 패권 구상을 무력화하고 미국을 '글로벌 크립토 수도'로 변모시키려는 전략적 포석이다.

케빈 워시 연준 의장 지명자는 청문회에서 중국의 e-CNY(디지털 위안화)가 달러의 지배력을 위협하고 있다고 경고하며 이에 맞서 달러 기반 스테이블코인의 제도화와 비트코인 비축을 통해 디지털 금융 패권을 수성하겠다는 의지를 분명히 했다. 트럼프 행정부의 전략은 중국이 가진 금의 양적 우위를 무시할 수 있는 새로운 시스템적 덫을 완성하는 것이다. 중국이 금을 팔아 달러를 확보하려 할 때는 고율 관세로, 금으로 새로운 통화 질서를 세우려 할 때는 비트코인이라는 대안 자산으로 대응하여 중국의 반사이익을 철저히 차단하는 구조를 지향하고 있다.

트럼프는 이 같은 치밀한 '중국 금 죽이기' 전략을 통해 미국은 금의 재평가를 통한 차익을 누리고, 중국은 비싸진 현물 금을 끌어안고 있어야 하는 상황을 만들고 있다.

3장

달러 패권의 새로운 닻이 될 비트코인

세금으로는 빚은커녕 이자도 못갚는다

미국 의회예산처(CBO)의 2026년 2월 보고서인 '미국 예산과 경제 전망(The Budget and Economic Outlook: 2026 to 2036)'에 따르면 미국의 총 연방 부채는 2025년 10월 21일 사상 처음으로 38조 198억 달러를 기록했다. "달러를 과연 믿을 수 있을까?"라는 의구심이 커지고 있다. 빚더미에 앉은 친구를 믿고 돈을 선뜻 빌려줄 사람은 없지 않은가. 빚이 눈에 띄게 늘어난 건 2025년 하반기다. 그해 8월 중순 37조 달러를 기록한 이후 불과 두 달 만에 1조 달러가 늘었다. 코로나19 팬데믹 당시 대규모 부양책 시기를 제외하면 미국 역사상 가장 빠른 속도다. 피터G.피터슨재단의 마이클 피터슨 CEO는 이를 두고 "의회가 기본적인 재정적 의무를 다하지 못하고 있다는 고통스러운 신호"라고 비판했다. 펜실베이니아대학교 와튼 스쿨의 켄트 스매터스(Kent Smetters) 교수는 이러한 부채 폭증이 궁극적으로 고착화된 인플레이션을 초래하여 미국인의 구매력을 영구적으로 훼손할 것이라고 경고했다.

부채 규모는 미국의 글로벌 패권에 세 가지 결정적인 의미를 갖는다. 첫째, 패권의 기반인 달러의 '무위험 자산' 지위가 붕괴되고 있다는 점이다. CBO의 2026년 전망에 따르면 공공보유부채가 2030년에 GDP 대비 106%라는 제2차 세계대전 직후의 최고치를 경신하고 2036년에는 120%에 도달할 것으로 전망된다. 공공보유부채란 총부채에서 공공기관간 부채를 제외한 부분을 말한다. 실질적인 이자 부담의 정도를 알 수 있는 척도다. 미국의 총부채는 이미 GDP의 120%를 넘어선 지 오래다.

둘째, '이자 지급의 늪'이 국방력을 잠식하고 있다는 사실이다. 2026년 회계연도 기준 순 이자 비용이 1조 달러를 돌파하며 사상 처음 국방비 지출을 넘어섰다. 국방비로 쓸 돈을 이자 갚는 데 쓸 수밖에 없는 것이다. 이는 패권국의 지위에 치명적이다.

셋째, 달러의 기축통화 자체가 흔들리고 있다. 경영 컨설팅 그룹 딜로이트(Deloitte)가 2025년 5월 발간한 '흔들리는 미국 달러화의 기축통화 지위'라는 보고서에 따르면 미국이 달러를 패권 도구로 사용하면서 달러 사용 비중이 줄어드는 역효과가 가시화하고 있다. 미국이 달러를 순수한 세계 공용화폐로서 관리하는 게 아니라 빚을 관리하고, 반미 국가에 금융 제재를 가하는 전략적 무기로 악용하면서 정치적인 중립성이 훼손되었다는 의미다.

딜로이트는 2000년 71%에 달했던 글로벌 외환보유액 내 달러 비중이 최근 58% 수준까지 하락한 현상에 주목한다. 이를 단순한 수치 감소가 아니라 주요국 중앙은행들이 미국의 만성적인 재정 적자와 정치적 불확실성에 대응해 자산을 다변화하기 시작한 결과라고 분석했다. 미국이 기축통화 지위를 이용해 막대한 적자를 무한정 발행하는 '발권력의 특권'을 누려왔으나, 이제는 그 적자 규모가 달러의 가치 자체를 훼손하는 임계점에 도달했다는 것이다. 특히 미국의 달러 무기화가 역설적으로 달러의 지배력을 약화시키는 기폭제가 되었다고 지적했다. 러시아-우크라이나 전쟁 이후 서방의 금융 제재를 목격한 비우호적 국가들이 스위프트망을 우회하는 독자적 결제 시스템을 구축하며 달러라는 '도구'에 대한 의존도를 낮추고 있기 때문이다.

이러한 만성 적자와 신뢰 하락의 틈을 타고 비트코인과 같은 디지털 자산이나 금 기반의 결제 네트워크가 달러의 역할을 대체하려는 움직임이 가속화되고 있다. 이는 미국이 더 이상 달러 한 가지만으로는 패권을 유지할 수 없음을 시사한다. 결과적으로 딜로이트는 미래의 금융 시스템이 단일 기축통화 체제에서 벗어나 디지털 자산과 여러 법정 통화가 공존하는 혼합형 체제로 진화할 것이라 전망한다. 미국이 비트코인 비축과 같은 파격적인 정책을 통해 새로운 형태의 디지털 금융 담보를 선점하려 하는 것은 이러한 변화에 적응하려는 전략이라는 게 보고서의 결론이다.

미국의 빚이 기록적인 속도로 폭증하는 근본적인 원인은 세입, 세출 사이의 구조적 불균형에 있다. CBO 분석에서 2026 회계연도 연방 정부의 재정적자는 약 1조 9,000억 달러에 달한다. 이는 GDP의 5.8%에 해당하는 수준이다. 빚이 빠르게 늘어나는 건 눈덩이처럼 불어나는 순이자 비용때문이다. 2026년에는 사상 처음으로 1조 달러를 돌파하여 전체 연방 세입의 상당 부분을 잠식하기 시작한다. 이는 과거 저금리 시대에 발행했던 막대한 국채들이 현재의 높은 금리 수준에서 차환되면서 발생하는 필연적인 결과다. 이자 비용은 2036년까지 GDP의 4.6%인 2조 1,000억 달러 규모로 두 배 이상 증가할 전망이다.

베이비부머 세대의 은퇴가 본격화하면서 사회보장제도와 메디케어 등에 대한 의무 지출이 급증하는 것도 빚을 기하급수적으로 늘리고 있다. CBO 보고서에 따르면 사회보장 및 의료 관련 지출은 2025년 GDP 대비 11.2%에서 2036년 12.5%까지 확대될 전망이다. 이는 인구 고령화라는 거대한 인구학적 변화가 재정에 가하는 하방 압력이 얼마나 거센지 보여준다.

여기에 트럼프 행정부가 내놓은 2025년 세제 개편안과 대규모 감세 정책은 향후 10년간 재정적자를 약 4조 7,000억 달러 추가로 늘리는 요인으로 작용한다. 이민 제한 정책으로 인해 노동력이 줄고 세수 기반이 약해지는 것 역시 적자 폭을 키우는 변수가 되고 있다. 비록 관세 인상을 통해 약 3조 달러의 추가 세수를 확보하려는 시도가 있으나, 이는 국방비 증액과 고정 지출의 증가분을 상쇄하기에는 역부족이다.

인플레이션을 이용한 '부채의 안락사'

패권국이 빚을 갚는 방법은 패턴이 있다. 그들은 빚을 '갚는' 것이 아니라, 시스템의 힘을 이용해 부채의 가치를 '녹여'버린다. 이를 이해하면 현재 미국이 처한 상황과 트럼프의 금 재평가 전략이 더욱 유기적으로 이해된다. 카르멘 라인하트(Carmen Reinhart)와 벨렌 스브란시아(Belen Sbrancia)가 IMF 연구 논문 '정부 부채 청산 방법(The Liquidation of Government Debt)'에서 분석한 바와 같이, 기축통화국은 인플레이션과 금융 억압을 결합하여 실질 부채를 청산한다. 저자인 카르멘 라인하트는 하버드 케네디 스쿨의 교수로 재직했으며, 세계은행의 수석 경제학자를 역임했다. 그녀는 수백 년간의 금융위기 데이터를 분석한 저서 《이번엔 다르다(This Time is Different, 2011)》로 한국에서도 잘 알려져 있다. 그녀는 국가 부채가 임계점을 넘었을 때 정부가 취하는 행동 패턴을 가장 정교하게 모델링한 학자로 평가받는다. 공동 저자인 스브란시아는 IMF의 경제학자로서 거시 경제 정책과 금융 억압의 상관관계를 전문적으로 연구해 왔다.

논문에서 말하는 청산의 첫 번째 단계는 '부채의 안락사(Debt

Liquidation through Inflation)'이다. 이는 예상치 못한 인플레이션을 유도해 화폐의 구매력을 떨어뜨림으로써 고정된 명목 부채의 실질가치를 낮추는 방식이다. 전미경제조사국(NBER) 연구 논문 '인플레이션을 활용한 미국 공공부채 청산(Using Inflation to Erode the U.S. Public Debt)'에 따르면, 제2차 세계대전 직후인 1946년 미국의 GDP 대비 부채 비율은 108.6%에 달했다. 이후 10년 동안 발생한 인플레이션만으로 이 비율의 약 40%가 실질적으로 삭제되었다. 빚의 숫자는 그대로지만 그 돈으로 살 수 있는 물건이 적어지게 만들어, 결과적으로 정부가 갚아야 할 짐을 가볍게 만드는 것이다. '보이지 않는 세금'을 전 세계 채권자들에게 부과하는 셈이다.

두 번째 단계는 '금융 억압(Financial Repression)'이다. 정부가 금리를 인플레이션율보다 낮은 수준으로 고정하여 실질금리를 마이너스로 유지하는 전략이다. 독일 중앙은행 분데스방크의 2024년 보고서 '금융 억압, 빚에서 탈출하는 쉬운 방법?(Financial repression as an "easy way" out of debt?)'은 기축통화국이 규제를 통해 은행이나 연기금과 같은 기관들이 낮은 수익률에도 불구하고 국채를 의무적으로 보유하게 만드는 '포로 시장(Captive Market)'을 형성한다고 지적한다. 2026년 현재 미국 재무부가 추진 중인 정책들 역시 국채 이자율을 인플레이션보다 낮게 유지함으로써, 돈을 빌려준 사람이 오히려 매년 실질적인 손실을 보게 하고 그 손실분만큼 정부의 부채를 탕감하는 구조를 띠고 있다.

마지막 단계는 '주조이익(Seigniorage)과 부채의 화폐화'다. 기축통화국은 화폐를 발행하는 비용과 화폐의 액면가 차이에서 발생하는 이익인 주조이익을 극대화한다. 특히 미국은 전 세계적인 달러 수요를 바탕으로 무이자에 가까운 비용으로 자금을 조달할 수 있는 특권을 누린다. IMF의 세뇨리지 분석에 따르면 기축통화국은 '중앙은행이 국채를 직접 매입하는' 부채의 화폐화(Debt Monetization)를 통해 이자 부담을 내부적으로 없앤다. 더불어 발행된 통화가 전 세계로 퍼져나가게 함으로써 자국의 부채 리스크를 글로벌 시장으로 수출한다.

미국이 직면한 38조 달러의 부채 위기를 돌파하기 위한 트럼프 행정부의 전략은 금과 재평가와 비트코인 전략비축을 결합하여 부채 비율을 강제로 희석, 다시 말해 녹이려는 것이다. 이른바 '그레이트 리셋(Great Reset)' 시나리오다. 현재 온스당 42.22달러로 장부에 적힌 8,133톤의 금 보유량을 시장가인 온스당 약 5,000~1만 달러 선으로 재평가하는 방안이 실행될 경우 미국 재무부의 대차대조표상에는 즉각적으로 약 1조 2,000억 달러에서 2조 달러에 달하는 막대한 회계적 이익(Seigniorage)이 발생한다. 새로운 세금 부과나 국채 발행 없이도 국가 부채의 상당 부분을 상계하거나 재정적자를 메울 수 있는 강력한 자산 창출 수단이 된다. 그리고 미국은 재평가 차익으로 비트코인 100만 개를 전략적으로 비축하는 법안을 가동해 부채 위기를 디지털 패권으로 전이시키려 한다. 신시아 루미스 상원의원이 주도하고 트럼프 대통령이 행정명령을 통해 구체화한 이 전략은 매년 20만 개씩 5년간 비트코인을 매입하여 총공급량의 약 5%를 국가가 선점하는 것이 골자다. 비트코인의 희소성을 활용해 달러의 가치 하락을 방어하는 동시에 미국의 자산 가치를 기하급수적으로 증식시켜 상대적인 부채 비율을 낮추려는 계산이다.

금과 석유 다음은 비트코인, 패권의 닻

미국은 희소하거나 인간의 삶에 꼭 필요한 원자재와의 결합으로 달러 패권을 유지해 왔다. 이들 원자재는 달러 패권이 변곡점에 달할 때마다 그 수명을 수십 년간 연장시켰다. 역사적으로 조력자 역할을 톡톡히 해온 것이다. 금과 석유가 그러했다. 달러 패권이 담보자산을 금에서 석유로, 그리고 다시 비트코인으로 전이시키는 과정은 기축통화의 신뢰를 유지하기 위해 미국이 시대적 요구에 맞춰 '가치의 닻'을 바꿔온 지정학적 생존 전략이다.

1944년 브레턴우즈 체제의 성립과 함께 달러는 온스당 35달러라는 고정 가격으로 금에 묶이며 '금 태환 화폐'로서의 지배력을 확보했다. 이후 베트남 전쟁으로 인한 재정 적자와 인플레이션이 심화되자 1971년 8월 15일 리처드 닉슨 대통령은 금 태환 정지를 선언하며 브레턴우즈 체제의 종말을 고했다. 이후 달러 가치의 급격한 붕괴 위기 속에서 1974년 미국 재무장관 윌리엄 사이먼은 사우디아라비아와 비밀 협약을 맺어 석유 결제 대금을 오직 달러로만 받게 하는 페트로달러 시스템을 구축했다. 달러의 담보자산을 금에서 에너지로 교체한 것이다. 예일대학교의 로버트 트루핀 교수가 제시한 '트리핀 딜레마'는 미국이 기축통화 공급을 위해 만성적 적자를 감수해야 하는 모순을 지적했다. 페트로달러 시스템은 전 세계가 석유를 사기 위해 달러를 보유하게 함으로써 이 딜레마를 일시적으로 해소하고 달러 패권의 수명을 수십 년 연장했다.

2020년대 들어 미국의 부채가 38조 달러에 육박하고 브릭스 국가들을 중심으로 탈달러화 움직임이 가속화되자 미국은 다시 한번 패권의 닻을 '디지털 금'인 비트코인으로 옮겨 심어야 하는 변곡점에 직면했다. 루미스 상원의원이 발의한 비트코인 전략비축 법안은 비트코인을 국가 준비자산으로 편입하여 달러의 희소성을 보완하려는 시도를 명문화하고 있다. 블랙록의 래리 핑크(Larry Fink) 회장은 비트코인을 '금융의 디지털화'를 상징하는 국제적 자산으로 규정하며 이것이 지정학적 불안정성 속에서 달러의 지위를 뒷받침할 새로운 대안이 될 것임을 시사했다. 전미경제조사국의 조슈아 아이젠만(Joshua Aizenman) 교수는 이러한 전환이 기축통화국이 신뢰의 위기를 극복하기 위해 자산의 성격 자체를 재정의하는 전형적인 '패권적 진화'의 과정이라고 분석한다. 미국이 금과 석유를 넘어 비트코인이라는 무국적·디지털 담보를 장악함으로써 달러 패권의 영속성을 꾀하고 있다는 게 그의 설명이다. 그리고 트럼프가 비트코인을 달러 패권의 새로운 닻으로 만들기 위한 과정으로 준비하고 있는 것이 바로 포트녹스 금 실사다.

4장

부채 위기 탈출의 첫 단추가 될 포트녹스

'종이 금' 시장을 통한 미국의 시세 조작 역사

미국이 닉슨 쇼크 이후 금 가격을 억눌러 왔다는 건 역사적 사실이다. 미국은 달러 가치를 유지하고, 금의 화폐 지위를 무너뜨리기 위해 금융 공학적 수단을 총동원했다. 이러한 조작의 핵심에는 '종이 금'라고 불리는 금 선물시장이 자리잡고 있다. 종이 금은 실물 금의 뒷받침없이 계약서에만 존재하는 가상의 금이다. 1974년 미국 재무부가 금 선물시장(COMEX, 뉴욕상품거래소)의 창설을 주도하면서 선물 거래가 본격화되었는데 위키리크스가 공개한 1974년 12월 10일자 미국 국무부 전문(State Department Cable

1974LONDON16154)은 미국이 금의 통화적 기능을 거세하기 위해 설계한 금융 공작의 실체를 적나라하게 보여준다. 이 전문의 작성 주체는 당시 런던 주재 미국 대사관이었다. 수신인은 국무부 본부였다. 당시 미국 재무부 차관보 잭 베넷(Jack Bennett)은 런던의 유력 금 딜러들과 접촉하여 1975년 1월로 예정된 미국 민간인의 금 소유 자유화 조치에 따른 대응 방안을 논의했다. 당시 미국에선 1934년 루스벨트 정부 시절 제정된 금 준비법을 근거로 민간의 금 거래를 전면 금지했었다.

해당 전문에 따르면 미국 정부의 핵심 전략은 금 선물시장을 활성화하여 실물 금에 대한 수요를 '종이 계약'으로 분산시키는 것이었다. 전문은 "런던 금 딜러들의 견해에 따르면, 선물시장의 주요 목적 중 하나는 투자자들이 실물 금을 직접 보유하기보다 가격 변동에 따른 투기적 이익에 집중하게 만드는 것"이라고 명시했다.

베넷 차관보는 금 선물 거래가 활성화될 경우 실물 금을 인도받지 않고도 거래를 마치는 '현금 결제' 비중이 압도적으로 높아질 것이라는 딜러들의 분석에 동의했다. 결과적으로 중앙은행이나 대형 은행들이 보유한 실물 금보다 수십 배, 수백 배 많은 양의 종이 금이 시장에 유통되게 함으로써, 실제 금이 부족하더라도 가상의 공급을 무한정 창출해 시세를 억누르는 효과를 낳았다. 공작의 궁극적 목표는 일반 투자자들이 실물 금 소유에 대해 "극심한 가격 변동성으로 인한 위험"을 느끼게 하여 금에 대한 신뢰를 꺾고, 오직 달러만이 안정적인 가치저장 수단이라는 인식을 강제하는 것이었다.

이런 공작이 가능했던 건 '부분 지급준비금 방식의 금 뱅킹 (Fractional Reserve Gold Banking)' 때문이었다. 런던귀금속시장연합회 (LBMA)와 뉴욕상품거래소 내에서 거래되는 금의 명목 가치는 실제 보관소에 있는 물리적 금의 양보다 수십 배에서 많게는 50배 크다. 이는 하나의 실물 금을 담보로 수많은 종이 금 권리를 중복 발행함으로써 가상의 공급 과잉을 만들어낸다.

금반독점행동위원회(GATA)의 비판가들과 로버트 먼델 같은 노벨 경제학자들은 중앙은행들이 불리온 뱅크에 낮은 이율로 금을 대여하고, 은행들이 이를 시장에 즉각 매도하여 가격 상승 시마다 상방 압력을 억제해 왔음을 지적한다. 불리온 뱅크는 금, 은, 백금 등 귀금속 실물을 대규모로 취급하며 국제 유통과 금융 거래를 주도하는 투자은행들을 일컫는다. LBMA의 핵심 회원사들인 JP모건, HSBC, UBS, 골드만삭스 등이 대표적이다. 이들은 중앙은행으로부터 금을 빌리거나 대차대조표상에 귀금속 자산을 운용하는 '귀금속 전문 중앙은행' 역할을 수행한다. 이들의 핵심 수익 모델 중 하나는 중앙은행으로부터 연 1% 미만의 낮은 이율로 실물 금을 빌려와 이를 시장에 매도하고, 확보한 현금을 다른 고수익 자산에 투자하거나 다시 파생상품 시장에서 종이 금을 발행해 시세를 조절하는 방식이다. 이러한 구조는 실물 금 한 덩어리를 담보로 수십 배에 달하는 가상의 소유권 증서를 발행하는

'부분 지급준비금 방식의 금 뱅킹'을 가능케 한다. 위키리크스가 공개한 1974년 전문에서 언급된 것처럼 실물 수요를 종이 계약으로 분산시켜 금 가격을 억제하는 실무적 집행 기구로 기능해 온 것이다.

2026년 현재 트럼프 행정부가 추진하는 금 보유량 실사와 금 재평가 전략은 불리온 뱅크들이 그동안 종이 증서로 덮어왔던 실물 금의 부족분, 이른바 '벌거벗은 숏(Naked Short)' 포지션을 강제로 드러내게 만들 수 있다. 국제 결제 시스템이 실물 금 기반으로 재편되어 수많은 종이 금 보유자들이 실물 인출을 요구할 경우, 불리온 뱅크들은 감당할 수 없는 뱅크런 사태에 직면하게 된다. 이는 월가 대형 은행들의 연쇄 부도 사태를 불러올 수 있다. 1998년 앨런 그린스펀 당시 연준 의장은 의회 증언에서 다음과 같이 말했다.

"Nor can private counterparties restrict supplies of gold, another commodity whose derivatives are often traded over-the-counter, where central banks stand ready to lease gold in increasing quantities should the price rise."

민간의 금융기관이나 투자자들은 금의 공급을 제한할 수 없을 터이다. 금은 그 파생상품이 장외에서 자주 거래되는 또 다른 원자재인데, 중앙은행들은 금 가격이 상승할 경우 더 많은 양의 금을 대여할 준비가 되어 있다.

1998년은 아시아 금융위기가 러시아의 국가 부채 지불유예

(Moratorium, 상환 기한을 늦춰달라는 선언)와 거대 헤지펀드인 롱텀캐피털 매니지먼트(LTCM)의 파산 위기로 이어지며 글로벌 금융 시스템이 붕괴 직전의 긴박한 상황을 맞이했던 시기였다. 그린스펀의 발언은 당시 안전자산인 금으로 자금이 쏠리며 달러 패권이 위협받는 것을 막기 위한 조치였다. 중앙은행이 보유한 막대한 실물 금을 시장에 대여해 인위적으로 공급을 늘림으로써, 금 가격의 급등을 억제하고 공매도 세력을 보호하겠다는 통화 당국의 강력한 개입 의지를 공식화한 것이었다. 당시 금값은 온스당 약 290달러 수준으로 20년 만에 최저치 근처에 머물러 있었으나, 그린스펀은 금이 달러의 신뢰도를 위협하는 '대안 화폐'로 부상하는 것을 우려했다.

50년 넘게 이어진 종이 금 중심의 가격 체계는 실물 금의 수급 법칙을 왜곡하여 금값을 생산 원가 부근이나 저평가 영역에 묶었다. 이는 미국이 38조 달러의 부채를 쌓는 동안 달러의 구매력 상실을 은폐하는 거대한 장막이 되었다. 하지만 2026년 현재 브릭스 국가들을 중심으로 실물 금의 대규모 인출이 가속화되고 종이 금 시장의 레버리지 거품이 한계에 도달하면서, 포트녹스 등 금고에 대한 전면 감사를 요구하는 목소리가 커지고 있다. 이는 장기적인 시세 조작의 종말을 선언하고 금의 실제 가치를 복원하여 새로운 통화 질서를 구축하려는 시도다.

미국이 선물시장을 통해 금 가격을 억제하는 과정에서 연준 금고의 실물 금은 시장으로 흘러나갔을 가능성이 크다. 선물시장에서 종이 증서를 무한정 발행해 가격을 누르더라도, 시장 어딘가에서는 반드시 실물 인출 요구가 발생하기 마련이다. 이때 가격 억제 시스템이 붕괴되지 않으려면 누군가는 시장에 실물 금을 공급해 수급 불균형을 즉각 해소해야 한다. 여기서 주체로 등장하는 것이 바로 연준과 같은 중앙은행이다. 금 대여 시스템이 그 경로다.

프랭크 베네라소(Frank Veneroso)와 같은 귀금속 분석 전문가들이 제시한 금 리스 순환 모델이 이 과정을 설명한다. 불리온 뱅크들은 중앙은행으로부터 빌린 금을 언젠가는 갚아야 한다. 문제는 지난 수십 년간 금의 실물 수요가 공급을 꾸준히 초과해 왔다는 점이다. 불리온 뱅크들이 시장에 내다 판 금은 이미 전 세계 민간 투자자나 타국 중앙은행의 금고로 흩어졌다. 장부상으로만 '대여 중인 자산'으로 남아 있을 뿐 실제 포트녹스나 뉴욕 연준의 금고는 비었을 가능성이 크다. 세계금협회의 수급 데이터와 귀금속 전문 연구소인 메탈스포커스(Metals Focus)의 연례 보고서 등을 종합하면, 실물 금의 연간 광산 생산량은 지난 20년간 약 2,500톤에서 3,600톤 사이에서 정체됐다. 아시아 국가들의 중앙은행 비축 수요와 민간의 실물 투자 수요는 이를 훨씬 상회하는 가파른 상승 곡선을 그려왔다.

2022년과 2023년 글로벌 중앙은행들의 순매수량은 각각 1,082톤과 1,037톤으로 역대 최고치를 기록했다. 이는 전 세계 연간 광산 생산량의 약 30%에 달하는 수치로, 중앙은행들은 시장의 유통 물량을 급격히 흡수했다. 중국, 인도, 러시아 등 비서구권 국가들이 달러 의존도를 낮추기 위해 장외시장을 통해 막대한 양의 실물 금을 확보하면서, 런던과 뉴욕의 거래소 금고에서는 실물 금이 유출되는 '백워데이션(Backwardation)' 현상이 빈번하게 발생했다. 귀금속 분석가 로런스 윌리엄스(Lawrence Williams)는 광산 생산과 재활용 금을 합친 전체 공급량이 연간 4,800톤 수준에서 정체된 반면, 잠재적 수요를 포함한 실물 인도 요구는 이를 지속적으로 초과해 왔다고 분석한다.

베네라소의 저서 《금 유동성 위기(The Gold Liquidity Crisis, 1998)》는 1990년대 후반부터 2000년대 초반까지 금 시장에서 발생한 기이한 수급 불균형의 원인을 파헤친 기념비적인 연구물이다. 베네라소는 전 세계 광산 생산량과 민간 수요 사이의 거대한 간극을 메운 주체가 바로 서방 중앙은행들의 금 대여였다는 사실을 방대한 데이터를 바탕으로 입증했다. 그의 분석에 따르면 당시 공식 통계상 금 시장은 매년 수천 톤의 공급 부족을 겪고 있었음에도 가격이 폭등하지 않았던 이유는 중앙은행들이 보유한 실물 금 약 1만 톤에서 1만 5,000톤 가량이 불리온 뱅크를 통해 시장에 공급되었기 때문이다. 베네라소는 이 과정에서 중앙은행들이 장부상으로는 금을 보유한 것으로 기재하되 실제로는 시장에 팔아치운 상태나 다름없는 이중 장부 구조를 형성했다고 지적했다. 그는 이 같은 상황이 장기적으로 실물 금의 고갈과 달러 시스템의 신뢰 붕괴를 초래할 시한폭탄이 될 것이라고 경고했다.

베네라소가 제시한 논리는 현재 트럼프와 머스크가 추진하는 포트녹스 실사론의 가장 강력한 학술적 토대다. 실물 금 공급이 수요를 감당하지 못하는 상황에서 종이 금 시장이 만들어낸 가상의 공급이 얼마나 위태로운 모래성인지를 알려준다. 트럼프와 머스크가 주장하는 금 보유량 실사는 지난 50년간 금 가격을 누르기 위해 동원된 실물 금 대여 시스템이 결국 미국의 금고를 텅 비게 만들었다는 치명적인 진실을 확인하는 작업이 될 수 있다.

트럼프와 머스크가 포트녹스 금고를 열려는 이유

2025년 1월 트럼프 행정부 출범과 동시에 일론 머스크가 이끄는 정부효율부(DOGE)가 가동되면서 포트녹스 금 보유량 실사 문제는 국가 최우선 정책 의제로 급부상했다. 트럼프는 대선 후보 시절부터 연준의 불투명성을 비판하며 "우리는 우리 자산이 어디에 있는지, 실제로 존재하기는 하는지 알 권리가 있다"라고 강조해 왔다. 트럼프는 취임 직후 머스크에게 연방 정부의 장부상 자산과 실물자산의 일치 여부를 전수 조사하라는 전권을 위임했다. 당시 머스크는 자신의 X에 "정부의 효율성은 투명한 자산 공개에서 시작된다"며 "수십 년간 단 한 번의 제대로 된 외부 감사가 없었던 포트녹스의 금고 문을 열어 8,133톤의 실체를 국민 앞에 증명해야 한다"라고 선언했다.

당시 머스크는 정부효율부의 첫 번째 타깃으로 재무부의 금 보유 보고서를 지목했다. 이는 프랭크 베네라소가 제기한 '중앙은행의 금 대여로 인한 금고 고갈설'을 정면으로 수용하는 행보였다. 트럼프는 2025년 2월 백악관 브리핑에서 "금은 장부상에만 존재하는 숫자가 되어서는 안 된다. 만약 우리 금고가 비어 있다면 그것은 지난 수십 년간 월가와 부패한 관료들이 국민의 재산을 빼돌린 거대한 사기극이며, 이를 밝혀내는 것이야말로 달러의 신뢰를 회복하는 유일한 길"이라고 했다. 이는 월가에 엄청난 파장을 일으켰다. 이러한 실사 주장은 미국 의회예산처가 보고서를 통해 38조 달러의 부채 위기를 경고한 시점과 맞물려, 금의 재평가를 위한 명분 쌓기라는 해석에 힘을 실어주었다. 결과적으로 트럼프와 머스크의 포트녹스 실사 공세는 지난 50년간 베일에 싸여있던 금 리스 시장의 민낯을 드러내고, 억눌려온 실물자산의 가치를 복원하여 미국 중심의 새로운 금융 질서를 세우려는 극단적인 조치였다.

미국의 금 보유고는 1950년대 아이젠하워 행정부 이후 단 한 번도 신뢰할 만한 전수 조사가 이루어지지 않았다. 재무부가 매년 발표하는 보고서는 금고 외벽을 새로 칠하거나 문을 열어보는 수준의 형식적 점검에 그치고 있다는 비판을 받아왔다. 이러한 불투명성은 연준 금고가 실제로는 텅텅 비어 있을 것이라는 의혹을 키웠다.

론 폴 전 하원의원이 발의했던 '연준 실사법(Audit the Fed)'의 연장선상에서 트럼프는 금 보유고의 실체를 밝히는 것이 달러의 가치를 재정의하고 부채 위기를 해결할 첫 단추라고 판단했다. 트럼프의 전략은 포트녹스와 뉴욕 연준 지하 금고의 금을 전수 조사하여 실물과 장부의 일치 여부를 확인한 뒤, 금이 부족하다면 이를 공식화하여 기존의 종이 금 시스템을 붕괴시키고 실물자산 중심의 새로운 통화 질서를 구축하는 것이다. 이는 현재 장부가 42.22달러로 묶인 금을 시가로 재평가하여 38조 달러에 달하는 부채를 회계적으로 상쇄하기 위한 전제 조건이다. 동시에 비트코인을 전략비축 자산으로 도입하기 위한 명분 쌓기이기도 하다.

도마 위에 오른 금 보유고 투명성 법안

미국 연방 정부가 보유한 금의 실체를 규명하고 지난 50년간의 불투명한 관리 관행을 종식시키기 위해 발의된 대표적인 법안은 '금 보유고 투명성 법안(Gold Reserve Transparency Act)'이다. 이 법안은 단일 법안이 아니라 미국의 재정 위기가 심화될 때마다 론 폴, 알렉스 무니 등 자유주의 성향 정치인들에 의해 여러 차례 발의되어 온 일련의 입법 흐름이다. 가장 결정적인 전기는 2025년 6월 토마스 매시(Thomas Massie) 의원이 발의한 'H.R. 3795 법안'을 통해 마련되었다.

이 최신 법안은 이전의 상징적인 발의들과 달리 미국 회계감사원(GAO)이 외부 독립 감사 기관과 계약하여 포트녹스를 포함한 전 연방 금고에 대해 9개월 이내에 전수 조사를 완료하도록 강제한다. 특히 지난 50년간의 모든 금 관련 거래인 대여(Lease), 스왑, 매각 및 매입 기록을 소급하여 투명하게 공개할 것을 명시한다.

이 법안은 여러 가지 정치적 포석을 깔고 있다. 첫째, 달러 패권의 신뢰 기반을 '종이 증서'에서 '확인된 실물자산'으로 전환하여 기축통화의 붕괴를 막으려는 방어적 목적이 있다. 둘째, 현재 온스당 42.22달러로 기재된 금의 가치를 현실화하기 위한 명분을 확보하는 것이다. 38조 달러의 부채를 상쇄하기 위해서는 금 가격을 시가로 재평가하여 재무부의 대차대조표를 획기적으로 개선해야 한다. 이를 위해 '금고에 금이 실재한다'는 증명이 선행되어야 한다. 셋째, 머스크와 트럼프가 구상하는 비트코인 전략 비축을 위한 회계적·정치적 징검다리 역할을 한다. 이 법안은 지난 수십 년간 월가와 연준이 결탁해 온 금 시세 조작과 불투명한 대여 관행을 청산하고, 미국 중심의 '실물-디지털 결합 통화 패권'으로 이행하기 위한 결정적인 법적 토대다.

트럼프 대통령이 금 보유고 실사를 추진하는 가장 은밀한 정치적 목적 중 하나는 월가를 길들이는 것이다. 월가의 불리온 뱅크들은 연준으로부터 낮은 이율로 금을 빌려 시장에 내다 파는 금 대여를 통해 천문학적인 수익을 올리는 동시에 금 가격 상승을 인위적으로 막아왔다. 만약 금 보유고 투명성 법안을 통해 포트녹스의 금고가 상당 부분 비어있거나, 장부상의 금이 이미 월가 은행들에 의해 시장에 유출되었다는 사실이 공식화되면 이들은 실물 금을 구해서 갚아야 하는 절박한 숏 스퀴즈 상황에 몰리게 된다. 숏 스퀴즈란 공포에 기반한 강제 매수가 해당 자산의 가격을 끌어올리는 상황을 말한다.

이 지점에서 트럼프의 지렛대가 작동한다. 금 실사를 통해 실물 금의 부족이나 부재가 증명되고, 금이 시가인 수천 달러로 재평가되면 금 가격은 걷잡을 수 없이 폭등하게 된다. 이때 금을 빌려 갔던 불리온 뱅크들은 과거에 저렴하게 팔았던 금을 훨씬 비싼 가격에 사서 상환해야 한다. 파산 위기에 직면하는 것이다.

트럼프는 이들의 생사여탈권을 쥐고 국채 상환 조건을 조정하거나, 이 과정에서 발생하는 회계적 이익을 국고로 환수하여 38조 달러의 부채를 탕감하는 재원으로 활용할 수 있다. 금 실사는 월가가 달러 시스템 위에서 부를 축적해 온 방식을 정면으로 타격하여 그들의 과도한 권력을 해체하고, 재정 주도권을 행정부로 가져오기 위한 전략이다. 금반독점행동위원회의 창립자 중 한 명인 빌 머피(Bill Murphy)는 이 같은 트럼프의 속내를 까발린 대표적인 인물이다. 그는 트럼프의 금 실사 추진에 대해 "이는 월가가 수십 년간 벌여온 '벌거벗은 숏'의 사기극을 끝내고 그들을 파산 직전의 숏 스퀴즈로 몰아넣어 금융 주도권을 백악관으로 가져오려는 치명적인 덫"이라고 평가했다.

세계적인 금융공학자인 제임스 리카즈는 금 재평가를 통한 부채 희석 이론을 정교하게 펼쳤다. 그는 금 가격을 온스당 1만 달러 수준으로 재평가하는 것이 미국의 38조 달러 부채와 통화량을 고려할 때 불가피한 결론이라고 주장했다. 리카즈는 이를 통해 연준의 대차대조표를 정상화하는 과정에서 월가 은행들이 감당해야 할 치명적 타격을 '카니발리즘'적 희생으로 정의했다. 트럼프의 월가에 대한 살육전이라는 의미다.

정치 경제학자인 맥스 카이저(Max Keiser)는 여기서 한발 더 나아가 비트코인과의 연결고리를 지적했다. 그는 엘살바도르의 비트코인 고문을 역임하며 트럼프의 전략을 지근거리에서 관찰해 온 인물로 "트럼프와 머스크가 포트녹스의 금고 문을 따려는 이유는 금고가 비어 있음을 확인하여 달러 시스템의 종말을 선언하고, 그 대안으로 비트코인을 내세워 월가의 구금융 세력을 디지털 신금융 세력으로 교체하려는 전략적 숙청"이라고 지적했다. 그는 트럼프가 금 실사라는 지렛대를 이용해 월가를 겁박하고, 그들로 하여금 생존을 위해 비트코인 비축에 동참하게 만들어 비트코인 가격을 폭등시킴으로써 미국의 자산 가치를 팽창시키려 한다고 분석한다. 이들의 분석은 공통적으로 트럼프의 금 실사가 '금융 정의 구현'이라는 명분 속에 '월가의 자본 권력 회수'와 '부채의 대대적인 회계적 소멸'이라는 냉혹한 패권적 계산이 깔려 있음을 지적한다.

현재 미국 의회의 여야 의석수를 감안할 때 이 법안이 통과될 가능성은 역대 그 어느 때보다 높다. 하지만 이를 저지하려는 월가와 연준의 반발 또한 그만큼 거센 상황이다. JP모건의 제이미 다이먼(Jamie Dimon) 회장은 2025년 말 한 컨퍼런스에서 "현재 환경에서 금을 보유하는 것은 반쯤 이성적(semi-rational)일 수 있지만, 가격이 1만 달러까지 치솟는 상황은 금융 시스템의 극심한 불안정성을 의미한다"고 했다. 실제 월가의 불리온 뱅크들은 워싱턴의 로비 채널을 가동하여 법안의 세부 조항 중 '지난 50년간의 모든 대여 및 스왑 기록 공개' 부분을 삭제하기 위해 총력을 기울이고 있다. 이들은 실사 결과가 공개될 경우 발생할 '실물 금 뱅크런'이 글로벌 달러 결제망의 즉각적인 마비를 초래할 것이라는 '공포 시나리오'를 국방부와 의회에 유포하며, 실사를 재무부 산하가 아닌 기존의 연준 감사 체제 안에서 표본 조사로 대체하려는 타협안을 제시하고 있다.

트럼프 행정부의 핵심 전략가들과 제임스 리카즈 같은 전문가들은 이러한 월가의 저항을 '금고가 비어 있음을 시인하는 증거'로 역이용하고 있다. 리카즈는 분석 보고서에서 "트럼프가 금 실사를 포기하지 않는 이유는 월가 은행들이 금 시세를 억누르기 위해 빌려 간 실물 금의 부재를 공식화함으로써, 그들을 파산 위기로 몰아넣고 그 대가로 부채 탕감과 비트코인 전략비축이라는 거대한 양보를 받아내기 위함"이라고 짚어냈다. 결과적으로 금 보유고를 실사하는 법안의 통과 여부는 차기 미국의 행보에 중대한 변곡점이 될 것이다.

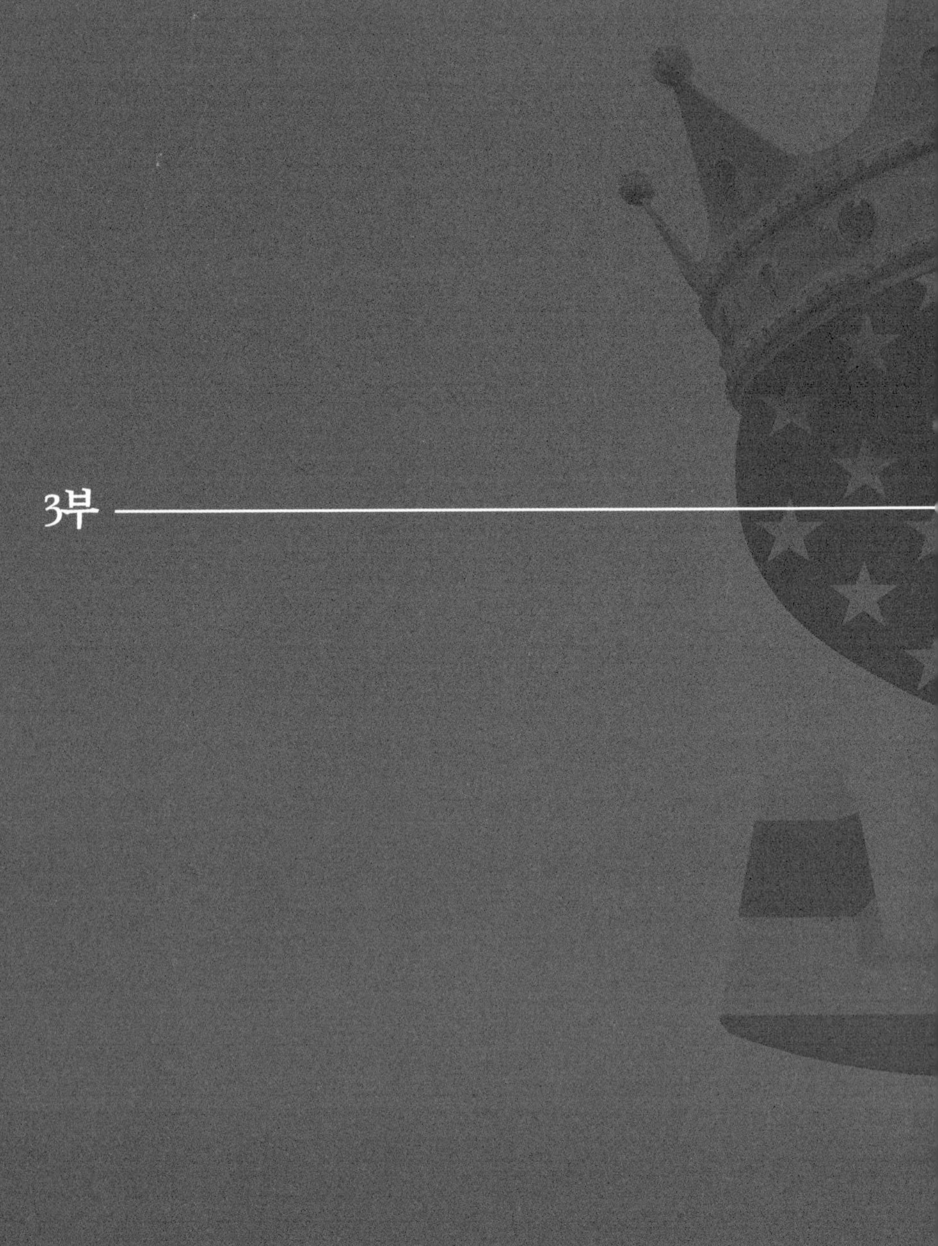

3부

페트로달러 붕괴와 석유를 이을
달러 호위무사

　3부에서는 수십 년간 국제 금융의 기준이었던 페트로달러 체제의 균열과 그 이면의 패권 다툼을 다룬다. 미국이 달러 패권에 도전한 국가들을 응징한 역사를 살펴보고, 특히 미국과의 동맹에서 벗어나려는 모습이 엿보이는 사우디아라비아의 위태로운 행보를 조명한다. 동시에 에너지 패권이 화석 연료에서 디지털 자산과 전력으로 넘어가는 과도기적 상황을 통해 미국의 행보를 이해하고, 금과 석유를 넘어 새로운 달러의 '호위무사'가 될 것은 무엇인지 추론한다.

1장

위안화 석유 결제 모의의 결과

중국이 위안화 석유 결제를 추진하는 이유

시진핑 정부에게 달러 결제망인 스위프트는 체제의 존립을 흔드는 근본적인 위협이다. 중국이 느끼는 공포의 실체는 이른바 '플라카 딜레마'다. 중국 국무원발전연구센터(DRC)는 여러 보고서를 통해 이 문제를 경고해 왔는데 해군력 열세에 따른 물리적 해상 봉쇄보다 훨씬 정교한 위협을 가리킨다. 에너지 수입량의 80%가 통과하는 좁은 길목인 플라카 해협이 미국에 의해 통제되지 않더라도, 미국은 군함을 띄우지 않고도 뉴욕의 서버에서 엔터키 하나로 중국의 에너지 수입을 0으로 만들 수 있다. 국제 원유 거래가 달러로 이루어지는 구조 속에서 미국이 스위프트와 달러 청산 시스템인 칩스(CHIPS, Clearing House Interbank Payments System)의 접근 권한을 박탈하면 중국은 산유국에 대금을 지불할 수 없다. 결제가 확인되지 않은 유조선은 항구에 묶이게 된다. 여기에 서구 자본이 장악한 선박 보험 시장까지 가세해 보험 효력을 정지시키면 중국의 에너지 공급망은 즉각 마비된다. 이러한 디지털 및 금융 봉쇄의 치명성을 간파한 중국은 오래전부터 러시아의 사례 등을 참고해 기축통화의 족쇄를 풀기 위한 항전을 준비해 왔다.

이 거대한 판을 설계한 주체는 왕후닝 중앙정치국 상무위원이 이끄는 그룹과 류허 전 부총리가 지휘하는 기술 관료들이다. 왕후닝이 기축통화의 패권을 깨지 못하면 중국몽도 없다는 이데올로기적 명분과 국가 전략의 큰 틀을 세우면, 류허는 이를 구체적인 정책으로 전환해 관리하는 사령탑 역할을 했다. 특히 2010년대 초반부터 중국사회과학원(CASS) 산하 금융연구소와 국무원발전연구센터는 달러 패권의 쇠퇴와 위안화 블록화 전략을 담은 비공개 보고서를 양산하며 산유국 포섭을 위한 청사진을 그려냈다. 이들이 적의 적은 나의 화폐를 쓴다는 논리로 이란, 러시아, 베네수엘라 등 미국의 제재를 받는 국가들을 위안화 블록의 초기 고객으로 끌어들이는 동안, 저우샤오촨 당시 인민은행 총재는 이를 현실화할 정교한 금융 하드웨어를 구축하는 집행관으로 활약했다.

2002년부터 2018년까지 인민은행을 이끈 저우샤오촨은 위안화 국제화의 실질적인 설계자였다. 그는 2009년 글로벌 금융위기 직후 특정 국가에 매이지 않는 초국가적 준비 통화 체제를 제안하며 달러 패권에 도전장을 내밀었다. 그의 로드맵은 위안화를 무역 결제 수단에서 투자 수단으로, 최종적으로는 각국 중앙은행이 비축하는 준비 통화로 격상시키는 3단계 전략에 집중되었다. 저우샤오촨은 2013년 상하이국제에너지거래소(INE)를 설립하고 2014년 상하이금거래소국제판(SGEI) 출범을 주도하며 에너지와 화폐, 실물자산을 하나로 묶는 기술적 토대를 완성했다. 특히

■ 중국 석유-위안화-금 결제 시스템: 달러 패권에 맞선 생존 전략

1단계: 산유국의 석유 판매 및 위안화 수취

산유국　　　　　상하이 국제에너지거래소　　　　　위안화 수취

달러 패권 및 금융 봉쇄 탈피
미국 SWIFT/CHIPS 차단 및 금융 무기화 대응

2단계: 위안화를 실물 금으로 즉시 교환

위안화 가치 보증
자본시장 개방 없이 금으로 신뢰 확보

2018년 시작된 위안화 표시 원유 선물 거래는 산유국이 원유를 팔고 받은 위안화를 즉시 실물 금으로 바꿀 수 있게 함으로써 위안화에 사실상의 태환성을 부여했다. 석유-위안화-금으로 이어지는 이 결제 사이클은 자본 시장을 완전히 개방하지 않고도 위안화의 신뢰도를 높여 미국의 금융 무기화에 맞설 수 있는 강력한 방어막이 되었다. 결국 왕후닝의 전략적 시야와 류허의 정교한 관리, 저우샤오촨의 천재적인 금융 설계가 결합되어 중국은 뉴욕의 서버에 운명을 맡기는 공포에서 벗어날 수 있는 발판을 마련했다.

중국과 사우디아라비아의 관계 변화는 위안화 결제망 확산의 가장 강력한 신호탄이다. 2022년 시진핑 주석의 사우디 방문 이후 양국은 원유 결제 시 위안화를 사용하는 방안을 구체적으로 논의했다. 특히 2023년 말 중국인민은행과 사우디아라비아 중앙은행이 체결한 약 500억 위안 규모의 통화스왑 협정은 시사하는 바가 크다. 이는 사우디아라비아가 만약의 사태를 대비한 비상 결제 수단으로 위안화를 공식 인정했다는 의미다. 사우디아라비아 입장에서는 최대 원유 수입국인 중국과의 거래에서 달러 의존도를 낮춤으로써 미국으로부터의 지정학적 자율성을 확보하고, 중국은 믈라카 딜레마를 돌파할 안정적인 에너지 결제 통로를 확보하게 된 셈이다.

아랍에미리트연합(UAE)은 중국의 디지털 금융 요새를 가장 먼저 받아들인 중동의 전초기지 역할을 하고 있다. 2023년 중국과

UAE는 사상 처음으로 위안화를 사용한 LNG(액화천연가스) 거래를 성사시켰다. 이 과정에서 저우샤오촨이 공들였던 디지털 위안화(e-CNY) 기술이 활용되기 시작했다. 다자간 중앙은행 디지털화폐인 mBridge 프로젝트를 통해 중동 산유국과 중국은 달러 결제망을 거치지 않고 실시간으로 대금을 정산하는 실험을 성공적으로 마쳤다. 이는 뉴욕 서버의 '엔터키 공포'에서 벗어나겠다는 저우샤오촨의 설계가 기술적으로 완벽히 작동하고 있음을 증명한다.

페트로달러에 도전한 참혹한 대가의 역사

미국에게 달러 패권은 세계 질서를 통제하는 가장 강력한 무기다. 이 시스템의 핵심인 페트로달러 체제에 도전하는 행위는 예외 없이 강력한 체제 전복 시도로 받아들여졌다. 글로벌정책포럼(Global Policy Forum)의 보고서에 따르면 이라크 사담 후세인의 추출은 페트로달러 시스템에 도전한 참혹한 대가였다. 후세인은 2000년 11월 석유 수출 대금을 유로화로 받겠다고 선언하며 달러 독점 체제에 균열을 냈다. 이는 2003년 미군의 바그다드 침공과 후세인 정권의 몰락으로 종결되었다. 이라크의 결제 시스템은 즉각 달러로 회귀했다.

리비아의 무아마르 카다피 역시 아프리카 전역을 아우르는 금 본위 통화인 '골드 디나르(Gold Dinar)'를 창설하여 석유 결제 수단으로 삼으려 했다. 이는 서방 금융 시스템에 대한 실존적 위협

으로 규정되었다. 카다피는 북대서양조약기구(NATO)의 군사 개
입 속에 처참한 최후를 맞이했다. 이 같은 사실은 시드니 블루멘
탈(Sidney Blumenthal)이 힐러리 클린턴에게 보낸 이메일과 위키리크
스(WikiLeaks)의 폭로 문건에서 드러났다. 2011년 리비아 사태 당시
힐러리 클린턴은 버락 오바마 행정부의 국무장관으로서 NATO
의 군사 개입을 이끌어냈다. 그녀는 인도주의적 보호라는 명분을
내세워 카다피 축출을 위한 국제적 여론을 조성하고 군사 작전을
정당화하는 데 주도적인 역할을 했다. 시드니 블루멘탈은 백악관
의 민간인 신분 비공식 고문이었다. 그는 국무부의 공식 정보망
과는 별개로 자신만의 독자적인 정보원들을 가동하여 리비아의
내부 동향과 카다피의 전략을 담은 비밀 보고서를 힐러리의 개인
이메일로 수시로 보냈다.

위키리크스가 폭로한 2011년 4월 2일자 이메일에서 블루멘탈
은 카다피가 보유한 약 143톤의 금과 실물 은의 존재를 힐러리에
게 보고했다. 이 보고서는 카다피가 이 막대한 금을 바탕으로 아
프리카 공용 통화인 골드 디나르를 창설하려 했으며, 이것이 프
랑스의 아프리카 금융 지배력(CFA 프랑)에 심각한 위협이 되었다는
점을 명확히 짚어냈다. 블루멘탈은 프랑스 정보기관이 이 계획을
포착했고, 사르코지 당시 프랑스 대통령이 리비아 공격을 주도한
배경에는 이러한 금융 패권 수호라는 계산이 깔려 있었다는 분석
을 전달했다.

힐러리 클린턴은 이러한 비공식 정보를 바탕으로 카다피 제거

를 향한 외교적 압박을 멈추지 않았다. 그녀는 카다피의 최후가 확인된 직후 "우리는 왔고, 보았고, 그는 죽었다(We came, we saw, he died)"라고 발언하며 서방의 승리를 자축했다. 이 과정에서 블루멘탈은 힐러리의 그림자 외교관 역할을 수행하며 공식 외교 라인이 다루지 못한 냉혹한 경제적 이해관계를 정보화하여 정책 결정에 깊숙이 관여했다. 이는 리비아 전쟁의 본질이 인권 보호라는 명분 뒤에 달러와 유로의 패권에 도전하는 금 본위 통화 시스템을 붕괴시키려는 것이었음을 시사한다.

컬럼비아대학교 에너지분석센터는 베네수엘라의 니콜라스 마두로 대통령 또한 2017년 석유 가격을 위안화로 고시하며 탈달러화를 시도했으나 미국의 초강력 금융 제재로 외화 유입이 차단되며 경제가 질식하는 참사를 겪었고 2026년 초 미국의 전격적인 군사 작전에 의해 권좌에서 축출되었다고 분석했다.

이란의 사례는 이러한 잔혹사의 정점을 보여준다. 2008년 키시섬에 설립된 이란 석유 거래소는 달러가 아닌 유로화와 엔화를 결제 수단으로 채택하며 페트로달러 시스템에 정면으로 도전했다. 이에 대응해 트럼프 정부는 2018년 이란핵합의(JCPOA)를 전격 탈퇴하고 '국가 안보 대통령 각서 제2호(NSPM-2)'를 통해 최대 압박 전략을 가동했다. 엘리엇 에이브럼스(Elliott Abrams) 외교협회(CFR) 시니어 펠로우는 이란의 외환 보유고가 2018년 1,225억 달러에서 2020년 40억 달러로 급락한 원인이 미국의 정교한 금융 고립 작전에 있다고 분석했다. 하메네이 정권을 겨냥한 전복 공작은

달러 시스템 밖에서 독자적인 에너지 블록을 형성하려는 시도를
물리적으로 분쇄하려는 의도였다.

중국의 페트로위안을 타개하는 미국의 전략

중국은 이러한 피의 역사를 면밀히 분석했다. 그 결과 군사적
비대칭 전력과 금이라는 실물자산이 뒷받침되지 않은 도전은 자
살 행위나 다름없음을 깨달았다. 이후 시진핑 체제하에서 항모
건조와 남중국해 요새화를 병행하며 상하이의 금고를 채우는 인
내의 시간을 보냈다.

이에 대한 미국의 반격은 금융, 기술, 지경학적 포위망이 결합
된 입체적 형태로 나타나고 있다. 이는 중국의 석유-위안화-금이
라는 연결고리를 타격하여 페트로위안의 확산을 저지하려는 목
적을 가진다. 미국 재무부는 2026회계연도 국방수권법을 근거로
중국의 독자 결제망인 CIPS(Cross-Border Interbank Payment System, 국경 간
위안화 결제 시스템) 참가 기관을 정조준하고 있다. 중국 시스템을 이
용하는 제3국 금융기관에 세컨더리 보이콧(Secondary Boycott, 제3자 재
재)을 발동하여 전 세계 달러 청산 시스템인 CHIPS와 연준 전산망
(FEDWIRE)으로부터 영구 퇴출하는 조치를 취한다. 이는 국제 금융
시장에서의 실질적인 고립을 의미하기에 잠재적 참가국들이 달
러 결제망 배제 위험을 감수하면서까지 위안화 블록에 가담하지
못하도록 강력한 억제력을 발휘한다.

외교와 물류 전선에서는 인도를 기점으로 중동과 유럽을 잇는 거대 경제회랑인 IMEC(India-Middle East-Europe Economic Corridor)을 가동하여 중국의 일대일로를 포위하고 있다. 철도, 항만, 데이터 케이블, 에너지 파이프라인을 통합한 이 지경학적 장벽은 위안화 블록이 중동과 유럽으로 확산되는 길목을 물리적으로 차단한다.

에너지 시장에서는 세계 최대 산유국 지위를 활용하여 하루 1,300만 배럴이 넘는 압도적인 셰일 가스 생산량을 전략적 무기로 활용한다. 미국은 가격 조절자로서 공급량을 탄력적으로 조절해 국제 유가의 변동성을 주도한다. 이는 상하이국제에너지거래소(INE)가 지향하는 위안화 표시 원유 가격 지표의 안정성을 근본적으로 훼손하여 페트로위안의 화폐적 신뢰도를 떨어뜨린다.

기술적 측면에서는 정보 당국이 디지털 위안화의 거래 흐름을 실시간으로 추적하고 분석할 수 있는 고도의 사이버 감시 체계를 완성했다. 이 시스템은 중국이 이란이나 러시아 같은 제재 국가들과 디지털 화폐를 이용해 비공식적으로 자금을 주고받는 행위를 사전에 감지하고 차단함으로써 달러 패권의 틈새를 노리는 모든 디지털 우회 시도를 무력화한다.

2장

사우디아라비아는 과연 안전할까

9·11부터 시작된 해묵은 불신과 안보 균열

미국은 석유 결제를 위안화로 하게 만들려는 중국에 보복하고 있는데, 그렇다면 동조한 사우디아라비아는 어떻게 될까?

과거로 돌아가 보자. 2001년 발생한 9·11 테러의 주범 오사마 빈 라덴은 사우디 재벌 2세다. 미국은 자국의 패권에 도전하는 국가들을 무자비하게 짓밟은 것과는 달리 테러 이후 사우디를 폭격하거나 응징하지 않았다. 사상 최초로 본토를 침공당한 굴욕에 대한 대응이라고는 이해할 수 없는 상황이었다. 이례적인 인내의 이유는 무엇일까?

오사마 빈 라덴은 사우디 최대 건설 재벌인 사우디빈라덴그룹 (Saudi Binladin Group) 창업주 모하메드 빈 라덴의 50여 명의 자녀 중 한 명으로 태어났다. 빈 라덴 가문은 성지 메카와 메디나의 대규모 개보수 공사를 독점하며 사우디 왕실과 형제와 다름없는 유착 관계를 맺어온 초거대 자본가 집안이다. 오사마는 막대한 부와 왕실과의 인맥을 배경으로 성장했으나, 1979년 소련의 아프가니스탄 침공을 계기로 무장 투쟁의 길에 들어섰다. 당시 그는 아프간 무자헤딘을 지원하기 위해 사우디 정보국과 미국 중앙정보국 (CIA)의 묵인과 지원 아래 막대한 가문의 자금을 동원하여 물류와 인력을 보급하는 역할을 맡았다.

변곡점은 1990년 걸프전이었다. 사우디 왕실은 당시 이라크의 위협에 맞서 성스러운 땅에 이교도인 미군의 주둔을 허용했다. 오사마는 이를 이슬람에 대한 배신으로 규정하며 왕실과 정면으로 충돌했다. 이후 수단과 아프가니스탄을 거점 삼아 알카에다를 조직한 그는 9·11 테러를 감행했다. 9·11 위원회 보고서에 따르면 테러범 19명 중 15명이 사우디 국적자였으며, 이들의 자금 줄 중 일부가 사우디 내 자선 단체와 직간접적으로 연결되어 있었다. 이 같은 사실이 밝혀지며 양국 관계는 페트로달러 밀약이 맺어진 이래 최대의 위기를 맞이했다.

오사마 빈 라덴이라는 존재는 사우디가 수출한 근본주의 이슬람(와하비즘)과 막대한 오일 머니가 결합하여 탄생한 비극적 산물이었다. 페트로달러 체제 아래 미국이 지불한 기름값은 사우디로 흘러갔고, 이 돈은 사우디 정부의 정치적 목적 아래 극단주의 교리를 퍼뜨리는 자금으로 사용된 것이다. 미국은 사우디를 '테러의 배후'로 의심하면서도 '안보의 파트너'로 유지해야 하는 이중적인 모순에 빠지게 되었다. 결국 미국이 사우디를 응징하지 않은 배경에는 철저히 현실주의적 계산과 경제적 논리가 깔려 있다. 1945년 프랭클린 루스벨트 대통령과 이븐 사우드 국왕이 맺은 안보와 석유의 교환이라는 퀸시 협정은 9·11 이라는 초유의 사태 속에서도 미국 국익의 최우선 순위로 작동했다.

페트로달러 체제는 사우디가 모든 석유 결제를 달러로만 한다는 게 골자다. 그 수익으로 사우디는 미국 국채를 매입하는 대신 미국은 사우디 왕실의 안보를 보장하는 공생 구조였다. 하버드대학교 니얼 퍼거슨 교수가 지적하듯 이 체제는 달러가 금과의 연결이 끊긴 이후에도 기축통화 지위를 유지하게 만든 핵심 장치였다. 사우디 왕정을 무너뜨리는 것은 곧 미국 금융 시스템의 자발적 붕괴를 의미했다. 9·11 위원회 보고서는 사우디 정부 차원의 조직적인 테러 지원 증거를 명확히 확정하지 못했다고 결론지었고 미국이 외교적 파국을 피할 명분을 제공했다.

전직 CIA 요원 로버트 베어는 《잠자는 악마와의 동침(Sleeping with the Devil: How Washington Sold Our Soul for Saudi Crude, 2003)》에서 사우디를 공격할 경우 발생할 중동의 권력 공백과 극단주의 세력의 득세가 가져올 재앙이 테러 보복의 효용보다 훨씬 컸다고 분석했다. 국제전략문제연구소(CSIS)와 랜드연구소의 여러 분석 보고서에 따르면, 사우디는 전 세계 석유 시장의 가격 조절자로서 미국 경제의 혈류를 쥐고 있다. 이를 타격하는 것은 전 이슬람권과의 전면전을 초래할 위험이 있었다. 미국은 사우디를 테러의 온상으로 의심하면서도 달러 패권을 수호하기 위한 동반자로 유지하는 기묘한 투 트랙 전략을 채택했다. 결국 사우디는 미국 입장에서 너무 커서 망하게 둘 수 없는 존재였다. 이러한 경제적 인질 상태가 미국으로 하여금 분노를 억누르고 실리를 택하게 만든 결정적이유였다.

미국은 동시에 사우디에 보이지 않는 압박과 제도적 족쇄를 거는 전략을 구사했다. 미국은 겉으로는 우방을 자처하면서도 테러 자금법이나 테러 지원국 상대 정의 법안(JASTA) 등을 통해 사우디 왕실의 자금줄을 감시하고 언제든 법적 책임을 물을 수 있는 칼날을 쥐고 있었다. 특히 미국 내 셰일 혁명으로 에너지 자급이 가능해진 시점부터 미국은 사우디에 대한 의존도를 낮추며 민주주의나 인권 문제를 명분으로 압박 수위를 높였다. 이는 사우디가 미국의 통제를 벗어나려 할 때마다 흔드는 채찍의 역할을 했다.

페트로위안을 지렛대로 미국 흔드는 빈 살만

한편 무함마드 빈 살만 사우디아라비아 왕세자는 중국과 미국의 패권전쟁을 최대한 자국의 이익으로 끌어들이는 지렛대로 활용하려고 한다. 빈 살만은 더 이상 미국이 사우디의 안보를 무조건적으로 책임지지 않는다는 사실을 잘 안다. 그는 이를 타개하기 위해 중국을 경제적 방패로 삼아 미국의 안보 공약을 강제하는 양면 작전을 구사하고 있다. 일단 그는 사우디 원유의 최대 수입국인 중국과의 관계를 단순한 무역 파트너 이상으로 격상시켰다. 2023년 11월 중국인민은행과 체결한 500억 위안 규모의 통화 스왑 협정과 2024년 1월 사우디의 브릭스 공식 가입은 이러한 탈달러화 행보의 실질적인 증거다. 미국 국립외교원의 '사우디아라비아의 다극화 외교 전략과 달러 패권의 미래(Saudi Arabia's Multipolar Diplomacy Strategy and the Future of Dollar Hegemony)'에 따르면 빈 살만은 위안화 결제를 전면 도입하기보다 이를 미국과의 안보 협상에서 강력한 레버리지로 활용하고 있다.

미국은 중동 내 우방국들을 결속해 이란을 고립시키고 중국의 역내 영향력 확대를 차단하기 위해 2020년 트럼프 행정부에서 시작된 '아브라함 협정(Abraham Accords)'을 사우디까지 확장하여 이스라엘과 아랍권을 하나의 경제·안보 블록으로 묶는 이른바 '메가 딜' 전략을 추진하고 있다. 빈 살만 왕세자는 중동 내 직접적인 군사 개입을 줄이고 인도-중동-유럽 경제회랑(IMEC)을 통해 중국의 일대일로를 견제하려는 미국의 이러한 지정학적 절박함을 정확히 꿰뚫고 있다. 빈 살만 왕세자는 이스라엘과의 국교 정상화라는 카드를 던지는 대가로 단순한 안보 파트너십을 넘어 법적 구속력을 지닌 상호 방위 조약 체결을 요구한다. 이와 함께 미국 핵 협력의 '골드 스탠더드'라 불리는 '123 합의(미국의 핵 기술 및 원자력 수입

'를
우회하여 자국 내 우라늄 농축 권한까지 포함된 민간 핵 기술 전
수를 강력히 원한다. 이 과정에서 그는 중국과의 석유 대금을 위
안화로 결제할 수 있다는 페트로위안 카드를 주기적으로 흔듦으
로써 미국의 금융 패권인 페트로달러 체제를 인질로 삼아 워싱턴
의 정책 결정자들에게 실존적 공포를 심어주는 심리전을 구사하
고 있다. 이는 국가의 생존과 에너지 패권을 강대국 사이의 실용
주의적 줄타기에 거는 대담한 지정학적 도박이라 할 수 있다.

역사학자이자 지정학 전문가인 엘렌 R. 월드(Ellen R. Wald)는 책
《사우디 주식회사(Saudi, Inc., 2020)》에서 빈 살만의 전략을 국가를
하나의 거대 기업처럼 경영하려는 실용주의적 관점에서 기인한
다고 분석했다. 네옴시티(NEOM)를 비롯한 비전 2030의 거대 프로
젝트를 완수하기 위해서는 중국의 자본과 인프라 기술이 필수이
다. 동시에 이란과 같은 역내 라이벌로부터 국가를 보호하기 위
해서는 미국의 첨단 무기 체계와 정보망이 절대적으로 필요하다.

미국은 사우디의 이러한 행보를 달러 패권에 대한 실존적 위
협으로 받아들이면서도 강하게 응징하지 못하는 딜레마에 빠져
있다. CSIS(국제전략문제연구소)의 '사우디의 석유 외교와 탈달러화의
지정학(The Geopolitics of Saudi Oil Diplomacy and De-dollarization)' 보고서는
미국이 사우디의 변심을 차단하기 위해 인도-중동-유럽 경제회랑
인 IMEC을 제안하며 사우디를 서방 경제권에 다시 묶어두려 한
다고 분석했다. 미국은 사우디가 위안화 결제 시스템인 CIPS에

깊숙이 발을 들이는 것을 막기 위해 세컨더리 보이콧의 가능성을 시사하는 동시에 사우디아라비아가 원하는 수준의 방위 공약을 담은 전략적 동맹 협정을 카드로 제시하며 빈 살만을 다시 달러의 울타리 안으로 회유하고 있는 상황이다.

시진핑의 방관이 보여준 중국과 동행의 현실

트럼프 행정부가 베네수엘라를 폭격하고 이란에 '최대 압박' 제재를 가했을 때 시진핑 주석이 보여준 태도는 철저한 방관에 가까웠다. CSIS의 보고서 '베네수엘라와 중국: 전략적 인내의 사례 연구(China's Relations with Venezuela: A Case Study in Strategic Patience)'에 따르면 중국은 베네수엘라의 마두로 정권이 실존적 위기에 처했을 때 추가적인 대규모 차관 제공을 전면 중단하고 기존 부채의 상환을 우선시하는 위험 회피형 파트너(Risk-averse Partner)의 행보를 보였다. 이는 중국이 자국의 금융 시스템이 미국의 달러 패권망으로부터 퇴출되는 위험을 감수하면서까지 동맹을 구제할 의사가 없음을 명확히 보여줬다.

랜드연구소(RAND)의 '중국-이란 관계: 전략적 동반자인가, 기회주의적 동맹인가?(China-Iran Relations: Strategic Partnership or Opportunistic Alliance?)'는 중국이 이란산 원유를 할인된 가격에 대량 매입하며 생명줄 노릇을 했으나, 미국의 세컨더리 보이콧이 강화되자 쿤룬은행 등 주요 금융 통로를 스스로 제한하며 미국의 눈치를 살핀 사실을 지적했다. 이러한 중국의 기회주의적 태도는 동맹국 내부에서 "중국은 안보 파트너가 아닌 대량 구매자일 뿐"이라는 회의론을 확산시켰다.

이란 내부의 보수파와 중도파 사이에서는 중국이 이란을 미국과의 협상 카드로 활용할 뿐 결정적인 순간에는 도움을 주지 않을 것이라는 불신이 팽배해졌다. 이는 이란이 최근 서방과의 관계 개선 가능성을 타진하거나 인도와의 협력을 강화하려는 움직임의 배경이 되었다.

베네수엘라 역시 중국의 차관이 결과적으로 자국의 석유를 저가에 묶어두는 '부채 함정'으로 작용했다는 인식이 강화됐다. 중국과 베네수엘라의 관계는 겉으로는 전략적 동반자였으나, 실질적으로는 석유를 매개로 한 가혹한 채무 관계에 가까웠다. 2007년부터 중국은 베네수엘라에 600억 달러가 넘는 막대한 자금을 빌려주었다. 상환 방식은 현금이 아닌 실물 석유로 갚는 '석유 차관(Loan-for-Oil)' 형태였다. 이는 베네수엘라가 생산하는 석유의 상당량을 중국에 진 빚을 갚기 위해 공짜나 다름없는 상태로 보내야 한다는 것을 의미했다. 중국은 미국의 베네수엘라에 대한 경제 제재의 틈을 자국의 이익에 맞게 파고든 것이다.

여기서 '저가'라는 인식은 단순히 계약서상의 수치보다 훨씬 복합적인 구조적 불이익에서 비롯된다. 첫째, 유가 하락 시 베네수엘라는 동일한 부채를 갚기 위해 더 많은 양의 석유를 중국에 보내야 했다. 국제 유가가 요동칠 때마다 베네수엘라의 국가 자산인 석유는 부채의 이자와 원금을 충당하는 도구로 전락했으며, 이는 사실상 중국이 시장가보다 훨씬 유리한 조건으로 석유를 선점하는 효과를 낳았다. 둘째, 중국 국영 기업들은 차관의 대가로 베네수엘라 내 유전 개발권이나 인프라 사업권을 독점적으로 따냈는데, 이 과정에서 책정된 유전의 가치나 채굴 비용 역시 중국 측에 압도적으로 유리하게 설정되었다.

마두로 정권 내에서도 중국에 대한 과도한 의존을 경계하고 브라질이나 주변 남미 국가들과의 독자적인 결속을 모색하는 동요가 감지됐었다. 저서 《열대의 용: 베네수엘라와 중국의 기묘한 동맹(Dragon in the Tropics: Venezuela and the Contingencies of Chinese Energy Security, 2011)》의 저자 하비에르 코랄레스는 중국이 군사적 투사 능력이 결여된 상태에서 제공하는 경제적 원조는 위기 상황에서 아무런 안보적 효용이 없음을 동맹국들이 뼈저리게 깨닫고 있다고 분석했다. 중국의 방관자적 태도는 미국의 압도적인 금융 무기화 전략 앞에서 동맹국들을 각자도생의 길로 내몰았다. 이는 중국이 구상하는 '반미 블록'의 응집력을 근본적으로 약화시키는 아킬레스건으로 작용하고 있다.

2026년 초 니콜라스 마두로 대통령이 전격 체포되며 베네수엘라의 권력 지형이 뒤흔들리자 중국은 안보적 지원이나 외교적 보호막을 제공하는 대신 자국의 차관 회수와 에너지 이권 보존에만 몰두하는 냉혹한 방관자적 태도의 극단을 보였다. 베이징은 마두로 체제가 무너지는 순간에도 과도 정부와 물밑 협상을 시작하며 국영 기업 인력을 철수시키고 유전 지대의 운영권을 방어하기 위해 미국 국무부와 비공식 대화 채널을 가동했다. 이는 시진핑 주석이 주창해 온 다극화 질서보다 중국의 금융 시스템이 미국의 세컨더리 보이콧에 노출되는 것을 더 큰 위협으로 간주했음을 의미한다.

군사적 능력이 뒷받침되지 않는 경제적 결속의 허구성은 베네수엘라 정권과의 절연을 공식화하는 중국의 성명을 통해 적나라하게 드러났다. 이러한 행보는 이란과 북한 등 반미 연대를 표방해 온 유라시아 동맹국들에게 중국은 결정적인 순간에 피를 흘리지 않는다는 사실을 다시 한번 각인시켰다.

트럼프는 사우디를 폭격할 수 있을까

트럼프 행정부 하에서 미국이 사우디를 겨냥해 군사적 수단을 포함한 강력한 응징을 검토할 수 있다는 시나리오는 1945년 퀸시 협정 이후 유지되어 온 '안보와 석유의 교환'이라는 공식이 세일 혁명 이후 철저한 거래적 관계로 변질되었음을 의미한다. 트럼프는 사우디를 더 이상 전략적 동맹이 아닌 보호비를 지불해야 하는 유료 고객으로 정의한다. 만약 사우디가 위안화 석유 결제를 공식화하거나 OPEC+를 통해 미국의 인플레이션을 유도하는 경제적 배신을 감행할 경우 이를 국가 안보에 대한 직접적인 공격으로 규정할 가능성이 높다.

브루스 리델(Bruce Riedel)은 저서 《왕들과 대통령들: 루스벨트 이후의 사우디아라비아와 미국(Kings and Presidents: Saudi Arabia and the United States since FDR, 2017)》에서 미국과 사우디의 관계를 철저한 비대칭적 안보 의존 상태로 규정했다. 그는 미국이 사우디를 실질적으로 굴복시킬 수 있는 구체적인 응징 시나리오를 제시했다. 리델은 사우디 국방의 핵심인 공군(RSAF)이 미국의 기술, 부품, 정비 인력에 전적으로 의존한다는 점을 지적했다. 미국이 지원 중단과 부품 공급 차단을 선언한다면 사우디의 주력 전투기들은 순식간에 비행 불능 상태에 빠진다. 이는 물리적 폭격 없이도 왕정을 무력화할 수 있는 '무한한 레버리지'가 된다.

미국은 리야드 인근에 배치된 미군의 패트리어트 미사일 방어 체계나 조기경보통제기(AWACS)의 운용 지원을 철수하는 것만으로도 사우디를 이란과 같은 지역적 라이벌의 위협 앞에 무방비로 노출시킬 수 있다. 안보 우산 철회는 사우디아라비아 왕실에게 곧 실존적 파멸을 의미한다. 리델은 "사우디아라비아의 생존 자체가 미국의 안보 기술과 군사적 보호라는 공급망에 단단히 묶여 있기 때문에 미국은 안보 서비스의 공급을 중단하는 것만으로도 리야드를 완벽히 통제할 수 있는 압도적 우위에 서 있다"고 결론지었다.

리델은 30년 동안 CIA에서 근무하며 네 명의 미국 대통령 아래서 국가안보회의 보좌관을 지낸 중동 정책의 거물이다. 현재 브루킹스연구소의 시니어 펠로우로 활동하고 있으며, 워싱턴 내에서 사우디아라비아 왕실과 미국 정보 당국 사이의 역사를 가장 깊이 있게 꿰뚫고 있는 인물로 평가받는다. 그는 단순한 학자를 넘어 실제 대외 정책을 설계했던 장본인이기에 그의 분석은 워싱턴이 중동을 바라보는 실존적인 통찰을 담고 있다.

국제전략문제연구소의 보고서 '미국-사우디 관계의 위기: 현실주의와 상식의 필요성(The Crisis in US-Saudi Relations: The Need for Realism and Common Sense)'은 미국이 사우디의 정유 시설을 보호하는 군사력을 철수시키는 것이 물리적 타격보다 더 치명적인 정치적 붕괴를 초래할 수 있음을 경고한다. 더불어 랜드연구소의 보고서 '사우디아라비아의 미래(The Future of Saudi Arabia)' 등에서 분석하듯 미국은 사우디 영해 내 선박 통제권을 강화하거나 사이버 공격을 통해 국가 기간망을 마비시키는 등 실질적인 물리적 통제 전략을 구사할 역량을 갖추고 있다.

미국 내에서 빈 살만을 강하게 응징해야 한다는 강경론은 주로 민주당 진보파 의원들과 인권 단체, 그리고 사우디의 지정학적 노선 변화를 '전략적 배신'으로 규정하는 안보 매파들을 중심으로 형성되어 있다. 상원의 크리스 머피(Chris Murphy) 의원과 버니 샌더스(Bernie Sanders) 의원 등은 사우디아라비아를 더 이상 신뢰할 수 없는 기회주의적인 가해자로 규정한다. 이들은 언론인 자말 카슈끄지 암살 사건과 예멘 내전에서의 반인도적 범죄를 근거로 무기 수출을 전면 중단하고 안보 공약을 철회할 것을 요구한다.

2018년 10월 2일, 터키(튀르키예) 이스탄불 소재 사우디아라비아 영사관의 문이 닫히는 순간 세계는 현대 외교사에서 가장 잔혹한 암살극 중 하나를 목격했다. 사우디의 권력 지형을 비판해 온 언론인이자 미국 유력 일간지 워싱턴 포스트의 칼럼니스트였던 자말 카슈끄지는 이혼 절차를 밟기 위해 제 발로 들어간 영사관 내에서 리야드에서 급파된 15명의 암살 전문팀인 타이거 분대(Tiger Squad)에 의해 살해되었다. 터키 정보 당국이 확보한 녹취록에 따르면 암살단은 카슈끄지를 질식시킨 뒤 뼈를 자르는 톱을 사용해 시신을 훼손했다. 그의 유해는 끝내 발견되지 않았다. 유엔 특별보고관 아그네스 칼라마르(Agnes Callamard)가 작성한 공식 문헌인 '자말 카슈끄지 살해에 대한 초법적·즉결·임의 처형 조사(Investigation into the unlawful death of Mr. Jamal Khashoggi, 2019)'는 이 사건이 사우디에 의해 치밀하게 기획되고 실행된 '국가 살인'임을 명시했다. 특히 미국 국가정보국장실(ODNI)이 공개한 '자말 카슈끄지 살해 사건에서의 사우디 정부 역할에 대한 평가(Assessing the Saudi Government's Role in the Killing of Jamal Khashoggi, 2021)'는 빈 살만 왕세자가 카슈끄지를 포획하거나 살해하는 작전을 직접 승인했을 가능성이 매우 높다는 결론을 내렸다. 《블러드 앤 오일(Blood and Oil: Mohammed bin Salman's Ruthless Quest for Global Power, 2020)》의 저자 브래들리 호프와 저스틴 첵은 이 사건이 빈 살만의 개혁가적 이미지를 송두리째 파괴했으며, 사우디를 국제 사회의 '불가촉천민(Pariah)'으로 전락시킨 결정적 계기였다고 분석했다.

미국 의회는 즉각 '카슈끄지 금지(Khashoggi Ban)' 조치를 도입해 해외 언론인을 탄압하는 외국 정부 관계자들에 대한 비자 제한을 시행했다. 하지만 지정학적 실리와 페트로달러 시스템의 유지라는 현실적 이해관계에 밀려 빈 살만 본인에 대한 직접적인 제재는 유보되는 모순적인 결과를 낳기도 했다. 특히 민주당 중심의 강경파들은 사우디가 OPEC+ 체제 내에서 러시아와 공조하여 의도적인 원유 감산을 단행, 미국의 인플레이션을 심화시키고 대선 정국에 개입하려 했다는 점을 국가 안보에 대한 직접적인 도전으로 간주한다. 보고서 '사우디아라비아: 우방인가 적인가(Saudi Arabia: Friend or Foe?)'에 따르면 강경파들은 사우디가 미국의 안보 우산 아래서 생존하면서도 중국의 CIPS 가입을 저울질하고 페트로위안 카드를 흔드는 행위를 '전략적 갈취'로 규정한다. 미국 의회에서 추진 중인 '석유 생산 및 수출 카르텔 방지법(No Oil Producing and Exporting Cartels Act, NOPEC)'이 입법화될 경우 미국은 주권 면제를 박탈해 사우디아람코의 미국 내 자산을 몰수할 수 있는 법적 근거를 얻게 된다.

인권 보고서 '침묵의 대가(The Cost of Silence)'를 발간한 휴먼라이츠워치(HRW) 등 시민사회 단체 역시 빈 살만의 독재 권력이 미국의 안보 보장을 방패 삼아 강화되고 있음을 비판하며, '글로벌 마그니츠키 법(Global Magnitsky Act)'을 적용해 빈 살만 개인과 그 측근들의 해외 자산을 동결하고 국제적 고립을 가속화해야 한다는 입장을 고수하고 있다. 이러한 강경론은 미국이 셰일 혁명을 통해 에너지 자립을 달성했다는 자신감을 바탕으로, 과거의 낡은 '석유-

안보 공생' 관계를 청산하고 사우디를 통제 가능한 하위 파트너로 재정립해야 한다는 워싱턴 내 기류를 대변한다.

3장

금과 석유를
이을
달러의
호위무사

기축통화는 원자재 '접근권'을 통제한다

기축통화는 세계 경제의 핵심 자원으로 통하는 '배타적 관문'이자 '접근권' 그 자체로 군림해 왔다. 바로 거기에 기축통화의 진정한 힘이 있다.

금본위제의 본질은 인류 역사상 가장 강력한 실물자산이자 국부의 척도인 금에 대한 '배타적 접근권'을 누가 설계하고 통제하느냐에 있었다. 고전적 금본위제에서 금은 '누구의 부채도 아닌 자산'으로서 국가의 생존과 전쟁 수행 능력을 뒷받침하는 최종 결제 수단이었다. 이를 통제하는 기축통화국은 전 세계 경제 주체들이 이 희소 자원에 도달하기 위해 반드시 거쳐야 하는 게이트키퍼 역할을 수행했다. 19세기 대영제국이 구축한 파운드 패권은 1817년 금본위제 도입을 지나 1844년 필 조례(Peel's Act)를 통해 전 세계 금 유통의 문지기 지위를 확보하면서 비로소 완성됐다. 이 조례는 영국의 발권력을 금 보유고에 엄격히 종속시킴으로써 파운드화를 금과 동일시하는 '통화주의 학파(Currency School)'의 승리를 공식화했다. 영란은행이 전 세계 금 유통의 입구를 독점하고, 다른 국가들이 금이라는 실질적 국부에 접근하려면 반드시 파운드화라는 관문을 통과해야만 하는 구조를 만든 것이다.

경제사 및 화폐 경제학 분야의 석학인 마이클 보르도(Michael D. Bordo)와 노벨 경제학상 수상자인 핀 키들랜드(Finn E. Kydland)는 논문 '규칙으로서의 금본위제(The Gold Standard as a Rule, 1992)'에서 금본위제의 본질이 국가 신용을 보증하는 일종의 우수 가계부 인증(Good Housekeeping Seal of Approval)이었음을 증명했다. 이는 특정 국가가 금본위제라는 엄격한 규칙을 채택함으로써 국제 시장에 "우리나라는 화폐 가치를 멋대로 훼손하지 않고 재정을 건전하게 관리하는 믿을만한 나라"라는 강력한 신호를 보냈음을 의미한다. 이 인증은 오늘날의 국가 신용등급과 유사한 역할을 한다. 금본위제를 성실히 준수한 국가들은 마치 투명하게 가계부를 작성해 우수 가구로 인정받은 것처럼 국제 자본 시장에서 더 낮은 금리로 자금을 빌릴 수 있는 실질적인 혜택을 누렸다.

파운드 패권은 영국이 전 세계 실물자산의 입구와 출구를 독점하고 타국의 국부 창출 속도를 조절했던 힘의 상징이었다. 보르도와 키들랜드는 금본위제가 정부의 자의적인 통화 팽창을 막는 준칙으로 작용했다고 분석했다. 그리고 이 패권은 1944년 브레턴우즈 체제에서 달러로 계승되었다. 미국은 달러를 금에 고정함으로써 전 세계 모든 국가가 달러를 통해서만 금에 접근할 수 있는 단일 관문을 완성했다

금본위제는 기본적으로 금과 기축통화간의 연결 고리였다. 하지만 기축통화국은 사실상 모든 원자재의 배타적 관문으로 자국 화폐를 활용했다.

영국의 경제사학자이자 지정학 전략가인 니얼 퍼거슨(Niall Ferguson)은 저서 《제국(Empire, 2004)》에서 파운드화가 전 세계 면화, 고무, 석탄 등 산업 혁명의 필수 원자재를 통제하는 유일한 결제 수단이었음을 강조했다. 당시 런던 금융가는 글로벌 물류망의 허브였으며 파운드화를 보유하지 못한 국가는 제국이 장악한 원자재 지도에서 소외될 수밖에 없었다. 이러한 권력 구조는 20세기 미국 달러 패권에서 더욱 정교하게 재현되었다. 1944년 브레턴우즈 체제가 달러를 금에 고정하며 기축통화의 명분을 세웠다면, 진정한 실무적 권력은 1974년 헨리 키신저와 사우디 파드 왕세자가 체결한 페트로달러 협정에서 완성되었다. 국제전략문제연구소(CSIS)의 분석에 따르면 이 협정은 현대 문명의 동력인 석유에 대한 접근권을 오직 달러에만 종속시킴으로써 모든 국가가 생존을 위해 달러를 강제로 수용하게 만드는 배타적 관문을 구축했

다. 1971년 닉슨 쇼크로 달러의 금 태환이 정지된 이후에도 달러가 패권을 유지할 수 있었던 이유는 그 가치가 금에 있어서가 아니라 세계 최대 에너지원인 석유로 가는 통행증이었기 때문이다.

전기를 비트코인으로만 산다?
일렉트로비트

과거의 기축통화가 금과 석유라는 희소 자원을 통제하는 관문이었다면, 미래의 패권은 전기에 대한 배타적 접근권을 장악하는 일렉트로달러(Electro-dollar) 체제로 재편될 것이다.

국제에너지기구(IEA)는 '전기 2026(Electricity 2026)'에서 현재를 '전기의 시대(Age of Electricity)'로 규정했다. 보고서는 전 세계 전력 수요가 2026년부터 2030년까지 연평균 3.6%씩 성장할 것이라고 전망하는데 지난 10년의 평균치보다 50% 이상 높은 가파른 상승이다. 인공지능 데이터 센터와 클라우드 인프라의 확장이 수요 폭증을 만드는 요인이다. 미국 에너지정보청(EIA)의 '단기 에너지 전망(STEO)' 역시 미국 내 전력 소비 증가분의 절반 이상이 연산 작업에서 발생하고 있음을 지적했다.

전기의 시대를 겨냥한 미국의 패권 전략은 전기 공급망과 결제망을 독점하는 것이다. 첫 번째 경로는 소형모듈원전(SMR)과 핵융합 기술을 독점해 에너지 생산의 근원을 달러망에 종속시키는 것이다. 미국산 SMR을 도입한 국가는 원자로 운영부터 핵연료

공급까지 미국에 의존하게 된다. 이 모든 유지보수 비용은 달러로 결제되어 전기를 생산하는 기계 자체가 달러 패권의 하부 구조로 편입된다.

두 번째 경로는 전 세계 전기를 빨아들이는 거대한 블랙홀인 AI 데이터 센터를 에너지 소비의 핵심 허브로 만드는 전략이다. 전 세계가 미국의 AI를 구독하기 위해 달러를 사야하는 상황을 만드는 것이다.

세 번째 경로는 인플레이션 감축법(IRA)과 탄소국경조정제도(CBAM)를 결합하여 미국이 정의하는 청정 전기를 사용하지 않는 제품에 징벌적 관세를 부과하는 방식이다. 이는 탄소 배출권과 녹색 금융 결제를 달러로 단일화하여 전 세계 에너지 믹스를 미국의 표준에 강제로 맞추게 만드는 배타적 관문 역할을 한다.

마지막으로 미국은 잉여 전기를 비트코인 채굴로 전환해 에너지 가격의 하한선을 지지함으로써 전기의 물리적 가치를 디지털 화폐에 직접 결합하는 일렉트로비트(Electro-Bit) 경로를 완성하려 한다. 전기를 즉시 비트코인으로 바꿀 수 있고 이 비트코인이 미국의 전략자산으로 관리된다면, 달러는 전기를 매개로 한 인류 역사상 가장 강력한 디지털 실물자산 보증 화폐로 재탄생하게 된다.

트럼프가 석유 가격을 낮추려는 진짜 이유

트럼프의 '드릴 베이비 드릴(Drill, Baby, Drill)' 전략과 일렉트로달러 시스템의 구축은 겉으로 보기에 구시대적 화석 연료와 미래적 전기 패권의 충돌처럼 보인다. 실상은 저렴한 에너지를 마중물 삼아 차세대 에너지 결제망을 선점하려는 정교한 지정학적 포석이다. 트럼프 행정부가 석유와 가스 생산을 극한으로 끌어올려 에너지 가격을 낮추려는 이유는 인플레이션을 억제하여 미국을 전 세계에서 인공지능과 데이터 센터를 운영하기에 가장 비용 효율적인 에너지 저지대로 만들기 위함이다.

일렉트로달러 체제의 핵심인 AI 연산 능력과 데이터 주권은 막대한 전력을 소모한다. 화석 연료를 통한 저렴한 전력이 뒷받침되지 않으면 소형모듈원전이나 재생에너지가 완전히 자리 잡기 전까지의 과도기적 비용을 감당할 수 없다. 국제에너지기구의 분석에 따르면 전력 생산 단가에서 연료비가 차지하는 비중은 여전히 절대적이다. 미국이 셰일 가스를 헐값에 공급함으로써 얻는 경제적 잉여는 곧바로 SMR 건설과 차세대 지능형 전력망 투자로 재투입되는 선순환 구조를 형성한다.

또 미국이 세계 최대의 산유국 지위를 굳건히 함으로써 석유 결제 통화로서의 달러 수요를 유지하는 동시에, 저유가 압박으로 이란이나 러시아 같은 경쟁국의 재정을 고갈시켜 그들이 독자적인 에너지 결제망을 구축할 여력을 사전에 차단하는 효과도 거둔다. 이러한 저유가 기조는 전 세계 제조 공급망이 다시 미국으로 회귀하는 리쇼어링을 가속화하며, 이는 모든 물류와 생산의 혈액인 전기를 달러의 통제권 아래 묶어두는 일렉트로달러의 배타적 관문을 완성하는 결정적 계기가 될 것이다. 이어지는 부에서 일렉트로달러에 대해 좀 더 자세히 알아보도록 하겠다.

4부

페트로달러에서
일렉트로달러 시대로

일론 머스크가 예견하는 '전기 화폐'의 시대가 도래함에 따라, 미국은 비트코인을 단순한 자산이 아닌 국가 안보의 핵심인 '전략적 비축 자산'으로 격상시키며 지경학적 게임이론의 새로운 장을 열고 있다. 특히 신시아 루미스 의원은 '비트코인 액트'를 국방수권법에 편입하는 묘수를 통해 비트코인 전략 비축의 명분을 달성하려 하고 있다. 더불어 수십 년간 동결된 금의 장부를 재평가하여 1조 달러 이상의 유동성을 창출하려는 회계적 승부수는 달러 패권이 어떻게 비트코인과 발을 맞추며 생존을 도모하는지 설계도를 보여준다.

1장

미래 화폐는 전기가 될 것이다

열역학 제1법칙과 화폐 시스템의 결합

테슬라 CEO 일론 머스크는 화폐의 본질에 대한 통찰력이 뛰어나다. 머스크가 정의하는 화폐의 본질은 '물리학적 정보 시스템'이다. 그는 여러 공식 석상에서 이를 에너지와 노동의 교환을 기록하는 데이터베이스로 묘사해 왔다. 2021년 7월 21일 비트코인 컨퍼런스 '더 비 워드(The B Word)'에서 "돈은 노동과 에너지를 교환하기 위한 데이터베이스다(Money is a database for the exchange of labor and energy)"라는 명제를 던졌다. 이어 2021년 12월 28일 렉스 프리드먼(Lex Fridman)과의 팟캐스트 인터뷰에서는 이를 정보 이론과 결합하여 "돈은 기본적으로 시공간을 가로지르는 자원 배분을 위한 데이터베이스다(Money is basically a database for resource allocation across time and space)"라고 했고 이어서 "올바르게 관찰한다면 화폐 시스템은 노동 배분을 위한 정보 시스템이다(I think the money system, correctly viewed, is an information system for labor allocation)"라고도 했다. 화폐를 '자원 배분의 도구'로 정의한 것이다.

덧붙여 그는 화폐를 자원 할당의 최적화 도구로 정의했다. 2022년 5월 17일 인도 인플루언서 '아비와 니유(Abhi and Niyu)'와의 인터뷰에서는 이 철학이 한층 구체화되었고 "돈은 노동 배분을 위한 정보 시스템이다(Money is an information system for labor allocation)"라고 재차 언급함과 동시에 "실물 경제는 곧 에너지이며 그 외의 모든 것은 노동과 에너지의 교환을 추적하기 위한 데이터베이스일 뿐이다(The real economy is energy… everything else is just a database for tracking the exchange of labor and energy)"라고 단언했다.

요컨대 머스크는 에너지야말로 경제의 유일한 실체라는 생각을 고수했다. 문명 발전에 따른 에너지 임계점을 통찰한 그는 2024년 2월 29일 '보쉬 커넥티드 월드(Bosch Connected World)' 기조연설에서 "다음 단계의 제약은 전기다. 내년에는 모든 칩을 가동할 만큼 충분한 전기를 찾지 못하는 상황을 보게 될 것이다(The next constraint is electricity. You will see that next year they cannot find enough electricity to run all the chips)"라고 경고했다. 전기가 AI 문명의 가장 희소한 자원이자 가치 척도가 될 것임을 예고한 것이다.

이런 상황에서 그는 2025년 니킬 카마트(Nikhil Kamath)와의 유튜브 인터뷰와 여러 공식 석상에서 화폐의 본질을 물리적 에너지로 재정의하며 비트코인의 가치를 새롭게 조명했다. 그는 "에너지는 진정한 화폐다(Energy is the true currency)"라고 재차 단언했다. 정부가 법을 통과시켜 통화량을 늘릴 수는 있어도 물리적 에너지를 갑자기 만들어낼 수는 없다는 점을 강조했다. 머스크에 따르면 기존의 화폐는 노동을 할당하기 위한 데이터베이스에 불과하지만, 비트코인은 작업증명(Proof of Work) 방식을 통해 물리적 에너지와 연산력을 직접 결합한 '물리학 기반의 화폐(Physics-based currency)'라는 점에서 차별화된다. 그는 특히 2025년 10월 자신의 X를 통해 "정부는 가짜 법정 화폐를 발행할 수 있고 역사상 모든 정부가 그렇게 해왔지만, 에너지를 속이는 것은 불가능하다(It is impossible to fake energy)"라고 언급했다. 이어 비트코인이 에너지에 기반하고 있기에 인플레이션과 정치적 조작으로부터 자유로울 수 있다고 역설했다.

2025년 11월 미국-사우디아라비아 투자 포럼에서는 AI와 로봇 공학의 비약적 발전으로 인해 먼 미래에는 노동의 가치가 사라지고 돈 자체가 무의미해지는 '포스트 희소성(Post-scarcity)' 사회가 올 것이라고 예측했다. 그리고 그 시점에도 전력과 질량이라는 물리적 한계는 여전히 인류 문명의 유일한 제약 조건으로 남을 것이라고 덧붙였다. 머스크의 발언들은 화폐를 정치적 결단이 아닌 열역학 법칙에 따른 에너지 보존의 장부로 보려는 그의 시각을 드러낸다. 이는 전기가 곧 가치의 근원이 되고 비트코인이 그 전기의 가치를 보존하는 '전기의 달러'로 기능하는 일렉트로비트 시대의 사상적 기틀을 완성한다.

에너지가 생성되거나 소멸되지 않는다는 '열역학 제1법칙'은 화폐경제학의 관점에서 볼 때 실물 화폐가 갖추어야 할 가장 정직한 물리적 기준이다. 중앙은행이 인쇄기나 클릭만으로 가치를 창출하는 법정 화폐 시스템은 아무런 물리적 에너지 투입 없이 구매력을 만들어낸다는 점에서 열역학적 법칙에 정면으로 위배된다. 일종의 회계적 환상에 가깝다. 좀 자세히 설명하자면 투입된 에너지만큼 가치가 창출되지 않는다는 건데 예를 들어 5만 원권을 생산하는 데 그보다 훨씬 적은 돈이 들어간다. 별다른 에너지 투입 없이 구매력을 창출하는 것이다. 반면 금이나 비트코인처럼 채굴 과정에서 노동력과 전력이라는 에너지가 투입되어야만 탄생하는 화폐는 에너지가 보존되어야 한다는 우주의 원리를 경제 시스템 안에 그대로 투영한다. 마이클 세일러와 같은 이들은 화폐를 '시간과 공간을 가로질러 부를 운반하는 에너지 배터리'로 정의하며, 만약 이 배터리에 구멍이 뚫려 에너지가 새어나간다면 그것은 화폐로서의 기능을 상실한 것이라고 지적한다. 이러한 관점에서 인플레이션은 단순히 물가가 오르는 현상이 아니라 시스템 내부의 경제적 에너지가 무질서하게 흩어지는 엔트로피의 증가로 해석될 수 있다. 헨리 포드가 일찍이 제안했던 에너지 화폐 개념 역시 화폐의 가치를 임의적인 정치적 판단이 아닌 불변하는 에너지 단위에 고정함으로써 전쟁과 약탈의 근원인 무분별한 화폐 발행을 막으려는 시도였다.

화폐를 단순한 물질이 아닌 자원 배분을 최적화하는 고도의 정보 기술로 규정하는 경제학적 흐름은 19세기 말 오스트리아 학파의 수장 칼 멩거로부터 시작된다. 멩거는 1892년 논문 '화폐의 기원(On the Origin of Money)'에서 화폐의 탄생을 설명하며 '욕구의 이중적 일치(Double Coincidence of Wants)'라는 결정적 난관을 제시했다. 이는 사과를 가진 사람이 고기를 원할 때 고기를 가진 사람 역시 정확히 그 시점에 사과를 원해야만 거래가 성립하는 기적 같은 우연을 의미한다. 현대 사회처럼 수만 가지 물건이 오가는 환경에서 이러한 우연에 의존하는 것은 불가능에 가깝다. 화폐는 이 복잡한 확률의 게임을 해결하는 가장 유용한 도구로 등장한 것이다. 사람들이 누구나 원할 만한 물건, 즉 상품 화폐로 자신의 자산을 먼저 바꿈으로써 거래의 장벽을 허문 셈이다. 화폐가 자원 배분을 위한 사회 시스템인 이유는 거대한 '조정 기술'이기 때문이다. 화폐는 세상에 흩어진 수많은 희소 자원의 가치를 '가격'이라는 단일한 데이터로 압축한다. 이 가격 신호를 통해 사회는 중앙통제관 없이도 어떤 자원을 어디에 투입해야 가장 효율적인지 스스로 판단하게 된다.

당신이 1만 원어치 딸기로 케이크를 만들면 3만 원에 팔 수 있고, 주스를 만들면 2만 원에 팔 수 있다고 하자. 당연히 딸기를 케이크를 만드는 데 사용할 것이다. 이처럼 화폐를 통한 가격 체계는 자원(딸기)을 어디에 쓸지, 즉 배분에 관한 문제를 해결하는 기준이 된다. 물론 여기서 딸기 외에 필요한 재룟값은 설명을 위해 생략했다. 정리하면 화폐는 인간의 욕망과 자원의 희소성을 실시간으로 계산하여 최적의 장소로 흐르게 만드는 자생적 사회 알고리즘이자 문명을 지탱하는 가장 정교한 '정보 처리망'이다.

20세기 중반 프리드리히 하이에크는 지식의 한계를 직시하며 화폐를 정보 전송의 관점으로 진화시켰다. 그는 1945년 논문 '사회에서의 지식의 활용(The Use of Knowledge in Society)'과 1976년 저서 《화폐의 탈국가화(The Denationalization of Money)》에서 세상에 파편화되어 흩어진 수많은 개별 지식은 결코 한 명의 중앙 통제관이 수집하거나 통합할 수 없다는 '지식의 문제'를 제기했다. 하이에크에게 시장의 가격 기구는 이 분산된 현장 지식들을 하나로 묶어주는 거대한 통신 시스템(Telecommunications System)이며 화폐는 이 가격 신호를 왜곡 없이 전 세계로 나르는 전령이다. 예를 들어 특정 자원이 부족해지면 그 원인이 광산의 붕괴인지 파업 때문인지 알 필요 없이 가격이 오른다는 신호 하나만으로도 수많은 경제 주체가 자발적으로 소비를 줄이거나 대체재를 찾게 된다. 이 과정이 바로 자원을 가장 효율적인 곳으로 흐르게 만드는 정교한 자원 배분 메커니즘이다.

하지만 정부가 화폐 발행을 독점하고 정치적 목적을 위해 통화량을 늘리거나 금리를 인위적으로 조절하면 이 맑은 신호에 치명적인 노이즈가 섞이게 된다. 이는 마치 고장 난 통신기기처럼 시장 참여자들에게 잘못된 정보를 전달하여 실제로는 부족한 자원을 풍부한 것으로 착각하게 만든다. 결국 거대한 자원의 오배분인 경기 변동과 거품을 초래한다. 하이에크는 이 노이즈를 제거하고 자원 배분의 투명성을 회복하기 위해 화폐 권력을 국가로부터 회수하여 경쟁 시장의 질서에 맡겨야 한다는 강력한 경고를 남겼다.

2007년 노벨 경제학상을 수상한 메커니즘 설계 이론의 창시자 레오니트 후르비치(Leonid Hurwicz)는 화폐의 역할을 공학적이고 정보이론적인 관점으로 확장했다. 그는 1960년 발표한 기념비적 논문 '자원 배분 과정에서의 최적성과 정보 효율성(Optimality and Informational Efficiency in Resource Allocation Processes)'에서 경제 시스템을 거대한 정보 처리 네트워크로 규정했다. 그는 이 시스템의 성능을 결정하는 핵심 척도로 '정보 효율성'을 꼽았다. 만약 중앙 통제관이 사회의 모든 자원을 직접 배분하려 한다면 생산 현장의 원재료 수급 상황, 물류 비용, 개별 소비자의 변화무쌍한 취향 등 천문학적인 양의 정보를 일일이 수집하고 분석해야 한다. 이는 현실적으로 불가능할 뿐만 아니라 정보를 전송하고 처리하는 과정에서 막대한 사회적 비용을 발생시킨다. 후르비치는 화폐와 그 결과물인 가격이 바로 사회적 자원 배분을 가능하게 하는 '궁극의 데이터 압축 기술'임을 간파했다. 화폐는 복잡한 공급망의 사정이나 개별 상품이 지닌 수만 가지의 속성을 '단 하나의 숫자'인 가격으로 요약하여 시장에 전달한다. 모든 경제 주체는 이 고도로 압축된 정보만으로도 자신의 자원을 어디에 투입할지 최적의 결정을 내릴 수 있게 된다.

후르비치에 따르면 사회 전체가 최소한의 통신 비용으로 최대의 성과, 즉 파레토 최적(Pareto Optimality)에 도달하기 위해서는 이 효율적인 정보 전달 체계가 필수적이다. 화폐는 바로 그 시스템을 구동하는 핵심 엔진이다. 빌프레도 파레토(Vilfredo Pareto)가 정립한 파레토 최적은 자원 배분의 효율성을 측정하는 경제학의 중요한 기준 중 하나다. 더 이상 누군가의 처지를 악화시키지 않고서는 다른 누군가의 처지를 개선할 수 없는 상태를 의미한다. 이는 사회 전체의 자원이 단 한 방울의 낭비도 없이 가장 효율적으로 배분되어 있어, 어떤 추가적인 조정도 반드시 누군가에게는 손해를 끼쳐야만 이득을 줄 수 있는 한계점에 도달했음을 뜻한다. 파레토 최적은 자원의 분배가 얼마나 공평한가라는 정의의 문제보다는 그 자원이 얼마나 남김없이 쓰이고 있는가라는 효율의 문제에 집중한다. 이는 레오니트 후르비치가 강조한 정보 효율성과 결합하여 현대 경제 시스템의 궁극적인 설계 목표가 되었다. 만약 시장에 파레토 개선(Pareto Improvement)의 여지가 남아 있다면 그것은 아직 자원이 더 가치 있는 곳으로 흐를 수 있는 정보가 존재한다는 뜻이다. 화폐는 바로 이러한 비효율을 찾아내어 시스템을 최적의 상태로 몰고 가는 데이터 처리 장치로 기능한다.

1998년 나라야나 코처라코타(Narayana Kocherlakota)는 논문 '화폐는 기억이다(Money is Memory)'에서 화폐의 물리적 형태 뒤에 숨겨진 본질이 '누가 사회에 기여했는가'를 기록하는 집단적 기억임을 입증하며 화폐를 탈중앙화된 사회적 장부로 정의했다. 코처라코타는 만약 우리가 타인의 모든 과거 공헌을 완벽하게 추적할 수 있는 무결한 기록망을 가졌다면 화폐라는 물리적 매개체는 존재할 이유가 없다고 설명했다. 예를 들어 작은 마을에서는 이웃의 도움을 서로 기억하기에 화폐 없이도 자원이 원활히 배분되지만, 대규모 사회에서는 이러한 기억의 부재를 보완하기 위해 화폐를 일종의 '기억 저장소'로 활용하게 된다. 화폐는 과거에 자원을 제공한 이가 미래에 정당하게 자원을 배분받을 수 있도록 보장하는 정보 시스템이자 사회적 신뢰를 시공간 너머로 운반하는 장치인 셈이다.

오래전 조개껍데기 목걸이가 화폐인 시대를 떠올려 보자. 영희는 남자친구인 철수가 해준 조개 목걸이를 하고 숙자를 만났다. 숙자는 영희의 목걸이가 부러워 자신의 남자친구인 삼식이에게 목걸이를 만들어달라고 했다. 수영을 못하는 삼식이는 철수에게 같은 목걸이를 하나 만들어달라고 부탁한다. 철수는 목걸이를 만들려면 수영을 해서 조개껍데기를 구하고, 닦고 말리고 구멍을 뚫어 가죽끈으로 꿰는 작업을 해야 한다. 총 12시간이 걸린다. 철수는 고심 끝에 목걸이를 만들어주는 대가로 자신의 밭에서 12시간 동안 일해달라고 삼식이에게 요구한다. 여기서 조개껍데기 목걸이는 12시간이라는 노동에 관한 장부다. 이 순간, 목걸이는 화폐의 역할을 하게 된다. 목걸이는 갖고 싶은 사람에게 12시간의 노동력을 청구할 수 있는 청구권으로 기능하는 것이다. 경제 구조가 복잡해졌지만 화폐는 여전히 노동 청구권이다. 1만 원의 최저 임금은 그것을 받는 사람에게 한 시간 동안 노동을 요구할 수 있는 데이터에 대한 기록인 셈이다.

이어 2015년 조지 길더(George Gilder)는 저서 《21세기 금본위제(The 21st Century Case for Gold)》에서 현대 정보 이론의 아버지 클로드 섀넌(Claude Shannon)의 원칙을 경제학에 이식하며 화폐의 본질을 완전히 새롭게 정의했다. 섀넌이 1948년 논문 '통신의 수학적 이론(A Mathematical Theory of Communication)'에서 정립한 정보 이론의 핵심 원칙은 정보를 '불확실성의 해소'로 규정하고 이를 수학적으로 측정 가능한 엔트로피 개념과 결합한 데 있다. 섀넌은 정보를 전송하는 과정에서 신호(Signal)와 잡음(Noise)을 엄격히 구분했다. 그에게 정보란 수신자가 예측하지 못한 '놀라움(Surprise)'의 정도를 의미한다. 이 놀라움이 클수록 전송되는 정보의 양도 많아진다. 메시지를 실어 나르는 통로인 채널이 정보를 왜곡 없이 전달하기 위해서는 스스로 낮은 엔트로피 상태, 즉 극도의 안정성을 유지해야 한다는 점이다. 조지 길더는 이 이론을 경제 시스템에 투영했다. 그는 경제적 창의성과 혁신은 예측 불가능한 '놀라운 정보(High Entropy)'인 반면 이를 측정하고 전달하는 매체인 화폐는 절대적으로 예측 가능하고 변하지 않는 '안정적인 채널(Low Entropy)'이어야 한다는 원칙을 도출해 냈다. 만약 화폐 자체가 인플레이션이나 정책적 변동으로 인해 스스로 '놀라움'을 만들어내면 이는 통신망의 잡음이 되어 실물 경제의 진짜 정보를 가리게 되고 결국 자원 배분의 왜곡을 초래하게 된다.

섀넌의 원칙에 따르면 채널의 용량이 제한적일 때 잡음을 최소화해야만 정보 전송의 효율이 극대화되듯이, 화폐가 가치 측정의 척도로서 고정되어 있을 때만이 인류의 지식과 창의성이 자원 배분이라는 통신망을 통해 가장 정확하게 전달될 수 있다. 조지 길더는 신호를 실어 나르는 매체가 변하지 않는 척도가 되기 위해 반드시 고정되어야 할 궁극적인 물리적 실체로 '시간'을 지목했다. 그는 전 우주에서 권력자가 임의로 늘리거나 기술 발전으로 복제할 수 없는 절대적 희소 자원은 오직 인간에게 주어진 시간뿐이라고 보았다. 이는 부의 본질인 지식이 오직 시간을 들인 학습을 통해서만 얻어질 수 있기 때문이다.

길더의 정보 이론에 따르면 의사의 높은 수입은 그가 보유한 전문 지식에 응축된 시간의 가치로 설명된다. 의사가 되기 위해 투입되는 10년 이상의 수련 기간은 인류가 가진 유일한 절대적 희소 자원인 시간을 가장 밀도 있게 소비한 과정이다. 의사의 진료는 짧은 순간의 행위처럼 보이지만 그 기저에는 수만 시간의 학습이 농축된 낮은 엔트로피의 고도화된 정보가 담겨 있다. 시장이 의사에게 높은 보상을 제공하는 것은 그가 지식을 얻기 위해 지불한 막대한 시간의 희소성을 화폐라는 통신망이 정확하게 측정하여 자원을 배분한 결과다. 의사의 고된 학습과 지식의 가치를 화폐 시스템이 제대로 반영하지 못한다면 이는 섀넌이 경고한

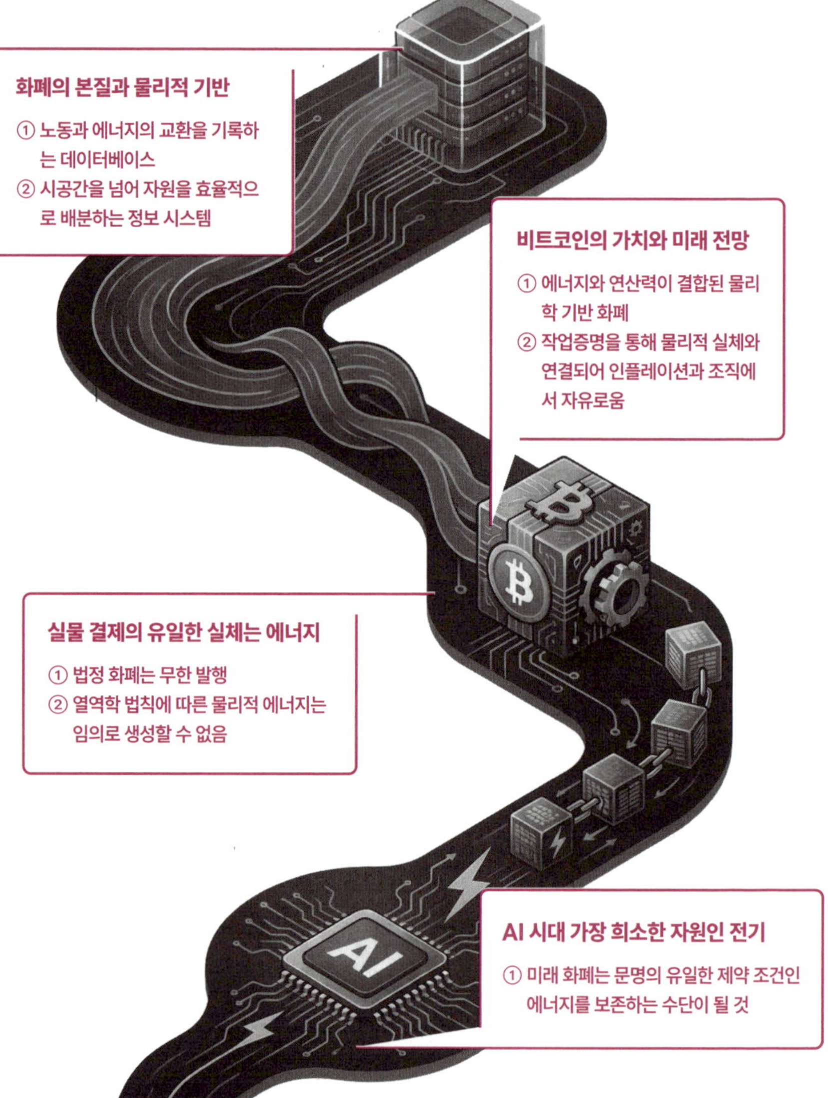
화폐의 본질과 물리적 기반
① 노동과 에너지의 교환을 기록하는 데이터베이스
② 시공간을 넘어 자원을 효율적으로 배분하는 정보 시스템
비트코인의 가치와 미래 전망
① 에너지와 연산력이 결합된 물리학 기반 화폐
② 작업증명을 통해 물리적 실체와 연결되어 인플레이션과 조직에서 자유로움
실물 결제의 유일한 실체는 에너지
① 법정 화폐는 무한 발행
② 열역학 법칙에 따른 물리적 에너지는 임의로 생성할 수 없음
AI 시대 가장 희소한 자원인 전기
① 미래 화폐는 문명의 유일한 제약 조건인 에너지를 보존하는 수단이 될 것
AI

신호의 잡음이 발생한 상태이다. 결국 사회 구성원들의 학습 동기를 약화시켜 인류 전체의 지식 진보를 가로막는 자원의 오배분을 초래하게 된다. 현실에서 의사의 고소득은 이 같은 자원 배분 원칙 외에 의사라는 이익 집단의 암묵적 담합 등 정치적인 영향력과도 관계가 있다. 여기서는 설명을 위해 상황을 단순화했다.

노동에서 연산으로, 사토시 나카모토의 비트코인

애덤 스미스에서 카를 마르크스로 이어지는 고전파 경제학의 흐름은 화폐를 단순한 금속 덩어리가 아니라 인간의 '시간'과 '고된 노력'을 기록하는 정교한 데이터 장부로 인식해 왔다. 이들의 이론은 후대 학자들에 의해 더욱 정교화되었으며, 현대의 정보 이론과 결합하여 '노동의 데이터화'라는 핵심 개념을 완성한다.

애덤 스미스는 《국부론(The Wealth of Nations, 1776)》에서 부의 척도를 '노동'으로 규정했다. 그에게 어떤 물건의 진짜 가치는 그것을 얻기 위해 치러야 하는 수고와 번거로움이다. 화폐는 이 수고를 정량화하여 보관하는 도구다. 스미스는 '노동 지배(Labor Command)'라는 개념을 강조했다. 이는 내가 가진 화폐가 시장에서 타인의 노동을 얼마나 많이 구매(지배)할 수 있는지를 의미한다. 화폐를 보유한다는 것은 타인의 노동을 청구할 권한을 갖는 것이다.

데이비드 리카도(David Ricardo)는 이를 발전시켜 물건에 투입된 '노동의 양' 자체가 가치를 결정한다는 '투하 노동 가치설(Labor-

Embodied Theory of Value)’을 확립했다. 구리를 캐는 데 5시간이 걸리고, 다이아몬드를 채굴하는 데 2시간이 걸린다고 하자. 투입 노동 시간만 보면 이 경우 구리 가격이 다이아몬드의 2.5배가 되어야 한다. 리카도는 여기에 문명이 축적해 온 ‘과거의 데이터’를 반드시 포함해야 한다고 강조했다. 리카도가 스미스의 이론을 혁신한 지점은 현재 투입된 직접 노동뿐만 아니라 기계나 도구에 응축된 과거의 간접 노동까지 가치 계산에 포함시킨 것이다. 구리 생산에 삽 한 자루를 만드는데 들어간 노동 시간이 더해지듯, 다이아몬드 채굴에 투입된 고성능 굴착기의 막대한 제작 공정과 마모분만큼의 노동 데이터 역시 다이아몬드의 최종 가치에 합산되어야 한다. 화폐는 결국 그 물건이 내 손에 오기까지 문명이 지불한 총체적 노동 시간을 기록하게 된다.

하지만 이를 감안해도 과거 다이아몬드 가격이 터무니없이 비쌌던 이유를 설명하는 데는 부족하다. 리카도는 모든 물건에 이 법칙을 일괄 적용하지 않고 재화를 두 부류로 나누었다. 구리처럼 노동을 더 투입해 얼마든지 늘릴 수 있는 ‘재생산 가능한 재화’는 투하 노동량에 의해 가치가 결정된다. 하지만 희귀 명화나 드문 대형 다이아몬드 같은 ‘희소 재화’는 노동 시간과 상관없이 구매자의 욕구와 희귀성에 의해 가격이 결정된다는 게 리카도가 말한 예외다.

여기에 경제학자 조지 스티글러가 ‘93% 노동 가치설’이라 명명했듯이 리카도는 노동이 가치의 절대적 기준(약 93%)이긴 하나

자본이 묶여 있는 '기다림의 시간'과 그에 따른 이윤율의 차이가 나머지 약 7%의 가격 변동을 만든다는 점을 인정했다. 이는 2시간 만에 캔 다이아몬드라 할지라도 세공과 유통에 1년이 걸린다면 그 자본 비용만큼의 가치가 데이터에 추가로 반영됨을 의미한다. 결과적으로 리카도에게 화폐란 인류가 과거부터 현재까지 투입한 에너지와 시간의 총량을 투명하게 추적하여 기록하는 고도화된 문명의 장부였다.

카를 마르크스는 《자본론(Das Kapital, 1867)》에서 노동 가치설을 '데이터 과학'의 영역으로 밀어붙였다. 그는 바느질과 같은 개별적인 구체적 노동이 시장에서 화폐와 교환되는 순간, 모든 개성이 제거된 추상적 인간 노동(Abstract Human Labor)으로 변환된다고 보았다. 마르크스는 가치의 객관적 척도로 '사회적으로 필요한 노동시간(Socially Necessary Labour Time)'이라는 개념을 제시했다. 이는 평균적인 기술과 숙련도를 가진 노동자가 제품 하나를 만드는 데 걸리는 표준 시간을 의미한다. 화폐는 이 표준화된 노동 데이터를 기록하고 증명하는 '보편적 가치 척도'이자 사회적 신용 기록이다.

마르크스의 이론을 계승한 이사크 루빈(Isaak Illich Rubin)은 화폐가 단순한 계산 도구가 아니라, 파편화된 개인의 노동을 사회적 노동으로 승인해 주는 '객관적 승인 장치'임을 강조했다. 루빈에게 화폐 장부에 기록되지 않은 노동은 사회적으로 존재하지 않는 것이다. 화폐라는 데이터베이스에 등재될 때 비로소 그 노동은 가치로서 생명력을 얻게 된다.

　이처럼 고전파와 마르크스주의 경제학은 금과 종이라는 화폐의 물리적 형태 뒤에 숨겨진 '시간의 데이터베이스'를 탐구해 왔다. 구구절절 경제학자들이 말한 화폐의 개념을 설명한 이유는 이들이 말했던 이상적인 형태를 가진 화폐가 있기 때문이다. 바로 비트코인이다. 사토시 나카모토는 고전파 경제학자들의 문헌을 직접 인용하지는 않았다. 그러나 비트코인의 설계 구조는 애덤 스미스부터 카를 마르크스에 이르는 노동 가치설의 철학적 계승이자 디지털 기술을 통한 그 이론의 완벽한 실현이다. 애덤 스미스가 모든 부의 척도를 인간의 수고와 번거로움으로 보고 화폐를 타인의 노동을 구매할 권력으로 정의했듯이, 사토시 나카모토는 비트코인을 얻기 위한 유일한 통로로 작업증명(Proof of Work)이라는 물리적 비용 지불 방식을 설계했다. 이는 누구나 아무런 대가 없이 찍어낼 수 있는 법정 화폐와 달리, 전기 에너지와 연산력이라는 현대적 형태의 노동을 투입해야만 가치가 생성되도록 함으로써 화폐를 다시금 '노동과 에너지의 데이터베이스'라는 고전적 정의로 되돌려 놓은 것이다.

　데이비드 리카도의 투하 노동 가치설은 비트코인의 채굴 생태계에서 소름 끼치도록 정확하게 구현된다. 채굴자들이 사용하는 고성능 ASIC 장비는 리카도가 말한 '기계에 축적된 과거의 노동(간접 노동)'이며, 매 순간 소비되는 전력은 '직접 노동'에 해당한다. 비트코인의 가치는 이 직접 노동과 간접 노동이 결합하여 블록에 박제된 결과물이다. 리카도가 예외적으로 언급했던 '재생산 불가

애덤 스미스

: 노동 지배(작업증명)

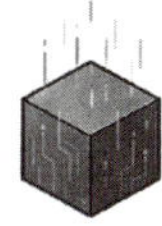

비트코인 획득을 위한 유일한 통로인 물리적
비용(전기 및 연산력) 지불 방식

데이비드 리카도

: 투하 노동 및 '희소성'

ASIC 장비(간접)와 전력(직접)의 결합
및 2,100만 개의 발행량 제한

카를 마르크스

: 사회적으로 필요한 노동 시간

난이도 조절 알고리즘을 통해
블록 생성 시간 10분으로 고정

사토시 나카모토

: 무결한 장부 시스템

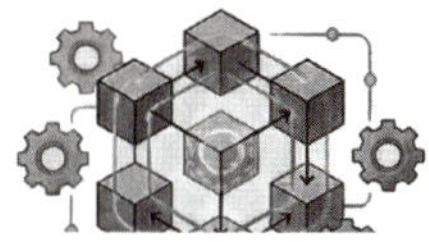

화폐 이론을 종합하여 권력 개입 없는
투명한 노동과 에너지의 데이터베이스 완성

일렉트로달러 시대로

능한 희소 재화'의 특성을 사토시 나카모토는 2,100만 개라는 발행량 제한을 통해 디지털 공간에서 최초로 구현해 냈다.

가장 놀라운 계승점은 마르크스의 '사회적으로 필요한 노동시간(SNLT)' 개념이 비트코인의 난이도 조절(Difficulty Adjustment) 알고리즘과 수학적으로 일치한다는 사실이다. 마르크스는 개별 노동자의 숙련도와 상관없이 사회 전체의 평균적 기술 수준이 가치를 결정한다고 보았다. 비트코인 네트워크 역시 개별 채굴기의 성능이 아무리 좋아져도 전체 연산력에 맞춰 난이도를 조절함으로써 블록 하나를 생성하는 데 필요한 사회적 시간을 약 10분으로 강제한다. 이는 특정 집단이 기술 혁신을 통해 가치를 독점하거나 화폐를 과잉 생산하는 것을 막는 장치다. 마르크스가 꿈꿨던 '추상적 노동의 객관적 장부'가 인간의 주관적 개입이 불가능한 코드의 형태로 완성된 셈이다. 사토시 나카모토는 고전파가 탐구했던 노동과 시간의 가치를 수학적 함수로 치환하여, 권력의 노이즈가 섞일 수 없는 무결한 사회적 기억이자 문명의 지식을 운반하는 가장 투명한 자원 배분 시스템을 구축했다.

2장

지정학적 게임이론과 비트코인 전략비축계획

디지털 통화 패권을 위한 비트코인 선점

트럼프 행정부의 비트코인 전략비축계획(SBR)은 미국의 달러 패권을 디지털 영역으로 확장하려는 거대한 지정학적 설계이다. 이 계획의 핵심 계보는 상원의 비트코인 여전사로 불리는 신시아 루미스 의원의 논리적 토대 위에, 하워드 러트닉(Howard Lutnick) 상무장관의 실무적 결단과, 데이비드 삭스(David Sacks) 크립토 차르(미국 정부 내에서 암호화폐 및 디지털 자산 정책을 총괄하는 가상의 최고 책임자 직위를 일컫는 별칭)의 전략이 결합된 형태를 띠고 있다.

루미스 의원의 발의가 입법적 근거를 마련했다면, 트럼프 대통령이 2025년 3월 6일 서명한 행정명령 제14233호(Executive Order 14233)는 이를 행정부의 즉각적인 실행 체계로 전환시켰다. 이 행정명령은 재무부 내에 비트코인과 디지털 자산을 전담 관리하는 사무국을 설치하고, 여러 정부 기관에 흩어져 있던 압류 비트코인을 하나의 '디지털 포트녹스'로 집결시키는 것을 골자로 한다.

정책의 일차적 목적은 중국이나 이란 등 경쟁국들이 비트코인을 전략 자산화하여 달러의 지배력을 우회하는 것을 사전에 차단하는 선점 전략에 있다. 궁극적으로는 변동성이 큰 디지털 자산을 국가 예비 자산으로 편입시켜 38조 달러가 넘는 미국의 국가 부채를 희석하고 달러의 구매력을 물리적·수학적 희소성에 고착시키는 데 있다.

세금을 한 푼도 쓰지 않고 비트코인을 매입하는 이른바 '예산 중립(Budget Neutral)' 매입법은 이 전략의 백미다. 이는 법무부와 재무부가 범죄 수사 및 자산 몰수를 통해 확보한 약 20만 개 이상의 비트코인을 기점으로 삼아 연방준비제도의 금 증서 재평가 수익이나 연준의 잉여금을 활용해 향후 5년간 총 100만 개의 비트코인을 확보하는 재무적 설계다. 캄보디아나 베네수엘라에서 압류한 약 80만 개에 달하는 비트코인은 이 비축고를 채울 핵심 공급원이다. 이는 미국이 적대국들의 자금줄을 회수하여 자국의 '전략적 방패'로 치환하는 묘수다.

미국이 비트코인을 실제 비축할 경우 국가간 비축경쟁이 가열될 수밖에 없다. 이 같은 전망은 현대 게임이론의 핵심인 내쉬 균형(Nash Equilibrium)과 죄수의 딜레마(Prisoner's Dilemma)가 국제 정치 무대에서 어떻게 작동할지를 보여준다. 내쉬 균형은 1950년 수학자 존 내쉬(John Nash)가 정립한 개념이다. 게임이론에서 모든 참여자가 상대방의 전략을 고려했을 때 현재의 선택이 최선의 대응이 되어 더 이상 자신의 전략을 바꿀 유인이 없는 상태를 말한다. 즉, 나만 전략을 바꿨을 때 이득이 없는, 서로가 서로에게 꼼짝달싹 못 하는 안정적인 상태라고 할 수 있다. 그리고 내쉬 균형의 가장 대중적인 사례가 죄수의 딜레마다. 두 명의 공범이 서로를 배신하지 않고 침묵하면 둘 다 가벼운 형량을 살 수 있지만, 상대가 나를 배신할지도 모른다는 불확실성 속에서 각 개인은 자신의 형량을 최소화하기 위해 결국 둘 다 자백하는 길을 선택하게 된다. 이 상태가 바로 내쉬 균형이다. 결과적으로는 둘 다 무거운 형량을 받기에 사회적으로 최적의 선택은 아니지만 개별 참여자 입장에서는 상대의 선택에 대응하는 가장 합리적인 방어 기제이다.

이를 트럼프 행정부의 비트코인 전략비축계획에 대입하면 그 파괴력이 분명해진다. 현재 글로벌 화폐 전쟁은 국가들이 비트코인을 비축할 것인가, 말 것인가를 두고 벌이는 거대한 게임이다. 만약 미국이 먼저 100만 개의 비트코인을 선점하기 시작하면, 중국이나 유럽 같은 경쟁국들은 비트코인의 내재 가치를 믿느냐와 상관없이 비트코인을 사들일 수밖에 없다. 단지 미국이 패권을 선점하는 상황을 막기 위해서다.

여기서 수학적 공포가 발생한다. 상대방이 비트코인을 비축

■ 지정학적 게임 이론과 비트코인 전략 비축

디지털 포트녹스를 통한 실행

① **지정학적 내쉬 균형의 형성**

: 타국 비축에 대비해 나도 비축하는 것이 곧 생존 전략이 되는 상태

② **죄수의 딜레마와 선점자 우위**

: 비트코인 비축 대열 이탈 시 손실을 막기 위해 모든 국가가 매입에 동참

③ **비트코인 우주 경쟁 촉발**

: 적대국 자원을 비트코인 네트워크라는 아군의 질서로 귀속하는 인센티브 구조 작동

글로벌 파급 효과

① **행정명령 제14233호를 통한 실행 체계**

: 재무부 전담 사무국 설치와 압류된 비트코인 전략 자산으로 집결

② **5년 내 비트코인 100만 개 확보**

: 압류 자산을 시드로 활용하여 국가 부채 희석

③ **세금 투입 없는 예산 중립 매입**

: 금 재평가 수익, 연준의 잉여금 등을 통한 재정 부담 최소화

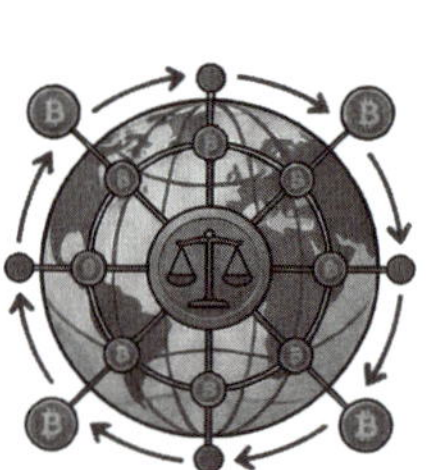

주요 기관 및 전문가들 전망

① **번스타인**

: 화폐 가치 방어를 위한 글로벌 비트코인 우주 경쟁 경고

② **반에크**

: 2050년까지 비트코인 가치 개당 290만 달러 도달 예측

③ **갤럭시 디지털**

: 실크로드 등에서 압류한 20만 개 이상 비트코인 정부 보존을 확인

하는데 나만 안 하고 있다가 비트코인이 진짜 디지털 금이 된다면, 그 국가는 화폐 시스템의 붕괴라는 파멸적 손실을 입게 된다. 같이 비축했는데 가치가 떨어진다면 그 손실은 다른 국가들과 분산된다. 모든 국가가 비트코인을 비축하는 대열에 합류하는 것이 각자의 위험을 최소화하는 '지정학적 내쉬 균형'이 되는 셈이다.

내쉬 균형은 참여자들이 도덕이나 선의가 아니라, 철저히 자신의 생존과 이익을 위해 계산기를 두드린 끝에 도달하는 안정 상태다. 트럼프의 전략은 이 심리적 균형점을 강제로 이동시켜 전 세계 모든 중앙은행이 비트코인을 외환보유고에 넣지 않으면 안 되는 상황으로 몰아넣는다.

선점자 우위 전략 차원에서도 비트코인 비축 전략은 유용하다. 비트코인은 가격이 오를수록 다음 구매자의 진입 비용이 기하급수적으로 상승하는 구조다. 트럼프의 비축 계획은 미국이 압류와 초기 매입을 통해 가장 낮은 가격에서 대량의 물량을 확보함으로써, 뒤늦게 게임에 참여할 수밖에 없는 중국, 유럽, 신흥국들이 더 높은 비용을 지불하게 만드는 전략이다. 이는 상대의 자본을 소모시키면서 자국의 자산 가치를 높이는 비대칭적 금융 전쟁의 성격을 갖는다.

인센티브 호환성(Incentive Compatibility)의 원리에 따라, 비트코인 네트워크는 그 자체로 공격보다 참여가 더 이득이 되도록 설계되어 있다. 인센티브 호환성이란 개인이 자신의 이익을 극대화하기 위해 선택하는 최선의 전략이 결과적으로 시스템 전체가 의도한 목표와 완벽하게 일치하게 만드는 설계 원리를 의미한다. 2007년 노벨 경제학상을 수상한 레오니트 후르비치, 에릭 매스킨, 로저 마이어슨이 정립한 메커니즘 설계 이론의 핵심 개념이다. 정보의 비대칭성이 존재하는 상황에서 참여자들이 거짓말을 하거나 이기적으로 행동할 동기를 원천적으로 제거하는 데 목적이 있다.

가장 직관적인 예시는 '케이크 나누기'다. 한 사람이 케이크를 자르고 다른 사람이 먼저 조각을 선택하게 규칙을 정하면 자르는 사람은 자신의 이익을 위해 가장 공평하게 자를 수밖에 없다. 이것이 바로 개인의 욕망과 시스템의 공정성이 하나로 묶이는 지점이다. 경매 시스템에서도 자신의 진심 어린 가치를 적어내는 것이 승리에 가장 유리하도록 설계된 '2차 가격 경매(Vickrey auction)' 등이 대표적인 사례다. 2차 가격 경매는 입찰자 중 가장 높은 금액을 써낸 사람이 낙찰을 받되, 실제 지불하는 가격은 두 번째로 높은 입찰가로 결정되는 방식이다. 경제학자 윌리엄 비크리의 이름을 따서 '비크리 경매'라고도 부른다. 이 제도의 묘미는 참가자들이 눈치싸움을 멈추고 자기가 생각하는 물건의 진짜 가치를 정직하게 써내게 만드는 데 있다. 자기가 쓴 금액을 그대로 지불해야 한다면 사람들은 조금이라도 싸게 사려고 실제 가치보다 낮은 가격을 부르는 전략을 쓰겠지만, 2차 가격제에서는 그럴 유인이 사라진다. 어차피 내가 낼 돈은 내 입찰가가 아니라 남이 써낸 가격에 의해 결정되므로, 내가 생각하는 최대치를 솔직하게 적는 것이 낙찰 확률을 높이면서도 합리적인 가격에 물건을 얻는 최선의 선택이 되기 때문이다. 이 경매법은 정직함이 곧 개인의 이익으로 이어지도록 인센티브를 설계함으로써, 시장의 자원을 가장 절실한 사람에게 가장 효율적으로 배분한다.

과거에는 적대국의 화폐 시스템을 붕괴시키는 것이 전략적 목표였으나, 비트코인 체제에서는 적대국이 비트코인을 많이 보유할수록 그 가치를 지키기 위해 네트워크의 안정성에 기여하게 된다. 트럼프의 설계는 반미 국가들이 보유한 비트코인을 압류하여 미국의 비축고로 흡수하는 동시에, 그들이 남은 자산을 지키기 위해 비트코인 생태계에 순응하게 만든다.

글로벌 투자은행 번스타인의 디지털 자산 수석 분석가 고탐 추가니(Gautam Chhugani)는 38조 달러를 넘어선 미국의 압도적인 국가 부채 위기와 결합하여 비트코인이 금을 대체하는 유일한 '하드 머니'가 될 것이라고 강조했다. 추가니는 미국의 전략적 비축 선언이 전 세계 국가 간에 비트코인을 선점하려는 지정학적 내쉬 균형을 촉발할 것이라고 분석했다. 이어 "만약 한 국가가 비축을 시작하면 다른 경쟁국들은 상대적인 화폐 가치 하락과 국력 약화를 방어하기 위해 게임이론적으로 비축 대열에 합류할 수밖에 없는 비트코인 우주 경쟁이 시작될 것"이라고 경고했다. 반에크의 디지털 자산 연구 책임자 매튜 시겔(Matthew Sigel)은 비트코인이 2050년까지 전 세계 무역 결제의 5~10%를 차지하고 각국 중앙은행 예비 자산의 2.5%를 점유하며 개당 가치가 290만 달러에 이를 것이라는 25년 장기 자본 시장 가설을 제시했다. 갤럭시디지털(Galaxy Digital)의 리서치 책임자 알렉스 손(Alex Thorn)은 온체인 데이터 분석을 통해 실크로드와 비트파이넥스 해킹 사건 등에서 압류한 20만 개 이상의 비트코인이 실제로 시장에 매각되지 않고 정부 지갑에 견고하게 보존되고 있음을 입증했다.

추가 매입을 하지 않는다는 발언의 진짜 의미

스콧 베센트 재무장관은 비트코인을 미국의 부채 위기를 돌파할 전략적 재무 도구로 격상시킨 장본인이다. 그는 2024년 7월 내슈빌 '비트코인 2024' 컨퍼런스 현장에서 "정부는 이미 보유한 20만 개 이상의 비트코인을 시장에 내다 파는 전략적 실수를 멈춰야 하며 이를 국가 자산으로 고정하는 것이 세금을 쓰지 않고 비축고를 시작하는 가장 확실한 방법"이라고 강조했다. 비축 계획의 초석이 다져진 순간이다. 이어 2025년 3월 6일 서명된 행정명령 제14233호를 통해 비트코인 전략비축고의 법적 뼈대가 마련된 후, 그는 2025년 8월 14일 〈폭스비즈니스〉의 마리아 바르티로모와의 인터뷰에서 "미국 정부가 범죄 수사 등으로 확보한 약 150억~200억 달러 상당의 비트코인 매각을 전면 중단하고 이를 디지털 자산 비축고로 이관하기 시작했다"고 공식 확인했다.

당시 그는 장부상 온스당 42.22달러에 묶여 있는 금 증서의 재평가 가능성에 대해 이를 통한 "즉각적인 매입 계획은 없다"며 신중한 태도를 보였다. 시장에서는 트럼프 행정부가 비트코인 전략적 비축 계획을 사실상 철회한 게 아니냐는 반응이 나왔다. 당시 비트코인 가격이 일시적으로 급락하자 베센트 장관은 자신의 X 계정을 통해 "재무부는 납세자의 부담이 없는 '예산 중립적(Budget-neutral)'인 경로를 통해 더 많은 비트코인을 확보하는 방안을 여전히 탐구하고 있다"고 진화에 나섰다. 2026년 1월 다보스 세계경제포럼(WEF)에서도 그는 "정부의 방침은 명확하며 압류된 모든 비트코인을 디지털 자산 비축고에 추가하여 미국의 금융 리더십을 21세기로 전이시키는 것"이라고 재확인했다.

전문가들은 베센트 재무장관의 "추가 매입은 없다"는 발언을 정치공학 및 게임이론적 관점에서 분석한다. 이는 설계된 연기(煙幕)이자 '입법적 선후관계의 정리'라는 것이다. 여기서 설계된 연기란 정부가 특정 자산을 대량으로 매입하겠다는 의사를 노골적으로 드러낼 경우 시장 가격이 폭등해 실제 매입 비용이 천문학적으로 불어나는 프런트 러닝(Front-running) 현상을 막기 위한 의도적인 기만책을 말한다. 겉으로는 시장에 무관심한 척하며 가격 과열을 식히는 동시에 물밑에서는 매집 효율성을 극대화하려는 게임이론적 수싸움이다. 입법적 선후관계의 정리는 예산 집행권이 있는 의회의 법적 승인이 떨어지기 전까지 행정부가 독단적으로 자금 집행을 약속할 수 없다는 헌법적 절차를 준수하는 모습을 보여주는 것이다. 이는 입법부와의 불필요한 마찰을 피하고 비트코인 전략비축안과 같은 핵심 법안을 먼저 통과시키기 위해 '선(先) 입법, 후(後) 집행'의 순서를 명확히 다지는 정무적 판단이다. 베센트의 발언은 법안 통과를 위한 정치적 명분을 쌓는 동시에 국가의 매입 단가를 낮추려는 치밀한 이중 포석이다.

베센트의 발언은 행간을 읽어야 한다. 베센트가 가장 경계하는 것은 비트코인 매입이 미국의 국가 부채를 늘린다는 프레임이다. 그가 "추가 매입은 없다"고 말할 때 그 속뜻은 "국민의 세금이나 신규 국채 발행을 통한 매입은 없다"는 것에 가깝다. 전문가들은 그가 압류 자산을 시드 머니로 삼아 비축고를 먼저 구축한 뒤, 앞서 이 책에서 여러 차례 언급한 금 증서 재평가나 연준 잉여금 환수 같은 회계적 수단을 동원해 예산 밖에서 자금을 조달할 시기를 조율 중이라고 분석한다.

게임이론적 관점에서 베센트 장관의 말을 해석할 수도 있다. 미국이 비트코인을 공격적으로 매입하겠다고 나서면 중국, 러시아 등 적대국들도 즉각적인 비축 전쟁에 돌입하게 된다. 베센트는 미국의 움직임을 최대한 낮게 유지함으로써 경쟁국들이 안심하고 대응 속도를 늦추게 만드는 일종의 기만책을 구사하고 있을 가능성이 높다. 적들이 "미국도 포기했나?"라고 생각하는 사이, 미국은 행정명령 제14233호를 통해 이미 확보된 압류분부터 차곡차곡 디지털 포트녹스에 쌓아 올리며 실질적인 점유율을 높여가는 방식을 취하고 있다.

압류된 것만 100만 개, 적국으로 향하는 시선

미국이 타국으로부터 압류하여 비트코인을 비축하는 전략은 구체적으로 어떻게 이뤄질까. 캄보디아와 베네수엘라에서 압류된 약 80만 개의 비트코인은 2026년 글로벌 금융 패권의 향방을 결정짓는 결정적 변수로 부상했다. 캄보디아의 경우 2025년 10월 미국 법무부가 거대 재벌인 프린스홀딩그룹 의장 첸즈가 가진 약 12만 7,271개의 비트코인을 압류했다. 이는 동남아시아 경제특구 내 수용소에서 자행된 인신매매와 '돼지 도살'이라 불리는 로맨스 스캠으로 갈취한 범죄 수익이었다. 돼지 도살은 가해자가 타깃이 된 피해자에게 신뢰를 쌓은 뒤 마지막 순간에 자산을 단번에 갈취하는 잔인한 수법이다. 도살하기 전 살을 찌우는 돼지 도살과 비슷해 붙여진 이름이다. 로맨스 스캠은 온라인에서 가상의 연인 관계를 형성해 상대방의 신뢰와 애정을 얻은 뒤, 이를 악용하여 금전적인 이득을 취하는 전형적인 사회공학적 사기이다. 피해자의 감정을 철저히 파괴한다는 점에서 심리적 살인이라 불린다. 첸즈는 돼지 도살과 로맨스 스캠 방식을 결합한 투자 사기로 막대한 돈을 벌었다.

가해자는 주로 텔레그램이나 왓츠앱을 통해 번호를 잘못 알았다거나 업무적 연락을 가장하여 접근한다. 이후 수개월간 일상적인 대화와 SNS상의 조작된 재력을 과시한다. 피해자의 관심을 끌며 신뢰를 쌓는 살 찌우기 과정을 거친다. 이후 피해자가 완전히 경계심을 풀면 조작된 암호화폐 거래소나 가짜 투자 사이트로 유인하여 소액 투자를 유도한다. 초기에는 실제로 수익이 난 것처럼 숫자를 조작하고 소액 출금까지 허용해 마치 완벽한 투자 기회를 잡은 듯한 착각에 빠뜨린다. 피해자가 이 가짜 성공에 확신을 갖고 평생 모은 저축이나 대출금 등 거액을 입금하는 순간 가해자는 계좌 동결이나 고액의 세금 납부 등을 핑계로 출금을 막고 추가 자금을 요구한다. 결국 모든 소통 창구를 폐쇄하고 사라진다. 도살을 집행하는 것이다. 이러한 범죄는 캄보디아나 미얀마 등 동남아시아 무법지대에 거점을 둔 거대 범죄 조직이 인신매매로 끌려온 이들을 무장 단체의 감시 아래 강제 노역시키며 공장식으로 사기 채팅을 치는 구조적 산업 시스템에 기반하고 있다.

첸즈는 탈취한 자산의 추적을 피하려고 3,000개가 넘는 지갑으로 자금을 잘게 쪼개는 이른바 '스머핑(Smurfing)' 전략을 구사했다. 거대한 돈줄을 수만 개의 실개천으로 나누어 자금의 흐름을 안개 속에 가두는 고도화된 수법이다. 여기에 자금의 출처를 세탁기처럼 뒤섞는 다층적 믹싱 기법까지 동원해 자금의 기원과 종착지 사이의 모든 연결 고리를 끊으려 했다. 하지만 이러한 정교한 디지털 미로도 현대 데이터 과학이 낳은 '클러스터 분석' 기술 앞에서는 무력했다. FBI는 수천 개의 지갑들 사이에서 발견되는 미세한 거래 습관과 공통된 접속 데이터, 그리고 자금이 최종적으로 집결하는 병목 지점을 인공지능으로 포착했다.

한편 첸즈의 정교한 자금 은폐 기술을 무너뜨린 FBI의 배후에는 기업 팔란티어(Palantir)의 인공지능 기술이 자리 잡고 있다. 팔란티어는 미국 국방부와 CIA, FBI의 핵심 데이터 파트너다. 팔란티어의 고담(Gotham)과 파운드리(Foundry) 플랫폼은 파편화된 데이터를 연결해 숨겨진 패턴을 찾아내는 데 탁월하다. 팔란티어의 AI는 지갑 간의 연관성, 접속 IP, 거래 시각 등 수조 개의 데이터를 결합해 하나의 거대한 데이터 덩어리를 형성했다. 이 과정에서 AI는 서로 다른 주인이 운영하는 것처럼 위장된 수천 개의 지갑들이 결국 하나의 의사결정 계통 아래에서 움직이고 있다는 사실을 포착했다. 이는 흩어진 점들을 연결해 자금의 최종 집결지를 시각화하는 결과로 이어졌다. 인간 수사관이 수작업으로 파악하기 불가능한 방대한 데이터를 AI가 실시간으로 분석하며 전량 몰수의 결정적 근거를 제공했다.

2026년 초 발생한 베네수엘라의 비트코인 비축분 압수 작전은 미국 정보당국이 수년간 공들인 휴민트(HUMINT) 공작과 첨단 사이버 가로채기 기술이 결합된 하이브리드 전쟁의 정점이었다. 휴민트 공작은 정보원 네트워크를 통한 첩보 활동을 뜻한다. 마두로 정권은 2018년부터 원유와 금 수출 대금을 테더(USDT)로 결제받은 뒤 이를 다시 비트코인으로 전환해 국영 석유공사(PDVSA) 고위층이 관리하는 다중 서명 콜드 월렛에 은닉해 왔다. 다중 서명 콜드 월렛은 인터넷과 완전히 차단된 상태의 저장소에 여러 개의 디지털 열쇠를 두어 보안성을 극대화한 방식이다. 일반적으로 하나의 지갑은 하나의 개인 키(Private Key)로 거래를 승인한다.

다중 서명 방식은 미리 설정된 여러 개의 키 중 일정 개수 이상의 서명이 동시에 충족되어야만 자산 이동이 가능하다. 예를 들어, 총 3개의 키 중 2개의 승인이 필요한 2-of-3 방식을 채택하면, 해커가 하나의 키를 탈취하거나 관리자 한 명이 독단적으로 자산을 빼돌리는 행위를 원천적으로 방지할 수 있다. 여기에 인터넷에 연결되지 않은 하드웨어 장치나 오프라인 상태의 기기를 사용하는 콜드 스토리지 개념이 결합되면서, 온라인을 통한 원격 해킹 위협까지 차단하는 이중 잠금 장치가 완성된다. 이는 주로 수조 원대의 자산을 운용하는 거래소나 기관 투자자들이 자산 관리의 '단일 실패 지점(Single Point of Failure)'을 없애기 위해 사용하는 표준 보안 모델이다. 단일 실패 지점은 시스템 구성 요소 중 하나가 고장 날 때 전체 시스템의 가동이 중단되는 치명적인 취약점을 의미한다.

미국 중앙정보국과 재무부 수사국은 이미 PDVSA 핵심 자금 관리책들을 포섭해 내부 조력자로 확보한 상태였다. 미국은 마두로 축출을 위한 '앱솔루트 리졸브(Absolute Resolve)' 작전 전후로 포섭된 고위 관계자들에게 사법 거래와 가족 신변 보호를 약속하며 월렛 접근을 위한 정보를 입수했다. 이를 사이버 사령부의 실시간 트래픽 가로채기 작전과 병합하여 다중 서명 보안 체계를 무력화했다.

미국 정보당국이 포섭한 핵심 인물은 PDVSA의 자금 세탁 및 암호화폐 결제 시스템을 설계한 알렉스 사브(Alex Saab)와 전 암호

자산청(SUNACRIP) 청장 호셀리트 라미레즈(Joselit Ram   rez)다. CIA와 재무부 수사국은 이들을 '사법 거래'로 회유했다. 과거 미국 마약 단속국(DEA)의 정보원 노릇을 했던 알렉스 사브에게는 미국 내 몰수 자산 일부에 대해 동결을 해제하고 가족들의 안전한 미국 망명을 보장해 주는 대가로 다중 서명 콜드 월렛의 핵심 키 조각을 넘기도록 유도했다. 호셀리트 라미레즈에게는 마두로 정권 내부의 숙청 위협으로 관심을 끌면서 접근하여 증인 보호 프로그램을 제공하는 조건으로 비밀 지갑의 위치와 전송 경로를 실시간으로 제보받는 밀약을 체결했다. 이 과정에서 미국은 이들에게 암호화된 위성 통신 장비를 전달해 정권의 감시망을 피하게 했다. 또 확보된 키 조각들을 사이버 사령부의 가로채기 기술과 결합해 마두로의 디지털 금고를 단숨에 무력화하는 데 성공했다.

그 결과 마두로 정권이 제재 우회를 위해 독자적으로 구축했던 약 66만 개의 비트코인은 단 한 번의 전송 시도도 없이 미국 재무부의 통제권 아래 놓이게 되었다. 미국은 별도의 예산 편성 없이 '전략적 비트코인 비축물량'의 상당 부분을 일거에 확보했다. 이러한 자산 탈취는 실물 금과 달리 관리자 포섭만으로 거액의 자산 소유권을 즉각 이전시킬 수 있다는 디지털 자산의 취약성을 보여주기도 한다.

트럼프 행정부의 시선은 이제 북한과 이란이 갖고 있는 비트코인에 쏠린다. 미국 법무부가 2025년에 단행한 북한 관련 가상자산 몰수 작전은 북한의 외화 벌이 수단인 'IT 노동자 위장 취업'과 '거래소 해킹'이라는 두 가지 핵심 축을 정교하게 타격했다. 2025년 6월 5일, 미국 법무부는 워싱턴 D.C. 연방법원에 약 774만 달러 규모의 비트코인과 NFT 등 가상자산을 몰수하기 위한 민사 소송을 제기했다. 이 자산들은 북한 무역은행(FTB) 대리인인 심현섭이 주도한 글로벌 IT 노동자 파견과 자금 세탁 네트워크와 연결되어 있었다. 당시 수사 결과에 따르면, 북한 해커들은 '나오키 무라노'나 '젠슨 콜린스' 같은 가짜 신분을 내세워 미국의 가상자산 관련 기업에 원격 IT 개발자로 위장 취업하였다. 이들이 벌어들인 급여와 추가로 탈취한 자산은 정교한 세탁 과정을 거쳐 평양의 핵·미사일 개발 자금으로 흘러 들어갔다. 이어 11월 14일에는 해킹 조직인 라자루스 그룹의 하부 조직인 APT38이 2023년 에스토니아, 파나마, 세이셸 등의 가상자산 플랫폼 네 곳을 공격해 탈취한 자산 중 약 1,500만 달러 상당의 테더를 몰수하기 위한 추가 소송이 발표되었다. FBI는 이미 2025년 3월에 이 자금들을 동결하고 압수하는 데 성공하였다. 11월의 법적 조치는 이를 국고로 완전히 귀속시켜 피해자들에게 돌려주거나 전략적으로 활용하기 위한 최종 절차였다. 이 과정에서 미국과 우크라이나 국적자 등 5명의 조력자가 북한 IT 노동자들의 위장 취업을 돕고 미국 내 136개 기업에 침투하도록 노트북 팜(Laptop Farm)을 운영한 혐의로 유죄 판결을 받았다.

이러한 일련의 조치는 2025년 한 해 동안 북한이 바이비트 거래소 해킹 등을 통해 무려 20억 달러 이상의 가상자산을 탈취한 상황에서 나온 미국의 조치다. 트럼프 정부는 이러한 압류 자산들이 국가 안보를 위협하는 '적성 국가의 군자금'이라는 점을 명시하며, 이를 비축 법안 통과의 근거로 삼아 "적의 자금을 빼앗아 미국의 디지털 방벽을 쌓는 재원으로 쓰겠다"는 논리를 완성하고 있다. 해당 자산이 미국 금융 시스템을 거치거나 미국 기업의 서비스를 이용하며 '미국에 대한 사기' 및 '국제비상경제권법(IEEPA)' 위반을 저질렀다는 명분이다. 특히 2025년 7월 발효된 지니어스 법안(GENIUS, Guiding and Establishing National Innovation for US Stablecoins Act)은 재무부에 스테이블코인 발행사들이 제재 대상의 자산을 즉시 동결하거나 압류할 수 있도록 강제하는 권한을 부여했다. 이로써 이란과 같이 암호화폐를 제재 회피의 핵심 수단으로 사용하는 국가들의 숨통을 조이고 있다.

2026년 초 기준으로 미국이 북한으로부터 '회수'한 자산의 총 가치는 약 3,000만 달러(한화 약 400억 원)를 상회하는 것으로 추산된다. 비트코인 개수로는 당시 시세에 따라 수백 개 정도로 추산된다. 북한이 2025년 한 해 동안에만 바이비트 해킹 등으로 탈취한 암호화폐 총액이 20억 달러(약 2.7조 원)를 넘어섰고, 북한의 국가 단위 비트코인 보유량이 약 1만 3,562개로 세계 3위권에 올랐다는 점을 감안하면 미국이 직접 압류한 물량은 북한 전체 탈취액의 극히 일부에 불과하다. 트럼프 정부는 이처럼 북한이 탈취한 막대한 비트코인 중 미국 금융 시스템망을 거치는 길목에서 차단한 자산을 비축고의 초기 씨앗으로 활용하고 있다. 향후 '무기화된 상호의존성(Weaponized Interdependence)’ 전략을 통해 더 공격적인 압류 공작을 펼칠 것으로 보인다.

무기화된 상호의존성은 조지타운대학교의 헨리 파렐과 에이브리햄 뉴먼 교수가 2019년에 발표한 이론이다. 세계화로 인해 촘촘하게 연결된 글로벌 네트워크가 오히려 특정 국가가 타국을 압박하는 강력한 무기가 될 수 있다는 통찰을 담고 있다. 과거의 전통적인 국제정치 이론은 국가 간 경제적 상호의존이 깊어질수록 전쟁의 비용이 커져 평화가 유지될 것이라고 보았다. 이 이론은 네트워크의 구조적 불균형에 주목하여 정반대의 결론을 도출한다. 현대 사회의 금융, 정보, 공급망 네트워크는 평등하게 퍼져 있는 것이 아니라 소수의 핵심 거점인 허브를 중심으로 집중되어 있다. 이 허브를 장악한 국가는 네트워크 전체를 통제하는 절대적인 권력을 쥐게 된다는 것이다.

무기화된 상호의존성은 크게 두 가지 메커니즘으로 작동한다. 첫 번째는 ‘파놉티콘(Panopticon) 효과’로 네트워크의 중심을 통제하는 국가가 그 통로를 지나는 모든 정보를 수집하고 감시하여 타국의 의도와 취약점을 실시간으로 파악하는 능력이다. 두 번째는 ‘초크포인트(Chokepoint) 효과’이다. 이는 특정 국가나 기업이 필수적인 네트워크에 접속하지 못하도록 차단함으로써 상대의 경제 활동을 마비시키는 방식이다. 대표적인 사례가 달러 결제 시스템에서 특정 국가를 배제하거나, 핵심 반도체 설계 기술에 대한 접근을 막아버리는 행위다.

가상자산 시장에서도 미국은 테더나 서클(USDC) 같은 달러 기반 스테이블코인 발행사에 대한 강력한 규제권과 글로벌 거래소들에 대한 수사 협조를 지렛대 삼아 적성 국가의 비트코인을 추적하고 압류하고 있다. 이는 블록체인이 표방하는 탈중앙화 정신에도 불구하고, 실제 자금이 현금화되거나 유통되는 '길목'은 여전히 미국의 금융 영향력 아래 있음을 보여주는 대목이다.

한편 이란 하메네이 정권은 트럼프 행정부가 눈독을 들일 수밖에 없는 대상이다. 하메네이 정권이 보유한 비트코인은 최대 10만 개 정도로 추산된다. 이란이 한때 전 세계 비트코인 해시레이트의 약 7%를 점유하며 채굴 강국으로 군림했던 역사적 사실은 하메네이 정권의 현재 보유량을 추산하는 결정적 근거가 된다. 2021년 케임브리지 비트코인 전력 소비 지수(CBECI)에 따르면 이란은 연간 약 10억 달러에 달하는 비트코인을 생산할 수 있는 능력을 갖추었다. 이란 정부는 경제 제재를 우회하기 위해 자국 내 모든 채굴자가 생산한 비트코인을 중앙은행(CBI)에 의무적으로 매각하도록 법제화하여 국가 차원의 물량을 조직적으로 비축해 왔다. 특히 하메네이 정부는 매일 생성되는 글로벌 블록 보상 중 상당 부분을 저렴한 천연가스 발전 전력을 통해 확보해 왔다. 당시 일일 약 900개였던 전 세계 발행량 중 이란의 점유율을 대입하면 하루 약 40개에서 60개 수준의 비트코인이 이란 국고로 유입되었다고 볼 수 있다. 이를 수년간 누적하고 이슬람혁명수비대(IRGC) 소유 시설의 생산량까지 합산하면 그 규모는 천문학적으로 커진다. 이란 당국은 자국 내 전체 채굴량의 약 85%에 달하는 불법 채굴 시설을 수시로 단속하며 압수한 수만 대의 ASIC 채굴기와 그 안에 보관된 자산들을 전량 몰수해 국가 비축분으로 전환했다. 단순히 공식 채굴 허가권 수치만으로 보유량을 판단하는 것은 과소평가일 가능성이 높다. 이에 미국은 이란이 이처럼 거대한 물량을 확보한 행위 자체가 국제비상경제권법 위반을 목적으로 한 '제재 회피용 통화 제조'라고 규정할 수 있다. 이란이 비트코인을 현금화하기 위해 서방 금융 시스템의 접점인 믹싱 서비스나 해외 거래소로 전송하는 순간 그 모든 트랜잭션을 범죄 행위로 간주해 압류할 수 있다.

3장

비트코인 액트 통과를 위한 루미스의 묘책

트럼프의 비트코인 액트 입법 시나리오

신시아 루미스 공화당 상원의원이 발의한 '2024 국가 최적화 투자 확대를 통한 혁신, 기술 및 경쟁력 강화법(BITCOIN Act, S.4912)'은 미국 재무부가 5년에 걸쳐 매년 20만 개씩, 총 100만 개의 비트코인을 매입하여 국가 전략비축 자산으로 관리하는 게 골자다. 전체 비트코인 발행량의 약 5%에 해당하는 규모다. 매입된 비트코인은 최소 20년 동안 매각이 금지된다. 오직 국가 부채 상환 목적으로만 사용될 수 있다.

법안은 비트코인의 안전한 보관을 위해 미국 전역에 분산된

'분산형 비트코인 보관소 네트워크'를 구축하고, 매일 자산의 존재를 실시간으로 증명하는 '보유 증명(Proof of Reserve)' 체계를 도입하여 국가 자산 관리의 투명성을 극대화하는 내용을 담았다. 재원 마련은 연방준비제도가 보유한 금 인증서의 가치를 현재 시장 가격으로 재평가하여 발생하는 장부상 차익을 활용하는 방식이다. 1973년 이후 온스당 42.22달러로 동결된 연준의 금 장부 가격과 현재의 높은 시장가 사이의 막대한 차액을 재무부가 환수한다는 게 골자다. 신규 화폐 발행이나 추가 세금 인상 없이도 많게는 수조 원 달러에 달하는 가용 자금을 확보하여 비트코인 매입 대금으로 충당한다는 전략이다.

전략비축의 목적은 38조 달러를 넘어선 미국의 국가 부채 위기를 해결하고 인플레이션에 대한 강력한 헤지 수단을 확보함으로써 달러의 글로벌 기축통화 지배력을 디지털 시대에도 공고히 하는 데 있다. 비트코인을 '21세기의 전략적 금'으로 규정하여 중국 등 경쟁국보다 먼저 희소 자산의 점유율을 장악하려는 지정학적 의도가 명확히 깔려 있다. 트럼프 정부 입장에서 루미스 의원의 법안은 금 재평가를 통한 부채 줄이기 계획을 실현하는 가장 중요한 수단으로 부상했다.

1934년에 제정된 금 준비법이 여전히 유효하지만, 트럼프 정부가 금 재평가 작업을 독단적으로 시행하는 근거가 되기엔 역부족일 수 있다. 금본위제하에서 제정된 금 준비법을 금본위제가 폐지된 지금 상황에서 그대로 적용하기는 힘들다. 금본위제하에서 화폐의 금 함유량과 가치를 결정하는 근본적인 권한은 미국 헌법 제1조에 따라 명백히 의회의 고유 영역이었다. 그러나 1930 년대 대공황이라는 국가적 비상 국면에서 제정된 1934년 금 준비법은 대통령에게 달러의 금 함유량을 법으로 정한 범위 내에서 독단적으로 조정할 수 있는 광범위한 권한을 위임했다. 프랭클린 루스벨트 대통령은 별도의 입법 절차 없이 행정명령만으로 금 1 온스당 가격을 20.67달러에서 35달러로 전격 인상하며 달러 가치를 떨어뜨리는 평가절하를 단행할 수 있었다. 원칙적으로는 의회의 권한이었으나 실제 금본위제가 강력하게 작동하던 시기에는 법적 위임을 통해 대통령이 사실상 금 함유량을 결정하는 실질적인 통제권을 행사했던 셈이다. 이러한 대통령의 강력한 통화 권한은 1970년대 닉슨 쇼크 이후 변동환율제로 이행하고 의회가 '평가절하 수정법(Par Value Modification Act)' 등을 통해 권한을 다시 환수하면서 사실상 종결되었다.

금 준비법이 제정된 당시엔 미국이 고정환율제를 썼다. 달러의 가치를 일정한 무게의 금에 고정하고, 전 세계 모든 화폐는 일정한 달러에 묶어둔 제도였다. 대공황 당시 루스벨트 대통령은 금 준비법을 근거로 금 무게를 임의로 조정할 수 있었다. 그러나 1971년 닉슨 쇼크와 1976년 자메이카 합의(Jamaica Accords)를 거치며 세계 금융 질서는 금과 달러의 고리를 완전히 끊어낸 변동환율제로 전환되었다. 이 과정에서 달러는 금이라는 실물 담보에서 벗어나 시장의 수급과 국가의 신용에 의해 가치가 결정되는 독립적인 화폐가 되었다. 달러의 가치를 금 무게로 정한다는 것 자체가 말이 안되는 상황이 된 것이다.

현재 연준이 갖고 있는 금 장부상 금 가격은 온스당 42.22달러다. 금본위제가 폐지된 이후 금 가격을 고정해 놓은 건 사실 말이 되지 않는다. 다만 달러 가치와 연준 장부상 금값을 법으로 정한 건 별개의 문제다. 닉슨 쇼크 이후 의회는 급격한 변동성에 따른 금융 혼란을 수습하고, 달러 가치를 떨어뜨려 수출 경쟁력을 높이기 위해 평가절하 수정법을 만든 것이다. 1972년 이 법으로 금값을 온스당 38달러로 올렸고, 1973년 다시 42.22달러로 더 올렸다. 현재 장부상 금값은 1973년 정해진 것을 그대로 유지하는 상황이다. 평가절하 수정법은 금 준비법을 근거로 대통령이 가져갔던 달러 가치 조정 권한을 의회가 다시 가져올 수 있는 근거가 됐다. 평가절하 수정법이 정한 온스당 42.22달러라는 가격은 국제 거래의 기준으로서의 기능은 상실했다. 그럼에도 미국 재무부와 연준이 보유한 금의 가치를 장부상에 어떻게 기록해야 하는지를 규정하는 틀로서는 여전히 유효하다. 트럼프 대통령이 금 준비법을 소환해 장부상 가격을 마음대로 조정하기 힘든 이유다.

트럼프가 금값을 임의대로 재평가하기 힘든 또 다른 이유는 미국 연방 대법원이 확립한 '중요 질문 원칙(Major Questions Doctrine)'이다. 이는 국가 경제의 근간을 뒤흔드는 중대한 정책 결정의 경우 반드시 의회의 명확하고 구체적인 승인이 있어야 한다는 논리다. 헌법 제1조 8항은 화폐를 발행하고 그 가치를 조절하는 권한을 명백히 의회의 고유 권한으로 규정하고 있다. 최근 대법원이 트럼프의 관세 부과를 위헌으로 판결하며 국제비상경제권한법(IEEPA)이 행정부의 입법권 침해를 정당화하는 무제한의 도구가 될 수 없음을 명시한 점도 같은 맥락이다. 경제 비상 상황이라고 해서 대통령이 마음대로 통화 정책을 결정할 수는 없다는 것을 못 박은 셈이다.

대법원의 관세 무효화 판결 직후 트럼프 대통령은 이를 "국가의 수치"라 맹비난하며 즉각 무역법 122조(Section 122 of the Trade Act of 1974)를 발동해 전 국가를 대상으로 하는 10~15%의 글로벌 관세를 도입했다. 무역법 122조는 국제수지 적자 해소를 위해 대통령에게 최대 150일간 관세 부과권을 부여한다. 동시에 트럼프 대통령은 국가 안보를 명분으로 하는 무역확장법 232조(Section 232)와 불공정 무역에 대응하는 301조(Section 301)는 이번 판결의 영향을 받지 않는다는 점을 명확히 하며, 추가적인 안보 조사를 통해 관세 장벽을 더욱 공고히 하겠다고 선언했다.

이번 대법원 판결이 국제비상경제권한법에 근거한 관세를 위법으로 본 핵심은 해당 법에 대통령의 조세권이 명시적으로 포함되어 있지 않다는 점이었다. 무역확장법 232조는 법적 성격과 위임의 구체성 면에서 완전히 다른 궤도에 있다. 무역확장법 232조는 특정 수입이 미국의 '국가 안보'를 위협할 경우 대통령이 관세 부과를 포함한 강력한 조치를 취할 수 있도록 의회가 사전에 허용한 특수 목적의 법안이다.

■ 대통령 금 재평가 독단 행사가 어려운 이유

1. 금본위제 폐지와 달러 고리 단절

변동환율제로 전환되며 달러 가치를 금 무게에
고정하는 논리는 더 이상 유효하지 않음

2. 의회의 달러 가치 조정 권한 환수

1970년대 평가절하 수정법 제정을 통해 의회가
대통령에게 위임했던 금값 및 달러 가치 조정 권한
을 회수했음

3. 연방 대법원 '중요 질문 원칙'

화폐 가치 조절은 의회의 고유 권한이 되었고, 중대한 결정은 반드시
의회의 승인이 필요하게 됨

대법원이 IEEPA의 '수입 규제'라는 표현을 조세권과 무관하다고 좁게 해석한 것과 달리 무역확장법은 안보와 직결된 수입 조정을 법의 본질로 삼고 있다. 대통령의 재량권이 훨씬 더 광범위하게 보장된다. 사법부는 '무엇이 안보 위협인가'라는 판단을 대통령의 고유한 통치 행위로 간주해 개입을 자제하는 '사법 자제(Judicial restraint)' 원칙을 지켜왔다. 안보 논리를 앞세운 관세는 사법

적으로 무효화되기 힘들다. 트럼프 행정부가 관세의 근거를 안보로 급히 선회하는 것은 경제 정책을 안보 정책으로 치환함으로써 사법부의 중요 질문 원칙을 우회하려는 전략이다.

이러한 논리는 향후 금 재평가 시나리오에서도 '달러 패권 위협이라는 안보 위기'를 명분으로 내세워 의회의 승인 없이 행정부 단독으로 정책을 밀어붙이는 법적 탈출구로 활용될 수 있다.

국방수권법에 편입하는 묘수

2026년, 루미스 상원의원은 정계 은퇴라는 정치적 배수진을 치고 자신의 일생 업적인 '비트코인 액트'를 통과시키기 위해 동분서주하고 있다. 루미스 의원은 이 법안을 국방수권법(NDAA)이나 긴급 지출 법안 같은 '반드시 통과되어야 하는(Must-pass)' 대형 패키지 법안에 수정안 형태로 끼워 넣었다. 이는 민주당의 필리버스터를 원천 봉쇄하고 국가 안보를 명분으로 일괄 처리를 유도하려는 전략이다. 트럼프 행정부와 공화당은 2026년 11월 9일 중간선거 일정에 맞춰 이 법안 통과의 효과를 극대화하는 전략을 치밀하게 짜놓았다. 2026년 봄 입법 일정 내에 클래러티(CLARITY) 법안과 가상자산 입법 패키지로 묶어 단독 처리하는 방안을 우선 추진하면서, 만약의 경우에 대비해 9월이나 늦어도 연말까지 통과되어야 하는 국방수권법 일부로 처리한다는 방침이다.

상원 입법 절차상 단독 법안은 민주당의 필리버스터에 막힐 확률이 매우 높다. 필리버스터는 의회에서 다수당의 일방적인 법안 처리를 막기 위해 소수당이 무기한 논의 등을 명분으로 합법적으로 의사진행을 방해하는 행위를 일컫는다. 본래 16세기 네덜란드어에서 해적이나 약탈자를 뜻하는 프라이부이터(vrijbuiter)가 영어식 표현인 프리부터(freebooter)를 거쳐 지금의 명칭으로 정착되었다. 1854년 미국 상원에서 캔자스-네브래스카 법안을 저지하려던 반대파 의원들이 무제한 연설을 시작하며 정치적 의미로 굳어졌다. 특히 미국 상원은 의원들의 무제한 토론 권리를 보장하는 전통이 있어 발언 내용이 의제와 상관없더라도 시간 제한 없이 연단을 점거할 수 있다. 이를 중단시키기 위해서는 '클로처(Cloture, 토론 종결)'라고 불리는 절차적 표결이 필요하다. 전체 100석 중 5분의 3에 해당하는 60표 이상의 찬성을 얻어야만 토론을 끝내고 본회의 표결로 넘어갈 수 있다. 사실상 모든 주요 입법의 성패를 가르는 보이지 않는 벽으로 작용한다.

2026년 현재에도 상원 내 정당 간 의석 차이가 크지 않아 60표를 확보하지 못한 법안들이 필리버스터의 늪에 빠져 사장되는 경우가 허다하다. 과거에는 연단에서 밤새 연설을 이어가며 버티는 육체적인 방식이 주를 이루었으나 현대에는 60표 이상의 찬성을 얻지 못하면 토론 종결이 불가능하다는 점을 이용해 토론 의사만 밝혀도 표결이 막히는 '절차적 필리버스터'가 일반화되었다.

국가 안보와 직결된 NDAA나 연방 정부 셧다운을 막기 위한 필수 지출 법안은 부결이 사실상 불가능하다. 루미스 의원은 이

점을 영리하게 이용했다. 루미스 의원은 2026년 10월 1일 시작되는 2027 회계연도 국방수권법 심의 과정에서 비트코인 법안이 수정안 형태로 논의되도록 전략을 짰다. 그리고 루미스의 이 전략은 이미 성과를 내고 있다. 2025년 12월 18일 트럼프 대통령의 서명으로 확정된 2026 회계연도 국방수권법(FY2026 NDAA, P.L. 119-60) 수정안에는 비트코인 비축을 '국가 안보'라는 틀 안에서 다뤄야하는 지를 판단하기 위한 '전략적 보고(Strategic Report)' 의무가 명문화되었다. 실제 비트코인 비축을 집행하기 전 국가 차원의 공식적인 군사적·법적 명분을 쌓는 단계다. 국방부 장관은 법 시행 후 120일 이내인 2026년 4월 17일까지 상·하원 국방위원회에 비트코인 관련 전략 보고서를 제출해야 한다. 이 과정에서 국방부는 국가정보국(DNI) 및 재무부와 긴밀히 협조하며 필요시 민간 씽크탱크의 정밀 분석 데이터까지 동원할 수 있는 예산 집행 권한을 부여받았다.

보고서의 핵심 조사 항목은 중국과 러시아 및 북한 등 적대국들의 비트코인 보유량과 이를 통한 경제 제재 회피 가능성을 전수 조사하는 것부터 시작한다. 외교와 정보 및 군사와 경제를 아우르는 7대 국가 권력 수단인 DIME FIL(Diplomatic, Informational, Military, Economic, Financial, Intelligence, Law Enforcement) 프레임워크에 비트코인을 어떻게 통합할지 구체적인 실행 계획을 수립하는 내용이 포함된다. 현재 국방부나 군 계약업체가 비트코인을 수령하거나 결제에 사용하는 것을 가로막는 기존의 행정 규제들을 전면 검토하여 개정안을 제시하는 절차도 들어있다. 이는 비트코인 법안의 통과를 위한 강력한 화력이 될 것으로 보인다.

미국 의회 국방위는 이 보고서를 토대로 비트코인 비축을 국가 안보 문제로 다룰지 본격적으로 논하게 된다. 119대 미국 의회 국방위는 현재 상원과 하원 모두에서 공화당이 다수당 지위를 확보하고 있다. 상원 국방위는 총 27석 주 공화당이 14석, 민주당 12석과 무소속 1석을 포함한 야권이 13석을 가치하고 있다. 미시시피주의 로저 위커 의원이 위원장으로 선임되어 트럼프의 군 현대화와 국방비 증액을 진두지휘하고 있으며 민주당 측에서는 잭 리드 의원이 간사를 맡아 견제 역할을 수행 중이다. 하원의 경우 전체 59석 중 공화당이 31석, 민주당이 28석이다. 앨라배마주의 마이크 로저스 의원이 위원장직을 맡고 있다. 민주당의 아담 스미스 의원이 야당 서열 1위인 간사로서 활동하고 있다. 이러한 상하원 국방위의 여대야소 구도는 트럼프 2기 행정부가 비트코인 전략비축안을 NDAA에 편입하려는 지경학적 승부수에 있어 핵심적인 입법 동력이 된다.

이는 미국 정치권의 '필수 통과 법안(Must-pass bill)' 메커니즘을 지렛대로 쓰자는 승부수다. NDAA는 미군의 월급 지급부터 핵심 무기 체계 운용까지 국가 안보의 모든 예산을 승인하는 법안이다. 지난 60여 년간 단 한 번도 부결된 적이 없다. 필수 통과 법안이라고 부르는 이유다. 루미스 의원은 비트코인을 '디지털 영토 방어' 및 '대중국 금융 안보' 항목으로 재정의함으로써, 이를 자본 시장의 문제가 아닌 국가 존립의 문제로 격상시켰다. 이 전략적 편승은 비트코인 비축에 반대하는 의원들을 '국방 예산을 발목 잡아 안보 공백을 초래하는 반애국적 인사'라는 정치적 외통수에 가두는 강력한 올가미가 되었다. 반대파는 비트코인을 막기 위해 군인들의 급여와 국방 인프라 전체를 거부해야 하는 불가능한 선택지에 직면하게 되었다.

트럼프 행정부 역시 백악관 디지털 자산 위원회를 통해 루미스의 이러한 '끼워 넣기' 전략을 전폭적으로 지지하고 있다. 트럼프 행정부는 법안에 반대하는 의원들을 향해 '중국의 디지털 위안화 패권에 미국을 팔아넘기는 늪(Swamp)의 잔당'이라는 프레임을 씌워 전방위적 압박을 가하고 있다. 만약 이 수정안이 삭제된 채 예산안이 넘어올 경우 대통령의 거부권 행사까지 시사하며 의회를 전방위로 압박하고 있다. 백악관 디지털 자산 위원회는 반대 의원들의 지역구에 직접적인 압박 광고를 배포하며 2026년 중간 선거를 앞둔 의원들에게 미국의 미래 국부를 포기할 것인지에 대한 이분법적 선택을 강요한다.

루미스 의원은 민주당의 커스틴 질리브랜드 의원과 협력하여 자금세탁방지(AML)와 고객확인제도(KYC) 규정을 비트코인 비축 법안에 포함시켰다. AML은 검은 돈의 흐름을 추적하는 시스템이고, KYC는 금융 거래 시 신원을 명확히 밝히는 절차이다. 국가가 특정 자산을 전략적으로 비축한다는 것은 그것을 공식적인 화폐 혹은 가치 저장 수단으로 공인한다는 뜻이다. 이 과정에서

■ 비트코인 비축 법안 부결 가능성 0%인 이유

1. 전략: 필리버스터 원천 봉쇄

① 필수 통과 법안인 국방수권법(NDAA)에 끼워넣기

② 지난 60여 년간 부결 전무

2. 명분: 국가 안보 및 패권 방어

디지털 영토
방어 프레임

반대자 반애국적
인사 프레임

법안 반대는 안보
공백 초 래임을 명시

3. 타협: 초당적 지지 확보를 위한 장치 마련

자금세탁방지 및
고객확인제도 수용

재생 에너지 사용
비중 50% 의무화

이해상충 방지
조항 삽입

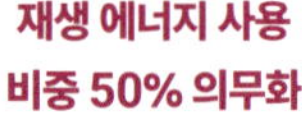   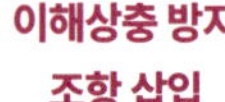 

목표: 국가 전략 비축고 설계

· 5년간 비트코인 100만 개 확보

· 2026년 3~5월 휴가 및 선거 전, 회계연도 2027 밑그림 시기로 법안 통과의 골든타임

· 2026년 2분기 최종 서명 전망, 늦어도 9월 전 입법을 목표

AML이나 KYC와 같은 규정은 자산의 청결성을 확보하기 위한 필수 장치다. 미국 정부가 비트코인을 대량 매입했는데, 그 비트코인이 북한의 해킹 자금이나 마약 카르텔의 세탁 자금과 연계되어 있다는 사실이 사후에 드러난다면 이는 국가 안보와 도덕성에 치명적인 타격을 준다. 정부는 자신이 사들이는 디지털 자산이 어디서 왔는지, 어떤 경로를 거쳤는지 명확히 추적할 수 있는 법적 필터를 마련해 오염된 자산을 사전에 걸러내야만 한다. 이는 정치적 반대파를 무력화하는 정무적 수단이기도 하다. 비트코인을 범죄의 온상이라 비난하며 거부감을 보이던 엘리자베스 워런 같은 진보 진영 의원들에게 "철저한 감시와 규제 체계 안에서만 비트코인을 취급하겠다"는 명분을 제공함으로써 법안 찬성을 이끄는 강력한 유인책이 되는 것이다. 진보 성향 의원들 입장에서는 이 법안을 찬성하는 것이 오히려 시장을 투명하게 감독하고 범죄 자금을 차단하려는 '금융 개혁'에 동참하는 모양새가 된다.

민주당은 비트코인 비축 과정에서의 환경 영향 평가를 실시하고 재생 에너지 사용 비중을 50% 이상 강제하는 조항을 수정으로 제안했다. 루미스 의원은 이 강제 조항을 수용하는 대신 5년간 100만 개의 비트코인을 매입하여 20년 동안 매각을 금지하는 법안의 본질적 목표를 사수했다.

현재 상원 운영위원회 내부에서는 이 수정안의 '관련성(Germaneness)' 여부를 두고 법리적 논쟁이 치열하다. 하지만 루미스 의원은 비트코인을 '전략적 비축 물자'로 정의함으로써 이를 국방

예산의 논리에 완벽히 편입시켰다는 것이 전문가들의 지배적인 평가다. 실제 2026년 2월 국방수권법을 다루는 국방위 소위 회의 과정에서 이에 관한 상당한 진척이 이뤄졌다. 국방위 소위에선 특히 금 재평가로 마련된 1조 달러 안팎의 재원을 사용하는 세부적인 우선순위가 정해졌다. 차익의 70%를 연준의 국채를 갚는 방식으로 부채를 삭감하고, 남는 재원으로 비트코인을 비축한다는 것이다. 이는 연준 매파와 민주당이 우려하는 '뒷문 화폐 발행' 문제에 대한 해결책이다. 재무부가 시중의 국채를 직접 매입할 경우 수천억 달러에 달하는 막대한 돈이 풀려 인플레이션이 우려된다는 것이다. 연준의 국채를 갚는다는 건, 연준 대차대조표 조정만 하면되기 때문에 시주의 유동성에 영향을 주지 않는다.

세부적인 논의 일정과 정치적 상황을 고려할 때, 법안 통과의 가장 유력한 시점은 2026년 4월에서 5월 사이가 될 것으로 보인다. 루미스 의원은 2027년 1월 퇴임을 앞두고 자신의 정치적 유산을 완성하기 위해 2026년 상반기 내 입법을 마무리 짓는 것을 최우선 과제로 삼고 있다. 4~5월은 매년 초부터 8월 여름 휴가가 시작되기 전까지 미국 의회의 역량이 집중되는 고강도 입법 기간이다. 중간선거가 예정된 2026년에는 의원들이 본격적인 선거 캠페인에 돌입하기 전 정책적 성과를 낼 수 있는 사실상 마지막 골든타임이다. 정치 논리로 보면, 중간선거 압박으로 인해 논쟁적인 법안을 유권자들이 본격적으로 관심을 갖기 전인 봄에 매듭지으려는 것이다. 2027 회계연도 예산안의 밑그림을 그리는 시점이라 루미스 의원이 주장하는 금 인증서 재평가 같은 정교한 회계 기술을 법안에 끼워 넣기에도 최적의 타이밍이다.

3월 말에서 4월 초로 예정된 시장 구조 관련 패키지 법안인 클래러티 법안과 지니어스 법안 수정안의 표결 과정에서 비트코인 비축 조항이 병합 처리될 가능성이 가장 높다. 스콧 베센트 재무장관을 필두로 한 트럼프 행정부의 팀이 봄 휴회기 전 입법이 완료되도록 압박하고 있기 때문이다.

비트코인 법안이 반드시 국방수권법에 묶여서만 처리되는 것은 아니다. 원래 법안은 각각 독립된 단독 법안으로 발의되어 개별적으로 표결한다. 현재 스콧 베센트 재무장관과 트럼프 행정부가 3~4월을 목표로 추진하는 것은 관련 법안들을 하나의 '시장 구조 패키지'로 묶어 독립적으로 통과시키는 시나리오다. NDAA와는 별개의 트랙으로 추진하여 봄 휴회기 전에 속전속결로 끝내겠다는 의도다. NDAA에 비트코인 법안을 끼워넣은 건 만약 이 단독 패키지 법안이 민주당의 필리버스터나 절차적 지연으로 인해 무산될 경우를 대비한 '플랜 B'이다. NDAA는 국가 안보와 직결되어 매년 반드시 통과되어야 하므로, 여기에 비트코인 비축 조항을 수정안 형태로 병합하면 반대 세력도 법안 전체를 거부하기 힘들어진다. 3~4월에는 단독 패키지로서의 표결 가능성을 먼저 타진하고, 이것이 실패할 경우에만 9월의 NDAA 최종 표결을 '최후의 보루'로 삼는 이원화 전략을 쓰고 있는 것이다. NDAA 자체가 통과되어야 하는 것은 맞지만, 비트코인 법안은 그전에 독자적인 생존력을 시험받는 단계에 있다고 이해하면 된다.

민주당 입장에서는 조기 통과를 협상 카드로 활용하는 게 정치적으로 이익이다. 2026년 9월 국방수권법이라는 거대 선박에 비트코인 비축 조항이 실려 통과되는 것이 기정사실이라면, 굳이 그때까지 힘을 빼기보다 봄에 길을 열어주며 실리를 챙기는 것이 영리한 선택이다. 현재 스콧 베센트 재무장관은 가상자산 시장의 변동성을 잡기 위해 클래러티 법안의 봄철 입법을 강력히 원하고 있으며, 이는 민주당에 강력한 협상력을 부여한다. 민주당은 이 대가로 증권거래위원회(SEC)나 상품선물거래위원회(CFTC)의 공석인 민주당 몫 위원 자리를 자신들이 원하는 인물로 채우거나, 트럼프 가문의 크립토 사업과 관련된 엄격한 윤리 규정 삽입을 요구할 가능성이 높다. 11월 중간선거를 앞두고 표심을 의식해야 하는 상황에서, 가상자산 규제 체계를 명확히 했다는 성과를 공유하면서 동시에 소비자 보호 강화를 명분으로 내세울 수 있는 조기 합의는 매력적인 시나리오다.

트럼프 행정부는 2025년 행정명령으로 확보한 압류 비축분을 법적으로 확정하고 100만 개 매입 계획을 공식 가동하기 위해 상반기 내 법적 근거를 완비한다는 전제 아래 의회를 독촉하고 있다. 공화당이 의회를 장악한 상황에서 민주당 중도파 의원들의 찬성표까지 상당수 확보된 만큼, 2026년 2분기 내에 대통령의 최종 서명이 이루어질 확률이 높다.

트럼프 일가가 추진하는 가상자산 플랫폼 월드리버티파이낸설(WLFI)과 관련된 이해상충 논란은 현재 미국 정계의 뜨거운 감자다. 민주당의 엘리자베스 워런 의원은 이를 1978년 제정된 정부윤리법 위반으로 규정하며 강도 높게 비판하고 있다. 대통령이 비트코인 비축과 같은 공적 정책을 결정하면서 집안 사업체인 WLFI의 이익에 직접적인 영향을 주는 행위가 전형적인 이해상충에 해당한다는 주장이다. 워런 의원은 클래러티 법안과 '비트코인 액트' 협상 과정에서 대통령 일가의 가상자산 지분 보유 금지나 백지신탁을 의무화하는 조항을 강력히 요구하고 있다. 공화당 측은 가상자산 시장 활성화가 국가 전체의 이익을 위한 것이라며 방어하고 있다.

루미스 의원은 입법 지연을 막기 위해 실무적인 타협안을 모색 중이다. 루미스 의원이 검토 중인 절충안에는 대통령 가족의 경영권 행사나 홍보 마케팅 활동을 법적으로 제한하는 내용이 포함된 것으로 알려졌다. 트럼프 행정부 또한 정치적 리스크를 줄이기 위해 독립적인 윤리위원회의 감사를 수용하는 방안을 내부적으로 논의하고 있는 것으로 전해졌다. 이 조항의 타결 여부가 2026년 상반기 가상 자산 패키지 법안 통과의 향방을 결정짓는다.

트럼프 행정부와 공화당의 계획대로 봄 입법 과정에서 비트코인 액트가 독립 법안으로 통과될 경우, 2026년 2분기 내 대통령 서명과 동시에 재무부 내 '온체인 자산 관리국' 신설로 시작되며, 3분기 중 금 재평가와 및 연준 국채 상계가 완료된 후 4분기부터 본격적인 비트코인 매입 알고리즘이 가동될 것으로 보인다. 트럼프 행정부는 11월 중간선거 전에는 비트코인 매입을 시작하는 이벤트를 보여줘 비트코인 투자자들의 표 결집 효과를 극대화할 계획이다.

비트코인 액트가 실행 시 가격 추이는 매우 가파른 우상향을 보일 것으로 예측된다. 매년 20만 개(일일 약 548BTC)를 매입하는 규모는 현재 일일 채굴량인 450BTC를 상회하는 수준이다. 이는 거래소 내 가용 유통 물량을 급격히 소멸시키는 공급 충격을 유발할 수밖에 없다. 특히 미국 정부의 공식 매입은 다른 국가들의 비축 경쟁을 촉발하는 게임 이론적 연쇄 반응을 일으켜 비트코인 가격이 공급 부족과 수요 폭발의 임계점을 넘어서는 '슈퍼 사이클'의 트리거가 될 것이다.

재무부는 시장 충격을 줄이기 위해 시간 가중 평균 가격(TWAP) 알고리즘을 사용할 계획이다. TWAP이란 대규모 자산을 한꺼번에 매수하거나 매도할 때 발생하는 시장 충격과 가격 왜곡을 최소화하기 위해 전체 주문량을 특정 시간 동안 일정한 간격으로 쪼개서 집행하는 분할 매매 전략이다. 알고리즘의 핵심은 거래량에 가중치를 두는 VWAP(거래량 가중 평균 가격)와 달리 오직 시간에만 초점을 맞춘다는 점이다. 예를 들어 재무부가 5년에 걸쳐 비트코인 100만 개를 매입하기로 했다면 이를 매일 약 548개씩 일정한 시간 간격(예컨대 1분마다 0.38개씩)으로 나누어 기계적으로 매수하는 방식이다. 이는 시장의 일시적인 가격 급등락에 휘둘리지 않고 해당 기간의 평균적인 가격대에 진입하는 것을 목표로 한다.

특히 비트코인처럼 24시간 거래되고 유동성이 특정 시간에 집중되지 않는 시장에서 TWAP는 대규모 고래(정부나 기관)의 존재를 숨기는 데 탁월한 효과를 발휘한다. 주문을 아주 잘게 쪼개어 집행하기 때문에 시장 참여자들이 거대 매수세의 유입을 즉각적으로 눈치채고 '앞지르기'를 하거나 호가창을 비우는 등의 대응을 하기 어렵게 만든다.

최신 TWAP 알고리즘은 단순히 일정하게 나누는 것을 넘어 주문 간격이나 수량을 미세하게 무작위화하여 패턴을 숨기는 기능까지 포함하고 있다. 미국 재무부가 비트코인 액트를 실행할 때 시장의 급격한 펌핑을 방지하면서도 조용히 물량을 확보할 수 있는 가장 강력한 도구가 될 것으로 보인다.

트럼프 정부가 압류를 통해 이미 100만 개에 육박하는 비트코인을 확보했더라도 비트코인 액트에 명시된 금 재평가 매입 계획은 여전히 유효하다. 2026년 1월 20일 스콧 베센트 재무장관은 모든 압류 비트코인의 매각 중단과 전략비축고 편입을 공식화했다. 이는 루미스 법안 제7조의 '자산 이체 및 오프셋(Offset) 조항'과 맞물려 매입 의무 물량을 일부 상쇄할 수 있는 근거가 된다. 이 조항은 정부가 범죄 수사나 몰수를 통해 이미 확보한 비트코인을 시장에 매각하지 않고 국가의 전략비축고로 소유권을 이전하는 절차와 그에 따른 회계적 처리를 규정한 핵심 장치다. 여기서 '자산 이체'는 법무부나 국세청 등 여러 기관에 흩어져 있는 압류 비트코인을 재무부 산하의 전략비축 계정으로 통합하는 것을 뜻한다. '오프셋'은 이렇게 이체된 물량만큼 법안이 강제한 연간 신규 매입 의무 수량에서 차감해 주는 메커니즘이다. 트럼프 행정부가 압류를 통해 100만 개에 육박하는 비트코인을 확보했다면, 이 조항에 따라 재무부는 시장에서 비트코인을 새로 사들이는 대신 기존 압류 물량을 비축고로 전입시킴으로써 법적 매입 목표를 조기에 달성하거나 매입에 필요한 재정적 부담을 줄일 수 있다.

압류된 비트코인은 범죄 수익금으로서 피해자 구제나 소송 리스크가 상존하는 불안전한 자산인 반면 금 재평가를 통해 시장에서 사들이거나 압류분의 가치를 정산해 확정적으로 귀속시킨 자산은 미국 정부의 완벽한 소유권이 보장되는 자산이 된다. 이 점에서 금 재평가 메커니즘은 100만 개의 목표를 채운 뒤에도 가동될 가능성이 크다. 트럼프 행정부는 압류분을 기반으로 삼되 금 재평가라는 회계적 혁신으로 추가 매수력을 확보하여 비트코인을 디지털 금으로 공식화하고 달러의 새로운 담보력을 과시하려할 것이다.

4장

없는 금도 팔 수 있는 회계라는 마법

금 재평가로 최소 1조 달러를 만든다

앞서 살펴본 제도적, 명분적 요인들이 선행된다면 트럼프 행정부의 비트코인 비축 전략은 2026년 5월 케빈 워시 연준 의장의 취임과 함께 본격화할 것이다. 1951년 이후 유지되어 온 연준의 독립적 지위를 국가 재정 전략과 일치시키는 '신 재무부-연준 협정(New Treasury-Fed Accord)'의 체결이 그 신호탄이다. 신 재무부-연준 협정은 워시의 새로운 연준 구상과 스콧 베센트 재무장장관의 금 재평가 전략이 결합된 트럼프 행정부 거시경제 전략의 완성판이다. 이 협정은 미국 정부가 금고에 묵힌 오래된 금의 가치를 현재 시세로 다시 매겨 빚을 갚고 경제를 살리는 국가 대차대조표 리모델링이라 할 수 있다. 1973년부터 온스당 42.22달러로 기록해왔던 8,133톤의 금을 현재 시세인 5,000달러 수준으로 현실화하면 1조 달러(약 1,300조 원) 이상의 막대한 '회계적 이익'이 발생한다. 루미스 의원의 비트코인 법안이 금 재평가의 근거가 된다.

베센트는 이 수익을 금 준비법상 환율안정기금(ESF)에 꽂아 넣어 추가로 세금을 걷거나 빚을 내지 않고도 국채를 사들여 부채를 줄이거나, 비트코인을 사들이는 자금으로 쓸 계획이다. 1934년 제정된 금 준비법은 금 재평가의 근거로서는 약하지만, 환율안정기금을 통한 행정부의 자금 운용에 날개를 달아준다. 베센트의 구상은 케빈 워시 차기 연준 의장 지명자의 '준칙 기반 통화 정책 철학'에도 맞는다. 워시는 AI로 인한 생산성 향상이 물가 상승 압력을 낮출 경우 금리 인하 여지가 크다고 생각한다. 금리 인하는 서민들의 금융 비용을 줄여 K자형 양극화 문제를 완화시킨다는 게 워시의 관점이다. 그는 연준이 설립 취지에 맞게 물가안정이란 제1 책무에 집중할 수 있다는 취지에서 베센트의 금 재평가 계획에 적극적으로 보조를 맞추고 있다. 연준의 금리 인하와 재무부 양적완화가 트럼프가 노리는 선거 전 돈 풀기 전략의 핵심인 셈이다. 신 재무부-연준 협정엔 산지별로 금의 등급을 나누어 중국의 유사 금본위제를 무력화하는 전략적 조항도 포함되어 있다. 포트녹스에 있는 금만을 준비자산으로 인정하고, 다른 국가들의 금은 원자재로 격하시켜 중국 금이 자국외 국제시장에서 헐값 취급을 받도록 하기 위한 조치다(이 책 2부의 내용을 돌이켜 보자).

금 보유고 투명성 법안을 근거로 워시 의장은 취임 직후 베센트 재무장관과 함께 1950년대 이후 단 한 번도 투명하게 공개되지 않았던 포트녹스를 감사할 것이다. 이 감사는 연준의 금 인증서를 재평가하기 위한 사전 조치다. 미국 재무부는 금의 장부가액을 온스당 5,000달러 이상의 현 시가로 현실화함으로써, 추가적인 국채 발행이나 세금 인상 없이도 최대 2조 달러에 달하는 천문학적인 회계적 차익을 만든다. 이렇게 확보된 달러는 고금리로 발행된 단기 국채를 대거 환매하여 연간 수천억 달러에 달하는 이자 부담을 줄이고 동시에 루미스 법안에 명시된 100만 개의 비트코인 매입을 위한 실탄으로 사용될 수 있을 것이다.

5부

트럼프가 월가와 싸우는 법

지금까지 트럼프의 달러 패권 계획에 대해 살펴봤다. 5부에
서는 트럼프가 전통적인 금융 권력과의 충돌을 어떻게 역으로 활
용하는지를 파헤친다. 채권 금리가 어떻게 정권의 생존을 좌우해
왔는지를 짚으며 '채권 자경단'이라 불리는 시장 권력이 정부를
심판해온 역사를 조명한다. 이어 제이미 다이먼과의 일시적 협력
을 통해 트럼프가 월가와 손을 잡는 듯 보이면서도, 규제 완화와
정책 전환을 무기로 다시 금융 엘리트를 압박하는 기만 전술을
분석한다. 마지막으로 연방준비제도를 재무부 아래로 두려는 시
도를 통해 통화 권력의 중심을 정치 권력으로 끌어들이려는 트럼
프의 궁극적 목표를 살펴본다.

1장

트럼프도
무서워하는
채권 금리

채권 금리 상승은 정권 붕괴를 의미한다

2026년 트럼프 행정부에게 장기 국채 금리의 상승은 정권의 존립을 흔드는 가장 치명적인 위협이다. 2026년 2월 11일 발표된 미국 의회예산국(CBO)의 '2026-2036 예산 및 경제 전망' 보고서는 미국의 재정이 지속 불가능한 상태에 진입했음을 경고한다. 2026 회계연도 미국의 공공 부채는 GDP 대비 101%를 기록하며 제2차 세계대전 직후의 기록을 향해 치닫고 있다. 연방 재정 적자는 1조 9,000억 달러(GDP의 5.8%)에 달할 것으로 추정된다. 가장 공포스러운 대목은 순 이자 비용이다. 2026년 한 해에만 1조 달러라는 천문학적인 금액이 오직 이자를 갚는 데만 소모될 전망이다. 매일 약 28억 달러(약 3조 8,000억 원)가 이자를 갚는 데 사용되며 공중으로 사라지고 있는 셈이다. 이 과정에서 2026년은 이자 비용이 국방비 지출을 완전히 추월하는 사상 첫해가 될 전망이다. CBO는 이자 지출이 전체 연방 지출의 약 14%를 차지하며 가장 빠르게 증가하는 항목이 될 것이라 경고한다. 현재 미국의 국가 부채는 38조 4,000억 달러를 넘어섰다. 하루 평균 80억 달러씩 불어난다. 2030년에는 부채 비율이 제2차 세계대전 당시 최고치인 106%를 경신하고 2036년에는 120%에 도달할 것으로 전망된다. 10년 만기 국채 수익률이 4.3% 수준에서 유지될 경우 정부는 과거 저금리 시대에 빌린 돈을 훨씬 비싼 이자로 차환해야 하는 부채의 늪에 빠진다.

보고서는 2025년 7월 발효된 '감세법안(OBBBA)'이 향후 10년간 약 4조 2,000억 달러의 순 재정적자를 추가로 발생시킬 것이라고 분석한다. 이 법안은 2017년 감세안이 영구화되고 팁과 초과근무 수당에 대한 비과세 혜택으로 총 4조 5,000억 달러의 세수를 감소시킨다. 메디케이드 등 복지 예산 삭감으로 얻는 절감액은 1조 2,000억 달러에 불과해 심각한 재정 불균형을 초래한다. 비록 트럼프 행정부의 관세 인상 조치가 약 4조 달러의 추가 세입을 창출할 것으로 기대되나, 이는 감세 비용과 고금리 차환에 따른 이자 지출 폭증을 상쇄하기에 역부족이다. 결과적으로 트럼프 행정부의 감세안은 2036년 국가 부채 비율을 GDP 대비 120%까지 끌어울리는 가장 큰 이유가 된다는 게 보고서의 결론이다.

CBO는 단기적인 소비 부양 효과에도 불구하고 막대한 부채가 민간 투자를 위축시키는 구축 효과를 유발할 것이라고 우려했다. 이를 바탕으로 보고서는 2054년경에는 미국의 실질 GDP 수준이 법안 미시행 시보다 3% 이상 작아질 것이라는 분석 결과를 내놓았다. 이 과정에서 연간 순 이자 비용이 2026년 1조 달러를 돌파하고 2036년에는 2조 1,000억 달러에 달할 것이라는 전망은 트럼프 정부가 금 재평가와 비트코인 비축이라는 파격적인 통화 정책 대안을 모색할 수밖에 없는 결정적인 재정적 압박으로 작용하고 있다. 한편 스콧 베센트 재무장관은 최근 채권시장 컨퍼런스에서 미국 국채 시장이 세계에서 가장 깊고 유동적인 시장임을 강조하며 금리를 억제하는 것이 행정부의 최우선 과제임을 분명히 했다.

대영제국부터 남유럽까지, 채권에 무너진 정권들

현대통화이론(MMT)은 자국 통화 발권력을 가진 기축통화국이 부채 규모에 제한받지 않는다는 논리를 제공한다. 이는 금리를 시장의 저항 없이 통제할 수 있다는 뜻은 아니다. 가계나 기업은 돈을 벌어야 쓸 수 있다. 하지만 기축통화 국가는 화폐를 직접 찍어내기 때문에 재정 적자가 얼마나 쌓이든 돈이 모자라 망하는 상황은 물리적으로 불가능하다. 이 관점에서 보면 세금은 정부가 지출을 위해 미리 걷어야 하는 수단이 아니다. 시장에 풀린 돈을 회수해 물가를 조절하거나 사람들이 자국 화폐를 쓰도록 강제하는 도구에 불과하다. 따라서 MMT는 정부가 빚을 갚는 데 급급하기보다 돈을 충분히 풀어 실업을 해소하고 공공 서비스를 확충하는 완전 고용에 집중해야 한다고 강조한다. 이때 유일한 제약 조건은 부채의 규모가 아니라 걷잡을 수 없이 치솟는 물가, 즉 인플레이션뿐이다. 물가만 안정적이라면 정부는 화폐 발행을 통해 무한히 재정을 확장할 수 있다. 국채는 미래 세대가 갚아야 할 짐이 아니라 시중의 이자율을 조절하는 기술적인 수단으로 재정의된다.

언급했듯, 재정에 극한의 특권을 부여한 이 이론도 한 가지 무서워하는 게 있다. 인플레이션이다. 미국 정부가 인플레이션의 신호로 보는 게 장기국채 금리다. 장기국채 금리는 기대 인플레이션에 따라 등락한다. 인플레이션이 5%를 웃돌면 정권은 붕괴한다. 트럼프 행정부는 장기국채 금리의 움직임에 사활을 걸 수밖에 없다. 장기 금리, 특히 10년 만기 국채 수익률은 실물경제의 모기지 금리와 기업 대출 금리를 결정하는 기준점이다. 채권시장의 자생적 감시자인 '채권 자경단(Bond Vigilantes)'이 트럼프의 공격적인 감세와 관세 정책을 인플레이션 유발 요인으로 판단해 국채를 투매하기 시작하면 금리가 폭등한다. 이는 트럼프의 핵심 지지 기반인 중산층의 금융 비용을 늘린다. 미국의 순 이자 비용이 이미 1조 달러를 돌파한 상황에서 금리가 단 1%포인트만 추가 상승해도 연간 수천억 달러의 추가 지출이 발생한다. 이는 차기 정권에 부채를 넘기기도 전에 트럼프 정부가 야심 차게 추진하는 OBBBA 법안의 재정적 여력을 완전히 고갈시킨다.

채권 금리는 정권의 생존을 결정하는 '보이지 않는 단두대'와 같다. 역사적으로 금리 폭등을 제어하지 못한 정권은 예외 없이 몰락했다. 1789년 프랑스 부르봉 왕조의 붕괴는 채권 금리가 국가의 명운을 어떻게 뒤바꾸는지 보여준다. 당시 루이 16세 정부는 미국 독립 전쟁 지원으로 인해 막대한 부채를 짊어졌다. 세입의 50% 이상을 오직 이자를 갚는 데만 쏟아부어야 했다. 시장의 신뢰가 바닥나 채권 금리가 폭등하자 정부는 더 이상 돈을 빌릴 수 없는 신용 경색 상태에 빠졌다. 이를 타개하기 위해 무리하게 세금을 인상하려다 삼부회 소집과 바스티유 감옥 습격으로 이어지는 대혁명의 도화선이 되었다. 채권 금리가 임계치를 넘는 순간 왕권조차 시장의 심판을 피할 수 없는 것이다.

1976년 대영제국의 '금융 주권 상실'은 한때 세계 패권국이었던 국가가 채권 시장의 압박에 어떻게 굴복하는지 보여준다. 제2차 세계대전 이후 GDP 대비 250%에 달하는 부채를 안고 있던 영국은 1970년대 오일 쇼크와 고물가 속에서 파운드화 가치가 폭락하고 국채 금리가 치솟자 더 이상 시장에서 자금을 조달하지 못했다. 캘러한 노동당 정부는 당시 사상 처음 IMF 구제금융을 신청하였다. 재정과 금융 주권을 양도하는 치욕을 겪은 것이다. 이는 영국의 제국적 지위가 완전히 종말을 고하고 '영국병'이라 불리는 장기 불황으로 진입하는 결정적 계기가 되었다. 2022년 리즈 트러스(Liz Truss) 영국 내각의 44일 천하는 현대 채권 자경단의 위력을 가장 직관적으로 보여준다. 트러스 총리는 구체적인 재원 마련 대책 없이 약 450억 파운드 규모의 공격적인 감세안인 '미니 예산안(Mini-budget)'을 발표했다. 시장은 이를 '무책임한 도박'으로 규정하고 영국 국채를 투매하기 시작하였다. 국채 금리가 며칠 만에 수십 년 만의 최고치로 폭등하며 연기금 붕괴 위기까지 번졌다. 시장의 압박을 견디지 못한 트러스는 취임 45일 만에 최단 기 총리라는 불명예를 안고 퇴진했다. 다른 사례로 2010~2012 년 남유럽 재정 위기 당시 그리스, 이탈리아, 스페인 정권들의 도 미노 몰락은 단일 통화권 내에서도 채권 금리가 정치적 생사 여 탈권을 쥐고 있음을 확인시켜 준다. 그리스는 국채 금리가 30% 를 상회하는 비정상적 폭등세를 보이며 정부의 자금 조달 능력이 마비되었다. 이 과정에서 파판드레우 총리 등 선출된 권력들이 줄줄이 퇴진하고 '트로이카(IMF, ECB, EU)'가 임명한 기술 관료들이 정권을 장악하는 '소프트 쿠데타' 양상이 전개되었다.

채권 자경단의 실체, 정부를 심판하는 월가

그렇다면 채권 자경단의 실체는 누구일까? 바로 월가다. 이들 은 베일에 싸인 비밀 결사가 아니다. 자본의 논리에 따라 움직이 는 '기관 투자자들과 헤지펀드'들이다. 이들이 시장의 힘으로 정 치를 심판하는 메커니즘은 매우 구체적이고 구조적이다.

　유럽중앙은행(ECB)은 2025년 발간한 '누가 국채 시장의 자경단인가?(Who are the "bond vigilantes" on sovereign debt markets?)'라는 제목의 보고서에서 시장 스트레스 상황에서 국채를 대량 매도하여 금리 상승을 주도하는 주체는 대부분 투자 펀드이며, 이들이 매도하는 물량을 가계나 보험사가 받아내지 못할 때 금리 발작이 일어난다고 분석하였다. 1983년 채권 자경단이라는 용어를 처음 만든 에드 야데니(Ed Yardeni) 역시 "채권 투자자가 곧 경제의 자경단"이라고 정의하였다. 정부가 인플레이션을 유발하는 방만한 재정 정책을 펴면 월가의 펀드 매니저들이 국채를 던짐으로써 실질 수익률을 방어하고 정부에 '금융 단두대'를 들이댄다는 게 야데니의 설명이다. 좀 더 설명하자면 정부가 돈을 풀어 오를 인플레이션율보다 내가 가진 채권의 명목 금리가 낮다면 실질 수익률이 낮아진다. 이 경우 채권을 투매, 즉 던지면 채권 가격이 떨어지기에 이 채권으로 만기 시 받을 금액이 올라가 수익률이 올라간다. 그리고 이것이 시장 금리를 끌어올리는 것이다.

　월가가 채권 자경단의 본체라는 가장 강력한 증거는 미국 재무부와 직접 거래하는 '프라이머리 딜러' 시스템에서 찾을 수 있다. 골드만삭스나 JP모건 같은 월가의 대형 은행들이 국채 입찰에서 수요를 조절하거나 유통 시장에서 호가를 벌리는 행위 자체가 곧 자경단 활동의 물리적 실체이다. 글로벌 채권시장의 큰손인 핌코(PIMCO)의 2024년 전략 보고서 '채권 자경단의 생각(Thoughts From the Bond Vigilantes)'에서도 "가장 큰 고정수익 투자자들이 이론적

으로 가장 큰 시장 영향력을 보유하고 있다"고 명시하며, 이들이
미국의 막대한 부채 규모에 실망해 장기 국채 매입을 기피하는
순간 금리가 폭등하는 구조를 적나라하게 보여준다.

  과거 빌 클린턴 행정부의 전략가 제임스 카빌이 "다시 태어난
다면 채권시장으로 태어나고 싶다. 누구나 위협할 수 있기 때문"
이라고 말한 것은 월가의 자본 권력이 어떻게 선출된 권력을 굴
복시키는지 상징적으로 보여준다. 1993년 클린턴은 중산층 감세
와 공공 투자 확대를 골자로 한 화려한 경제 공약을 내걸고 대통
령에 당선되었다. 집권 직후 그를 기다리고 있던 것은 통제 불능
수준으로 치솟은 재정 적자와 이에 민감하게 반응하는 채권시장
의 싸늘한 시선이었다. 정부가 공약을 이행하기 위해 지출을 늘
리려 할수록 시장의 큰손들은 인플레이션과 부채 상환 능력을 우
려해 국채를 내다 팔았고, 그 결과 시중 금리가 급등하며 경제 전
반을 위협하는 이른바 '채권 자경대'의 역습이 시작되었다. 골드
만삭스 회장 출신으로 당시 백악관 국가경제위원회(NEC) 의장이
었던 로버트 루빈은 대통령에게 시장의 신뢰를 회복하지 못하
면 어떤 정책도 성공할 수 없다는 현실을 주지시키며 공약 폐기
와 긴축 재정 도입을 강하게 권고했다. 결국 클린턴은 자신의 핵
심 공약을 포기하고 시장을 달래기 위한 적자 감축 계획을 수용
할 수밖에 없었다. 카빌의 발언은 이후 세계화된 금융 자본주의
체제 아래에서 정부의 재정 주권이 시장의 평가라는 거대한 감옥
에 갇혀 있음을 상징하는 가장 강력한 문구로 남게 되었고, 자본

이 정치를 지배하는 시대적 단면을 가장 적나라하게 드러낸 기록이 되었다.

월가가 채권 자경단 활동을 체계적으로 발동하는 내부 메커니즘은 프라이머리 딜러 시스템과 레버리지 기반의 정보 공유 체계를 통해 정교하게 작동한다. 첫째, 프라이머리 딜러의 경매 신호(Auction Tailing) 기제다. 골드만삭스나 JP모건 같은 24개의 프라이머리 딜러는 국채 입찰에 의무적으로 참여한다. 정부의 재정 정책이 불만족스러울 경우 의도적으로 시장 가격보다 높은 금리로 응찰한다. 이때 실제 낙찰 금리가 발행 전 시장(When-Issued) 금리보다 높게 형성되는 '테일(Tail)' 현상이 발생한다. 이는 월가 전체에 "정부 부채가 한계에 도달했다"는 강력한 매도 신호로 전파된다.

둘째, 정보 공유와 주문 흐름의 암묵적 동조화다. 뉴욕 연준의 '국채 경매에서의 딜러 정보 공유(Dealer Information Sharing in Treasury Auctions)' 보고서에 따르면, 딜러들은 경매 전후로 고객의 주문 흐름 데이터를 공유하며 시장의 심리를 확인한다. 이 과정에서 "정부 정책이 인플레이션을 유발할 것"이라는 공감대가 형성되면, 개별 딜러들의 매도세가 집단적인 '유동성 철수'로 이어지며 금리를 수직 상승시키는 내부 트리거로 작용한다.

셋째, 베이시스 트레이딩(Basis Trading)과 레버리지 청산의 연쇄 반응이다. 헤지펀드들은 현물 국채와 선물 사이의 미세한 가격 차이를 노려 보통 18배에서 최대 50배의 레버리지를 일으키는 베이시스 거래를 수행한다. 월가가 금리 상승 압박을 가하기 시작해 국채 가격이 하락하면, 이들은 마진 콜을 피하기 위해 보유한 국채를 투매해야만 한다. 이 메커니즘은 초기 소규모 매도를 거대한 '강제 매도 소용돌이'로 확산시켜, 정부가 통제할 수 없는 속도로 금리를 폭등시킨다.

뉴욕 연준의 '국채 베이시스 트레이딩의 국경 간 경로(The Cross-Border Reach of the U. S. Treasury Basis Trade)' 보고서는 이러한 연쇄 반응이 2020년 3월 팬데믹 초기와 2019년 레포 시장 위기 때 국채 금리를 폭등시켰던 핵심 원인이었음을 지적한다. 월가는 이 메커니즘을 정권의 정책 결정권을 박탈하는 강력한 물리적 타격 수단으로 활용하고 있다. 베이시스 트레이딩은 평상시에는 시장에 유동성을 공급하지만, 위기 시에는 정부가 통제할 수 없는 속도로 금리를 폭등시킨다.

넷째, 대형 운용사의 연구 보고서를 통한 '지적 프레임(Intellectual Framing)' 선점이다. 핌코의 '채권 자경단의 생각(Thoughts From the Bond Vigilantes)'이나 야데니 리서치의 분석 기사 등은 자본가들이 행동에 나설 '정당성'을 부여한다. 특정 시점에 월가의 핵심 분석가들이 일제히 재정 적자의 위험성을 경고하는 보고서를 쏟아내면, 이는 시장 참여자들에게 "지금이 자경단 활동을 시작할 때"라는 일종의 행동 지침이 된다.

채권 금리가 정권을 무너뜨릴 만큼 강력하고 채권 자경단의 실체가 월가라는 사실을 알면, 현재 벌어지고 있는 일련의 사건들을 훨씬 치밀하게 이해할 수 있다.

2장

JP모건 제이미 다이먼과의 가짜 허니문

트럼프와 월가의 반년 짜리 허니문

2025년 3월 6일, 트럼프가 '비트코인 전략비축 전략 행정 명령'에 전격 서명하고 이어 4월 2일 '리버레이션 데이(Liberation Day)'를 선포하며 보편적 관세 전쟁을 시작하자 시장은 유례없는 발작을 일으켰다. 관세 폭탄 투하 직후, 공포에 질린 투자자들이 주식 시장에서 탈출해 안전자산인 국채로 몰리면서 10년물 국채 금리는 일시적으로 급락하는 기현상을 보였다. 하지만 며칠 뒤 관세가 유발할 공급망 붕괴와 초인플레이션 우려가 시장을 지배하기 시작하자 이른바 '채권 자경단'이 국채를 투매하며 금리를 단숨에

5% 인근까지 끌어올리는 역습을 가했다.

트럼프 정부는 채권시장의 반발을 무력화하기 위해 4월 9일, 중국을 제외한 나머지 국가들에 대해 관세 인상을 90일간 유예한다는 긴급 완화 조치를 발표했다. 이 '관세 휴전'은 금리 폭등세에 제동을 걸고 증시를 일시적으로 부양하는 데 성공했다. 그러나 이는 근본적인 해결이 아닌 폭탄 돌리기에 불과했다.

2025년 5월 30일 캘리포니아에서 개최된 '레이건 국립 경제 포럼(Reagan National Economic Forum)'에서 제이미 다이먼 JP모건 회장은 트럼프 정부의 재정 정책과 무역 전쟁에 대해 직설적인 경고를 쏟아냈다. 사실상 트럼프를 향한 '시장 자본의 최후통첩'이었다. 다이먼은 대담에서 "채권 자경단이 돌아왔느냐"는 질문에 주저 없이 "그렇다"고 답하며 미국 정부의 부채와 연준의 지출 규모가 이미 시장이 수용할 수 있는 한계치를 넘어서고 있음을 경고했다. 특히 미국 국채 시장의 약화를 지적하며 "6개월 뒤일지 6년 뒤일지 모르지만 반드시 채권시장에 심각한 균열이 발생할 것이며, 그 결과로 발생할 패닉에서 JP모건 같은 대형 은행은 더 많은 수익을 내며 살아남겠지만 정작 정부와 규제 당국은 통제력을 잃고 붕괴 직전에 몰릴 것"이라고 일갈했다.

트럼프의 관세 전쟁과 비트코인 비축 행정 명령에 대해 다이먼은 "불공정 무역을 바로잡는단 명분은 정당할지 몰라도 현재의 방식은 공급망에 극심한 불확실성을 주어 인플레이션을 자극하고 성장을 둔화시키는 자충수가 될 것"이라고 꼬집었다. 이어 관세라는 단기적 압박 대신 규제 완화와 조세 개혁, 실질적인 이민 제도 정비를 통한 '친성장' 로드맵에 집중해야만 미국이 연 3% 성장을 달성해 부채의 늪에서 탈출할 수 있다고 역설했다. 그는 또한 중국보다 무서운 것은 미국의 운영 능력과 가치를 통합하지 못하는 '내부의 적'이며 주 정부와 지방 자치단체의 관리 부실, 거대한 연금 부채가 미국을 파멸로 이끄는 진정한 위협이라고 지적했다.

다이먼은 비트코인 전략비축 행정 명령을 "불필요한 주의 분산(Needless Distraction)"이라고 규정했다. 이어 "미국은 지금 비트코인을 비축할 때가 아니라 총기, 탄약, 탱크, 비행기, 드론, 그리고 희토류를 비축해야 한다"고 강조했다. 특히 남중국해에서 분쟁이 발생할 경우 미국의 미사일 재고가 단 7일분밖에 남지 않는다는 안보 취약성을 언급하며, 국가의 생존이 걸린 물리적 자원과 공급망이 무너지는 상황에서 실체 없는 디지털 자산을 쌓아두는 행위의 무모함을 맹비난했다. 그는 F-35 전투기 제조에 필수적인 희귀 광물과 2나노미터 인공지능 칩 같은 전략자산을 확보하는 것이 진정한 국가 안보의 핵심이며, 정부가 '가상 포트녹스'라는 허상에 매몰되어 실물경제의 붕괴와 군사적 열세를 방치하고 있다고 지적했다. 연준의 독립성 문제에 대해서도 "연준을 정치적으로 이용하려는 시도는 금리를 오히려 폭등시켜 트럼프가 원하는 저금리 정책과 정반대의 파국을 초래할 것"이라며 "아메리카 퍼스트가 아메리카 얼론(Alone)으로 변질되는 순간 미국은 글로벌 금융 주권을 상실하게 될 것"이라고 했다.

　이날 다이먼의 발언은 트럼프가 휘두르는 관세와 금리 압박이라는 칼날에 맞서 월가가 '국채 투매'라는 더 큰 방패를 들고 있음을 확인시킨 사건이다. 다이먼 회장의 레이건 경제포럼 발언을 종합하면 그는 트럼프 행정부의 거시경제 정책 기조를 정면으로 거부하며 월가의 생존과 국가 안보를 결합한 세 가지 핵심 요구 사항을 제시한다. 첫째로 그는 '바젤 III 엔드게임' 등의 은행의 자본 규제를 완화하고 레버리지 한도를 확대할 것을 강력히 촉구했다. 바젤 III은 2008년 글로벌 금융위기 이후 은행 시스템 안정성을 위해 도입된 체계인데 은행이 보유한 자기 자본, 레버리지 비율, 유동성 등을 통제하는 것이 골자다. 이 규제가 완화되어야만 월가의 대형 은행들이 채권 자경단의 공격으로 발생하는 국채 시장의 변동성을 흡수하고 금리 단두대에서 정부를 방어할 충격 흡수원 역할을 수행할 수 있다고 주장한다. 즉, 월가의 채권 자경단인 헤지펀드들에 맞서 대형 은행이 국채를 받아줘야 시장이 사니, 월가의 대형 은행에 대한 규제를 없애란 것이다. 둘째로 다이먼은 중국을 WTO 공급망 체제에서 무리하게 축출하거나 보편적 관세로 글로벌 무역 질서를 파괴하는 행위를 중단할 것을 요구했다. 셋째로 그는 비트코인 전략비축 전략을 국가적 역량을 낭비하는 허상으로 규정하고 이를 즉각 철회하는 대신 미사일, 드론, 탄약 등 실물 병기와 F-35 제조에 필수적인 희토류 확보를 위한 국방 예산의 파격적인 증액을 주장했다.

다이먼의 비판 이후 트럼프는 정면충돌 대신 이른바 포용의 기술을 발휘하며 다이먼을 백악관으로 연이어 불러들였다. 7월부터 9월 사이 여러 차례의 심도 있는 독대를 통해 훗날 월가에서 '가짜 허니문'으로 불리는 정교한 기만극을 전개했다. 〈월스트리트저널〉에 따르면, 스콧 베센트 재무장관과 하워드 러트닉 상무장관이 배석한 가운데 7월 24일 오벌 오피스에서 이루어진 첫 번째 독대에서 다이먼은 일본과의 무역 협정 성과를 축하하며 화기애애한 분위기를 조성했다. 핵심 주제는 연준의 독립성 확보였으며 다이먼은 금리를 인위적으로 낮추려는 시도가 오히려 인플레이션을 자극해 금리를 폭등시킬 수 있다는 역사적 사례를 들어 트럼프를 설득했다. 트럼프는 다이먼의 전문성을 치켜세우며 그의 의견을 경청하는 척했고 이 만남 이후 다이먼은 CNBC 인터뷰를 통해 행정부와의 원활한 소통을 과시하며 시장에 해빙 무드를 전파했다.

이어 8월 21일 웨스트윙에서 진행된 비공개 두 번째 회동은 보다 실무적인 규제 철폐에 집중되었다. 다이먼은 2008년 금융위기 이후 도입된 과도한 규제가 국채 시장의 유동성을 메마르게 한다고 지적하며 특히 '보충적 레버리지 비율(SLR)' 규제가 국채 매입의 가장 큰 걸림돌임을 강조했다. 트럼프는 이에 동의하며 규제 철폐를 약속했고 이는 9월 14일 발표된 '바젤 III 엔드게임 이행 연기'의 결정적 복선이 되었다. 같은 해 11월 12일 저녁 7시 30분, 백악관 오벌 오피스 옆 만찬장은 미국 금융 자본의 심장부로 변모했다. 이는 트럼프 행정부와 월가 사이의 가짜 허니문이 정점에 도달했음을 알리는 상징적인 장면이었다. 다이먼 회장을 필두로 래리 핑크 블랙록 회장, 데이비드 솔로몬 골드만삭스 회장, 스티븐 슈워츠먼 블랙스톤 회장 등 세계 금융을 움직이는 거물 10여 명이 한자리에 모였다. 만찬의 분위기는 그 어느 때보다 화기애애했다. 트럼프는 다이먼을 자신의 옆자리에 앉히며 그를 "미국 금융의 진정한 장군"이라고 치켜세웠다. 이는 5월 레이건 포럼에서의 날 선 대립 이후 다듬어진 '해빙 무드'의 절정이었다.

월가 거물들은 자신들이 트럼프를 '길들였다'고 확신했다. 바젤 III 규제 완화와 보충적 레버리지 비율에서의 국채 제외라는 실리를 챙겼고, 관세 전쟁의 수위 조절까지 약속받았기 때문이다. 이들은 트럼프의 '아메리카 퍼스트'를 자본의 논리로 순치시켰다고 믿으며 2026년 국채 입찰 물량을 늘리겠다고 약속했다. 그러나 이 화려한 만찬은 트럼프가 월가의 자금줄을 국채 시장에 묶어두기 위해 설계한 정교한 '금융 덫'이었다. 만찬장의 조명 아래서 트럼프는 이미 2026년 초에 단행할 법무부의 전방위적 수사와 50억 달러 규모의 소송이라는 '금융 단두대'의 청사진을 완성하고 있었다.

다이먼의 말을 수용한 트럼프의 기만술

2025년 하반기 트럼프 행정부는 제이미 다이먼이 제기한 요구 사항들을 전격 수용하는 듯한 행보를 보였다. 우선 월가가 원하던 SLR 규제가 전격 완화되며 은행들의 운신 폭이 넓어졌다. 2026년 1월 기준, 트럼프 행정부와 월가의 대타협 산물인 SLR 규제 완화는 모든 입법 및 행정 절차를 마치고 2026년 4월 1일 전격 시행을 앞둔 '최종 대기 상태'였다. SLR 규제 완화의 핵심은 은행의 자산 계산법상 분모에서 '미국 국채'와 '연준 예치금'을 제외해 주는 것이다. 요컨대 은행이 금고에 자기 돈을 더 채워 넣지 않고도 나라 빚인 국채를 무제한에 가깝게 사들일 수 있도록 '규제의 빗장'을 열어주는 조치다. 연방준비제도와 관계 기관이 확정한 최종안에 따르면, 이 조치는 2026년 4월 1일부터 공식 발효된다. 기존에는 모든 대형 은행이 자산 규모나 실제 위험 수준에 상관없이 무조건 전체 자산의 2%를 추가적인 비상금으로 쌓아두어야 하는 '고정형 완충 자본(eSLR Buffer)' 규제를 적용받았다. 마치 모든 학생에게 실력과 상관없이 똑같은 양의 보충 수업을 강제하는 것과 같았다. 이제는 각 은행의 덩치와 복잡성에 따라 매겨지는 성적표인 '시스템적 중요도(GSIB surcharge)' 점수의 절반 수준으로 맞춤 조절하는 유연한 방식으로 규제가 바뀐다. 은행이 국제 금융시장에서 차지하는 비중과 위험도를 따져서 위험이 덜한 곳은 비상금을 적게 쌓아도 되도록 허용해 주는 것이다. 결과적으로 은행들이 금고에 묶어두어야 했던 막대한 자본을 밖으로 꺼내 미국 국채를 사들이는 데 쓸 수 있도록 한 조치다.

특히 JP모건이나 골드만삭스와 같은 대형 은행들은 이미

2026년 1월 1일부터 이 기준을 미리 적용할 수 있는 조기 채택 권한을 얻었다 이를 통해 은행 자회사들의 완충 자본 상한선이 낮아지면서 약 2,190억 달러(약 290조 원)에 달하는 거대한 자본이 국채 시장으로 유입될 준비를 마쳤다. 레버리지 비율을 고려했을 때 대차대조표상에서 수조 달러 규모의 자산을 추가로 수용할 수 있는 '빈 공간'이 만들어진 셈이다. 3~5%의 자기자본 비율은 2,190달러의 20~33배인 4조 달러에서 7조 달러가량의 레버리지를 쓸 수 있다는 의미다. 구체적으로 JP모건과 골드만삭스 등의 시장 분석 보고서는 이번 조치로 인해 미 8대 대형 은행들이 국채 시장에서 추가로 소화할 수 있는 유동성 공급 능력이 최소 1조 2,000억 달러에서 최대 2조 5,000억 달러에 이를 것으로 내다봤다. 특히 재무부 하반기 국채 발행 계획 보고서에서는 이번 규제 완화가 은행들의 국채 보유 한도를 기존 대비 약 15~20%가량 상향시키는 효과를 가져와, 정부의 38조 달러 부채 중 상당 부분을 민간 은행이 흡수하게 만드는 강력한 금융적 흡입구 역할을 할 것이라 분석했다.

트럼프 행정부가 이러한 일정을 서두르는 이면에는 GDP 대비 125%를 돌파한 부채를 감당하기 위해 민간 은행의 대차대조표를 국채 매입의 '강제 수용소'로 활용하려는 치밀한 전략적 계산이 깔려 있다. 4월 1일은 은행들이 쌓아둔 현금이 국채 시장으로 대거 쏟아지는 수문이 열리는 날로 기록될 것이다. 이는 단기적으로는 국채 금리를 억눌러 파산을 지연시킬 수 있겠으나 장기적으로는 통화 시스템의 안전장치를 스스로 제거함으로써 화폐 가치 하락과 금값 폭등을 가속화할 것이다.

공식적인 시행은 4월부터지만, 시장은 이미 이 규제 완화를 기정사실로 받아들여 선반영했다. 월가 은행들은 늘어날 레버리지 한도를 계산에 넣고 선제적으로 국채 매수 포지션을 구축하거나 역대급 주주 환원 계획을 발표하며 시장 유동성을 공급하기 시작했다. 이러한 시행 전의 공백기는 트럼프 행정부에게 매우 중요한 전략적 자산이다. 규제 완화라는 확실한 '보상'을 4월로 설정함으로써 월가가 트럼프 대통령의 정책에 대해 금리 인상이라는 무기로 저항하지 못하도록 묶어두는 일종의 '정치적 볼모' 역할을 하고 있기 때문이다. 2026년 4월 1일은 단순한 규제 변경일이 아니라, 월가가 수조 달러에 달하는 추가 국채 매입 여력을 본격적으로 가동해 미국의 거대한 부채를 떠안는 '강제적 구원투수'로 등판하는 날인 셈이다.

2025년 하반기 트럼프 대통령과 제이미 다이먼의 백악관 독대 이후 도출된 가장 파격적인 결과물 중 하나는 '대중국 추가 관세 부과의 1년 유예' 결정이다. 이는 미국 경제의 연착륙과 금융시장의 안정을 위해 정치 권력이 월가의 현실적 요구를 수용한 전략적 후퇴로 평가받았다. 다이먼은 독대 당시 트럼프에게 보편적 관세가 초래한 채권시장의 발작과 공급망 붕괴가 결국 공화당의 지지 기반인 실물 경기마저 침몰시킬 것이라는 데이터 기반의 경고를 전달한 것으로 전해졌다. 특히 애플, 월마트 등 중국 의존도가 높은 거대 기업들의 실적 악화가 뉴욕 증시의 폭락을 야기할 경우, 트럼프가 내세운 '경제적 승리'의 명분 자체가 사라질 수 있다는 점을 강조했다. 이에 트럼프는 자신의 핵심 공약인 대중국 관세 도입을 전격적으로 철회하는 대신 '1년간의 이행 유예'라는 카드를 꺼내 들었다.

이 유예 결정의 이면에는 철저한 이해관계 교환이 깔려 있다. 월가는 관세 유예를 통해 글로벌 공급망을 재정비할 시간적 여유를 확보했고, 그 대가로 2026년 4월로 예정된 SLR 규제 완화 이후 쏟아질 미국 국채 물량을 적극적으로 소화해 주기로 약속했다. 트럼프는 중국과의 전면전을 잠시 멈추는 대신 국채 금리를 안정시키고 월가를 정부 부채 시스템의 든든한 지원군으로 포섭하는 실리를 챙긴 것이다. 2025년 말, 미국 경제는 이 유예 조치 덕분에 관세 발 인플레이션 공포에서 잠시 벗어나, 월가의 자본력과 정부의 정책 역량이 결합된 기묘한 공생 관계를 유지했다. 이 같은 국면은 트럼프가 월가의 '금리 무기' 앞에 무릎을 꿇은 것인지, 아니면 규제 완화를 통해 월가를 국채 시장의 '강제 매수자'로 포섭한 것인지에 대한 논쟁으로 이어졌다. 시장은 일단 다이먼으로 대변되는 금융 자본이 정치적 광풍을 '시장 논리'라는 틀 안으로 길들이는 데 성공한 것으로 해석했다.

하지만 2026연 초 트럼프의 태도가 180도 급변하면서, 월가와의 타협이 정책 목표를 관철시키기 위한 트럼프의 치밀한 전략이란 사실이 속속 드러나고 있다. 트럼프는 중국 때리기와 비트코인 전략비축계획을 철회한 게 아니라 최적의 타이밍을 기다렸던 것이다.

태세전환으로 월가를 공격하는 트럼프

2025년 하반기 관세 유예와 SLR 규제 완화 합의로 잠잠하던 트럼프 대통령은 2026년 1월, 시장이 전혀 예상치 못한 세 가지 전선에서 동시다발적인 공격을 시작했다. 첫째는 신용카드 금리 상한제를 도입했다. 둘째는 연준 건물 리모델링 과정에서의 부정 혐의로 제롬 파월 연준 의장에 대한 사법적 수사에 착수했다. 마지막으로 반독점 및 부패 혐의로 월가의 상징인 JP모건 체이스를 기소했다.

제롬 파월 연준 의장을 향한 공세는 1월 10일 워싱턴 D.C. 연방검찰이 메리너 에클스 청사와 컨스티튜션 애비뉴 건물의 개보수 프로젝트 과정에서 발생한 약 7억 달러의 예산 초과 집행 및 관리 부실 혐의로 대배심 소환장을 발부하며 정점에 달했다. 2025년 6월 상원 은행위원회 증언 당시 파월 의장이 예산 승인 및 집행 과정을 허위로 진술했는지 여부를 따지는 위증 혐의가 핵심이다. 파월 의장은 즉각 영상 성명을 통해 이번 수사가 대통령의 금리 인하 요구를 거부한 데 따른 명백한 정치적 보복이자 연준의 독립성을 훼손하려는 구실일 뿐이라며 정면 돌파 의지를 피력했다. 하지만 법무부는 2022년 시작된 25억 달러 규모의 공사비 증액이 명백한 세금 낭비이자 관리 무능의 증거라며 압박의 수위를 낮추지 않고 있다.

특히 2026년 1월 다보스 포럼에서 다이먼 회장이 트럼프 대통령의 '신용카드 금리 10% 상한제'를 두고 미국인 80%의 신용 접근권을 박탈하는 "경제적 재앙"이라며 정면 비판한 직후, 월가를 향한 사법 압박은 가공할 속도로 전개되었다. 트럼프 정부는 다이먼의 독설이 채 끝나기도 전인 1월 22일, 과거 정치적 이유로 특정 고객의 계좌를 폐쇄한 '디뱅킹(Debanking)' 혐의를 들어 JP모건에 50억 달러 규모의 손해배상 소송을 제기했다. 이 공세의 핵심 병기는 상원 금융위원회 론 와이든 의원이 폭로한 제프리 앱스타인 연루 의혹의 재수사였다. 와이든의 분석에 따르면 JP모건은 앱스타인이 생존해 범죄를 저지르던 15년 동안 단 430만 달러의 의심 거래만을 보고했다. 이후 그가 사망한 뒤에야 13억 달러에 달하는 거래를 소급 보고하는 치명적인 자금 세탁 방지(AML) 실패를 노출했다. 법무부는 이러한 '300배의 보고 격차'를 경영진의 조직적 묵인으로 규정했다. 특히 다이먼 회장이 앱스타인을 '월 오브 캐시(Wall of Cash)'라 불리는 최상위 고객 명단에 올려 직접 관리했다는 정황을 확보해 그의 개인적 형사 책임까지 거론하기 시작했다.

트럼프의 판 뒤집기, 규제 완화의 덫에 걸린 월가

트럼프와 다이먼의 권력 투쟁에서 SLR 규제 완화는 금융 자본이 정치 권력을 길들이기 위해 꺼낸 정교한 무기였다. 하지만 역설적으로 그 시행 시점이 2026년 4월로 설정됨에 따라 월가가 오히려 트럼프의 정책적 볼모로 잡히는 역전극이 됐다. 다이먼은 국채 금리 폭등이라는 시장의 공포를 지렛대 삼아 행정부로부터 규제 완화라는 거대한 당근을 끌어내는 데 성공했지만, 트럼프는 이 카드의 효력 발생일을 4월 1일로 늦춤으로써 그 사이 벌어질 연준 의장 수사와 같은 파격적인 행보에 대해 월가가 '금리 인상'이라는 무기로 즉각 보복하지 못하도록 묶어버린 것이다. 월가 입장에서는 4월에 예정된 규제 완화란 당근을 포기할 수 없다. 따라서 현재 진행 중인 트럼프의 전방위적 기득권 타격에 대해 강력한 '채권시장의 반란'을 일으키기보다는 일단 정책이 시행될 때까지 숨을 죽이며 기다릴 수밖에 없는 처지에 놓였다.

다이먼의 금리 압박이 규제 완화라는 실리를 챙긴 것은 사실이나, 트럼프는 그 시행 시점을 정치적 방패로 활용해 4월 전까지 자신의 MAGA 어젠다를 거침없이 밀어붙일 수 있는 골든타임을 확보했다. 금융 자본을 정책 이행의 담보물로 전락시키는 고도의 정무적 승부수를 던진 셈이다.

실제 2026년 1월 11일 미 법무부가 제롬 파월 연준 의장에 대해 형사 수사를 공식화하고 이어 JP모건 등 대형 은행들에 대한 전방위적인 압박이 가해졌음에도 불구하고, 시장의 보복적 금리 폭등은 나타나지 않았다. 오히려 장기 국채 금리는 놀라울 정도로 안정적이었다. 파월 의장 수사 소식이 전해진 직후인 1월

12일, 미국 10년물 국채 금리는 연준 독립성 훼손 우려로 장중 4.21%까지 소폭 상승하기도 했으나 곧바로 4.19% 선에서 안착했다. 30년물 금리 역시 4.84% 수준에서 관리되며 월가가 공언했던 '금리 보복'의 위력은 실종된 모습을 보였다. 4월로 예정된 SLR 규제 완화라는 확정된 보상이 월가의 발목을 잡고 있기 때문이다. 만약 월가가 지금 당장 국채를 투매해 금리를 폭등시킨다면 트럼프 행정부가 시행 직전에 규제 완화 카드를 철회하거나 내용을 수정할 수 있다는 공포가 월가의 집단적 저항을 억제하고 있는 것이다.

이제 시장의 관심은 4월 1일 규제 완화가 실제로 단행된 이후 월가가 비축된 레버리지를 활용해 트럼프에 대한 뒤늦은 반격에 나설 것인지 아니면 이미 길들여진 채 행정부의 부채를 떠안는 구원투수로 남을 것인지에 집중되고 있다. 월가 안팎에서는 실제 규제가 해제되는 시점 이후에는 확보된 천문학적 유동성을 바탕으로 권력에 대한 본격적인 '재가격 결정(Repricing)'과 반격에 나설 가능성이 크다는 관측이 지배적이다. 금융시장에서 재가격 결정은 자산의 위험도가 변함에 따라 투자자들이 기존 가격을 거부하고 새로운 가치를 매겨 금리를 다시 설정하는 일종의 시장식 심판이다. 38조 달러라는 천문학적인 부채를 안고 있는 트럼프 행정부에게 월가가 내릴 수 있는 가장 강력한 보복 수단이 바로 이 국채에 대한 재가격 결정이다. 트럼프가 연준의 독립성을 흔들거나 사법 수사로 압박할수록 월가의 대형 은행들은 미국 국채를 더 위험한 자산으로 취급해 정부 정책이 불안정하니 예전처럼 낮은 이자로는 돈을 빌려줄 수 없다며 국채 매수 가격을 대폭 낮추고 훨씬 높은 시장 금리를 요구하게 된다. 다이먼 회장은 2026년 1월 다보스 포럼 등에서 4월 이후의 규제 환경 변화가 은행권 수익 구조를 근본적으로 바꿀 것이라고 언급하며 월가가 더 이상 정치 권력의 볼모가 아닌 시장의 주도권을 되찾는 전환점이 될 것임을 시사했다.

만약 2026년 4월 SLR 규제 완화 이후 월가가 확보된 레버리지를 활용해 국채 매도 공격과 금리 인상을 획책할 경우 트럼프가 꺼내 들 수 있는 가장 강력한 통제 카드는 행정권으로 시장 유동성을 즉각 조절하는 초법적 금융 조치들이다. 우선 재무부는 연준의 협조 없이도 재무부 일반계좌(TGA)에 쌓아둔 막대한 현금을 시장에 직접 살포하거나 국채 발행 비중을 초단기물(T-Bills) 위주로 급격히 전환해 장기 금리 상승 압력을 물리적으로 차단하는 전략을 구사할 수 있다.

2026년 1월 연준은 지난 2025년 12월 양적긴축 종료를 선언하고 매달 400억 달러 규모의 단기 국채를 매입하기 시작했다. 이는 트럼프 정부의 장기 금리 억제 전략과 맞물려 결과적으로 월가의 금리 보복을 무력화하는 방패가 될 수 있다. 재무부는 이미 국채 발행 비중을 10년물이나 30년물 같은 장기물 대신 만기가 짧은 초단기물로 집중시키는 이른바 '빌 쇼크(Bill Shock)' 전략을 구사하고 있다. 이는 시장에 장기 채권 공급을 줄여 가격 하락과 금리 상승을 물리적으로 막으려는 의도다.

이 상황에서 연준이 매달 400억 달러씩 단기 국채를 사들여 시중에 현금을 공급하는 것은 재무부가 발행한 단기물 물량을 연준이 뒷문에서 고스란히 받아내 주는 격이다. 이는 결과적으로 시중 자금이 장기 국채 시장으로 흘러 들어가게 유도해 장기 금리를 안정시키는 효과를 낸다.

현재의 구도는 재무부가 장기물 발행을 조절해 금리 상단을 누르고, 연준은 단기물 매입을 통해 시장에 돈을 풀어 월가가 금리 인상을 명분으로 삼는 유동성 부족 문제를 사전에 차단하는 형태를 띠고 있다. 월가는 4월 1일 SLR 규제 완화 이후 자신들이 보유한 장기 국채를 투매해 금리를 올리려 계획하고 있겠지만, 재무부와 연준이 짜놓은 이 판 안에서는 월가가 국채를 던지더라도 정부가 단기 시장에서 공급한 유동성과 연준의 매입세가 이를 상쇄해버리는 결과가 나타난다.

사실상 월가 일원인 연준이 재무부 전략에 협조하는 것은 트럼프와 다이먼이 전략적 평화 분위기를 연출한 지난해 9월 이후 형성된 무드다. 하지만 연준이 트럼프의 속내를 파악했다고 해서 월간 400억 달러의 단기 국채 매입 계획을 손바닥 뒤집듯 철회하기는 힘들다는 게 문제다. 그렇게 할 경우에는 연준 정책이 갈지자를 그리는 것으로 시장이 판단해 통화 정책의 신뢰도를 잃는다. 또 2006년 5월 트럼프가 지명한 케빈 워시 새 연준 의장이 임기를 시작하면, 이후 연준의 통화 정책은 사실상 트럼프가 원하는 대로 흘러갈 가능성이 상대적으로 커진다.

트럼프 정부는 월가의 채권 자경단에 맞서 장기 국채 금리를 안정시키는 방법으로 패니메(Fannie Mae)와 프레디맥(Freddie Mac)의 막대한 자본력을 동원하기로 했다. 패니매와 프래디맥은 정부가 보증하는 주택담보대출 유동화 기관으로, 두 기관이 보유한 2,000억 달러에 달하는 막대한 자금을 주택담보대출유동화증권(MBS)를 매입하는 데 투입하기로 한 것이다. 2026년 1월 8일 도널드 트럼프 대통령은 주거비 부담 경감을 명분으로 이 같은 조치를 두 기관에 지시했다. 이는 별도의 의회 승인 없이 정부가 시장의 MBS 물량을 대거 사들여 금리를 강제로 낮추겠다는 강력한 통제 의지를 보여준 사건이다. 트럼프는 자신의 집권 1기 당시 이들 기관을 민영화하지 않고 유지한 덕분에 현재 약 2,000억 달러의 현금이 축적됐다고 주장하며 이 자금을 시장에 즉각 투입할 것을 주문했다. 발표 직후 미국 30년 만기 주택담보대출 평균 금리가 6%선 아래로 떨어지며 3년 만에 최저치를 기록했다.

이러한 조치는 2026년 11월 중간선거를 겨냥한 정치적 전략이다. 고금리로 고통받는 중산층과 청년층의 표심을 잡기 위해 주거비 부담 완화라는 가시적인 성과를 내고 기존 채무자들에게도 낮은 금리로 갈아탈 수 있게 해 가계 가처분 소득을 늘리려는 목적이 깔려 있다.

연준이 국채가 아닌 MBS를 이례적으로 매입하기 시작한 것은 2008년 글로벌 금융위기 당시 무너진 주택 시장을 떠받치고 금융 시스템의 붕괴를 막기 위해서였다. 당시 리먼 브라더스 파산 이후 모기지 금리가 폭등하고 거래가 실종되자 연준은 직접 MBS를 사들여 시중에 유동성을 공급하고 금리를 강제로 낮추는 제1차 양적완화를 단행했다. 이후 2020년 코로나19 팬데믹 위기 때 다시 무제한 양적완화를 선언하며 매달 400억 달러 규모의 MBS를 매입했다. 그 결과 연준의 MBS 보유 규모는 2022년 4~5월경 약 2조 7,400억 달러라는 역사상 최대치에 도달했다.

연준은 최근 양적긴축을 진행하면서 MBS 물량을 우선적으로 줄이고 포트폴리오를 국채 위주로 재편해 왔다. 이는 중앙은행이 주택 시장에 직접 개입하여 자산 가격을 왜곡한다는 비판에서 벗어나 통화 정책의 중립성을 회복하려는 의도다. 만기가 정해진 국채와 달리 MBS는 주택 소유자의 조기 상환 여부에 따라 현금 흐름이 불규칙하므로 대차대조표를 안정적으로 관리하기 위해 예측 가능한 국채 비중을 높이려는 목적도 크다.

이러한 상황에서 트럼프 행정부가 패니매와 프레디맥을 동원해 2,000억 달러 규모의 MBS를 다시 사들이는 것은 연준이 긴축을 통해 회수한 유동성을 행정부가 정부 산하 기관의 돈으로 다시 시장에 푸는 행위이다. 이를 두고 '행정부의 양적완화'라고 하는 이유다. 연준은 물가 안정을 위해 돈줄을 죄고 있지만 행정부는 선거와 민생을 명분으로 우회로를 통해 시장의 채권을 사들여 금리를 낮추고 돈을 풀고 있는 셈이다. 이는 중앙은행의 통화 정책 효과를 행정 권력으로 상쇄하여 시장의 가격 결정권을 국가가 직접 탈취하려는 고도의 정치적·경제적 개입 전략이다. 이는 SLR 규제 완화 이후 월가가 확보할 유동성을 금리 인상 무기로 쓰지 못하도록 정부가 시장의 가격 주도권을 미리 탈취하려는 선제 조치다.

트럼프는 국제긴급경제권한법(IEEPA)을 발동해 월가 대형 은행들의 국채 매도 행위를 '국가 안보를 위협하는 금융 테러'로 규정하고 특정 가격 이하에서의 국채 투매를 금지하거나 강제적인 국채 보유 명령을 내리는 조치를 취할 수도 있다.

재무부 내에 '전략적 금융 안정 기금'을 설치해 비트코인 비축이나 금 재평가로 확보된 회계적 이익을 국채 매입 자금으로 즉각 투입함으로써 연준의 발권력에 의존하지 않고도 정부가 직접 시장의 국채 매물을 받아내는 이른바 '재무부 주도의 수익률 곡선 통제(YCC)'를 실행할 수 있는 법적 토대도 마련해 두었다.

수익률 곡선 통제는 중앙은행이 장기 국채 금리의 목표치를 설정하고, 이를 유지하기 위해 특정 가격에서 국채를 무제한으로 사들이는 통화 정책이다. 자산 매입 규모를 정하는 양적완화와 달리 금리 자체를 직접 목표로 삼는 것이 특징이다. 이를 통해 정부의 이자 부담을 억제하고 가계와 기업의 장기 대출 금리를 안정시켜 경제를 부양하는 강력한 통제 수단이다.

전략적 금융 안정 기금의 핵심은 정부가 보유한 자산의 가치 상승분으로 자금을 마련해 시장에 개입하는 것이다. 재무부는 현재 온스당 42.22달러라는 과거 명목 가치로 장부에 기록된 금 비

축분을 재평가해 발생하는 수조 달러의 회계적 이익을 이 기금의
초기 자본으로 쓸 예정이다.

여기에 트럼프 대통령이 공약한 비트코인 전략비축이 본격화
될 경우, 정부가 보유한 비트코인의 가치 상승 차익도 이와 같이
활용된다. 연준이 새로 돈을 찍어내지 않아도 정부 자력으로 시
장의 국채 매물을 소화할 수 있는 재원을 마련하게 된다.

이러한 기금 설치의 법적 토대는 기존의 환율안정기금(ESF)을
확대 개편하거나 IEEPA를 근거로 하는 특별 행정명령을 통해 마
련될 수 있다.

비트코인 법안의 입법 절차와 의회 내 마크업(Markup, 법안 심사
및 수정) 일정을 고려할 때, 4월 1일 SLR 규제 완화 직후에 이 법안
이 발효돼 금 재평가 수익이 국채 매입에 투입되는 것은 시간상
불가능에 가깝다. 하지만 트럼프 행정부는 법안 통과라는 정공법
외에도 '대통령 행정명령'과 '기존 재무부 권한의 확대 해석'이라
는 우회로를 통해 4월의 결전에 대비하고 있다.

스콧 베센트 재무장관은 입법이 지연될 경우를 대비해, 비트
코인 액트가 최종 서명되기 전이라도 재무부 장부상의 금 가치를
현실화해 이를 '전략적 안정 자금'으로 선언하고 국채 시장의 유
동성 공급에 우선 투입하는 행정적 조치를 할 계획이다. 재무부
가 금을 재평가해 비트코인을 사고, 그 가치 상승분으로 채권을
매입하거나 부채를 상환하는 행위는 환율안정기금(ESF)의 설립 목
적인 '통화 가치 안정'과 '금융시장 질서 유지'라는 명분 아래 법적

으로 정당화될 수 있다는 논리다. 환율안정기금은 플랭클린 루스벨트 대통령 정부당시 발효된 '금 준비법'이 근거다.

트럼프 행정부의 시각에서 금과 비트코인은 달러 시스템의 붕괴를 막고 국채 금리를 인위적으로 억누르기 위해 언제든 투입할 수 있는 전략적 실탄인 셈이다. 비트코인 액트가 통과되기 전이라도 재무부가 ESF라는 우회로를 통해 이러한 조치를 단행한다면, 이는 연준의 발권력을 빌리지 않고도 정부 자산의 가치 팽창으로 부채를 관리하는 90여 년 전의 정책의 재현이다.

지니어스 법안 수정이 통과되고 스테이블코인 발행이 본격화하면 트럼프 행정부는 국채 금리 안정을 위한 강력한 민간 우군을 확보하게 된다. 지니어스 법안은 스테이블코인 발행사가 보유 자산의 100%를 현금이나 미국 단기 국채로 뒷받침하도록 강제하는 내용을 골자로 한다. 이는 스테이블코인 시장이 팽창할수록 발행사들이 준비금을 마련하기 위해 시장의 단기 국채를 대량으로 사들여야만 하는 구조를 만든다.

재무부가 장기 금리 상승을 억제하기 위해 발행 비중을 단기물로 집중시키고 있는 상황에서 스테이블코인 발행사들이 이 물량을 받아내는 거대한 블랙홀 역할을 수행하면 월가가 국채를 던져 금리를 올리려 해도 스테이블코인의 강력한 수요가 금리 상승 압력을 상쇄하게 된다. 결과적으로 이는 연준의 발권력에 의존하던 기존의 양적완화 방식을 민간 스테이블코인 자본이 대신 국채를 사주는 '민간 주도형 양적완화' 체제로 탈바꿈시키는 것이다.

이는 월가가 독점해 온 국채 시장의 가격 결정권을 스테이블코인 생태계로 분산시켜 정부의 부채 관리 능력을 획기적으로 강화하는 핵심 수단이 된다. 이처럼 제도권에 진입한 스테이블코인 발행사들이 국채의 새로운 종착지가 됨으로써 트럼프 행정부는 월가의 금융 패권에 휘둘리지 않고 저금리 기조를 유지할 수 있는 실질적인 방어막을 구축하게 되는 셈이다.

얼떨결에 길들어진 월가의 제왕

다이먼 회장이 2026년 초 트럼프 정부의 돌발적인 사법 공세에 직면하여 느끼는 극심한 '어리둥절함'은 당시 주요 외신 보도 내용에서 확인된다. 〈월스트리트저널〉은 1월 23일 분석 기사에서 "다이먼의 오판: 월가의 황제가 놓친 워싱턴의 기만술"이라는 표제로, 2025년 하반기 세 차례의 독대와 규제 완화라는 당근을 챙겼던 다이먼이 정작 본인을 향한 '사법 단두대'가 준비되고 있었다는 사실에 경악을 금치 못하고 있다고 보도했다.

〈블룸버그〉는 다보스 포럼 현장에서 다이먼이 신용카드 금리 상한제를 '경제적 재앙'이라 비난한 직후, 불과 24시간 만에 50억 달러 규모의 소송이 제기된 시점의 전격성에 주목하며 "다이먼은 자신이 트럼프의 정책 설계자가 되었다고 믿었으나, 결과적으로 2021년의 '디뱅킹' 이슈를 사법화하려는 트럼프의 덫에 스스로 걸어 들어간 셈"이라고 전했다. 〈포브스〉와 〈파이낸셜타임스〉는 익명의 JP모건 고위 관계자의 말을 인용해, 다이먼 회장이 2025년 12월 백악관 만찬에서 '금융의 장군'으로 예우받았던 기억이 채 가시기 전에 법무부의 전방위적 수사가 시작되자 "어떻게 6개월간의 협력이 한순간에 배신으로 바뀔 수 있는지 도저히 이해할 수 없다"는 반응을 보이며 주변에 혼란스러운 감정을 토로했다고 기술했다. 특히 상원 금융위의 론 와이든 의원이 폭로한 제프리 앱스타인 관련 '13억 달러 소급 보고' 누락 사실이 법무부의 핵심 기소 근거로 활용되자, 다이먼은 자본 세탁 방지 실패라는 도덕적 치명타와 형사 책임론 사이에서 완벽하게 허를 찔린 채 '어리둥절한 패배자'의 모습으로 시장에 비춰지고 있다.

3장 연준을 재무부 아래 두는 방법

물가 파이터에서 부채 관리 보조자로 격하

트럼프가 월가를 향해 양면적인 태도를 함께 보여줬다고 한다면, 상대적으로 연방준비제도에 대해선 불만만을 표해왔다. 트럼프는 현재의 연준이 걸림돌이 될 수 있다고 생각한다.

트럼프 행정부는 재집권과 함께 연준을 재무부의 하부 조직으로 만들려는 전략을 일관되게 구사하고 있다. 전략의 핵심 설계자인 스콧 베센트 재무장관은 그런 목적에서 '그림자 의장(Shadow Chair)'이라는 전례 없는 카드를 꺼내 들었다. 이 전략은 제롬 파월 의장의 임기가 끝나기 훨씬 전부터 차기 의장 후보를 조기에 지명하여 현직 의장을 사실상의 레임덕 상태로 몰아넣는 심리전이다. 베센트는 2024년 말부터 〈배런스〉와 〈블룸버그〉 등 주요 외신과의 인터뷰를 통해 시장이 더 이상 파월의 입이 아닌 대통령의 복심인 차기 지명자의 발언에 반응하게 함으로써 통화 정책의 주도권을 행정부가 탈취해야 한다고 역설해 왔다. 트럼프 대통령은 2026년 1월 30일, 파월의 임기가 수개월이나 남아 있는 상황에서 케빈 워시 전 연준 이사를 차기 의장으로 전격 지명하며 이 구상을 현실화했다. 지명 직후 시장의 시선은 즉각 워시의 입으로 쏠렸고 파월의 통화 긴축 기조는 행정부의 저금리 압박에 가로막혀 사실상 힘을 잃기 시작했다.

인적 압박과 병행하여 법적 체계를 개편하려는 시도도 단행되었다. 트럼프 행정부는 '단일 행정부 이론(Unitary Executive Theory)'을 내세워 모든 행정권은 대통령에게 귀속된다는 논리를 강화했다. 단일 행정부 이론은 미국 헌법 제2조 1항에 명시된 "행정권은 미국 대통령에게 귀속된다"라는 문구를 극단적으로 해석하여 행정부 내의 모든 권한이 오직 대통령 한 사람에게 집중되어야 한다는 법적·정치적 교리다. 이 이론의 핵심은 대통령이 행정부의 수장으로서 모든 하위 기관과 공무원을 직접 지휘하고 통제할 수 있어야 하며, 특히 연방준비제도나 연방거래위원회(FTC)와 같은 독립 규제 기관의 수장을 대통령이 아무런 제약 없이 해임할 수 있어야 한다는 논리에 있다. 전통적으로 미국 정치는 권력 분립과 상호 견제를 위해 일부 기관의 독립성을 인정해 왔다. 단일 행정부 이론을 지지하는 이들은 이러한 독립 기구가 대통령의 통제를 벗어나 '제4의 정부'처럼 군림하는 것이 헌법 위배라고 주장한다.

이 이론은 크게 두 가지 분파로 나뉜다. 온건파는 대통령의 인사권과 감독권을 강조하는 수준에 머문다. 트럼프 행정부가 채택한 강경파적 시각은 의회가 법률로 대통령의 해임권을 제한하는 것 자체가 위헌이라고 본다. 정당한 사유가 있을 때만 해임할 수 있다는 규정은 대통령의 행정권을 침해하는 장애물에 불과하며 대통령은 정책적 견해 차이만으로도 언제든 연준 의장이나 이사를 갈아치울 수 있어야 한다는 것이다. 이러한 논리는 1988년 모리슨 대 올슨 사건(Morrison vs. Olson)에서 안토닌 스칼리아 대법관이 남긴 소수 의견에 뿌리를 두고 있다.

1988년 모리슨 대 올슨 사건은 미국 헌법사에서 대통령의 행정권 범위와 권력 분립의 원칙을 다룬 기념비적인 판결이다. 사건의 발단은 1978년 제정된 정부윤리법에 따라 고위 공직자의 비위를 독립적으로 조사하기 위해 도입된 독립검사(Independent Counsel) 제도였다. 당시 로널드 레이건 행정부의 법무부 차관보였던 시어도어 올슨이 의회 조사에서 위증했다는 의혹이 제기되자 알렉시아 모리슨이 독립검사로 임명되어 수사에 착수했다. 올슨은 이 제도가 대통령의 인사권과 집행권을 침해한다며 소송을 제기했다. 당시 연방 대법원은 7대 1이라는 압도적 다수로 독립검사법이 합헌이라고 판결하며 독립검사는 대통령이 직접 임명하지 않아도 되는 '하급 관리(Inferior Officer)'에 해당하고, 대통령의 해임권을 '정당한 사유'가 있을 때로 제한하는 것이 헌법상 행정권을 본질적으로 훼손하지 않는다고 보았다.

유일한 반대 의견을 낸 안토닌 스칼리아 대법관은 이 판결이 헌법 제2조 1항의 "모든 행정권은 대통령에게 귀속된다"라는 명문을 정면으로 위반했다고 강력히 비판했다. 스칼리아는 행정권이라는 파이가 있다면 그중 일부가 아닌 '전부'가 대통령의 것이어야 하며, 수사와 기소라는 전형적인 행정 업무를 대통령의 통제 밖인 독립검사에게 맡기는 것은 권력 분립의 근간을 흔드는 행위라고 주장했다. 그는 다수 의견이 권력 분립을 모호한 '균형'의 문제로 치부하는 것을 경계하며 "이 늑대는 늑대의 모습으로 왔다"라는 유명한 문구를 통해 독립검사라는 존재 자체가 대통령의 권한을 갉아먹는 위헌적 침해임을 역설했다. 비록 당대에는 외면받은 소수의견이었으나 스칼리아의 이 논리는 수십 년이 지난 지금 '단일 행정부 이론'의 성경과 같은 존재가 되었다. 트럼프 행정부가 연준의 독립성을 무너뜨리고 이사들을 마음대로 해임하려 할 때 전매특허처럼 내세우는 법적 근거가 바로 이 38년 전 스칼리아의 통찰에서 비롯된 것이다.

트럼프 행정부는 그 희생양으로 리사 쿡(Lisa Cook) 연준 이사를 정조준했다. 그녀의 정책적 판단과 과거 행적을 문제 삼아 사법적 공세를 펼치는 것은 대통령이 언제든 독립 규제 기구의 인사를 해임할 수 있다는 사법적 선례를 남기려는 치밀한 포석이다. 현재 이 사건은 연방 대법원의 심리를 앞두고 있다. 이는 연준 독립성의 마지막 법적 방어선을 위협하는 결정타가 되고 있다.

연준의 재정적 독립성은 그들이 스스로 돈을 벌어 살림을 꾸리는 이른바 '자기 완결적 수익 구조'에서 기인한다. 트럼프 정부는 바로 이 자금의 흐름을 장악해 연준의 숨통을 조이는 전략을 구사하고 있다. 연준의 가장 큰 수익원은 '공개시장 조작 계정(SOMA)'에 담긴 막대한 양의 국채와 주택저당증권(MBS)에서 발생하는 이자 수익이다. 여기에 금융기관에 자금을 빌려주고 받는 재할인율 이자와 수표 결제, 자금 이체 등 각종 금융 서비스 수수료가 더해진다. 연준은 이렇게 벌어들인 총수익에서 조직 운영에 필요한 인건비, 전산망 유지비, 건물 관리비 등의 운영 비용을 먼저 차감한다. 이후 연준의 지분을 가진 회원 은행들에게 약 6%의 법정 배당금을 지급한 뒤 남은 '잉여금' 전체를 매주 재무부에 송금하는 방식을 취해왔다.

2024년과 2025년을 거치며 연준의 재정 상태는 급격히 악화되었다. 인플레이션을 잡기 위해 금리를 올리면서 연준이 시중은행에 지급해야 할 지급준비금 이자(IORB)와 역레포(RRP) 비용이 연준이 보유한 저금리 국채에서 나오는 이자 수익을 압도했다. 연준의 장부에는 재무부에 보낼 돈이 없음을 의미하는 '이연 자산(Deferred Asset)'이라는 거대한 회계상의 구멍이 뚫렸다. 연준은 재무부에 보낼 돈이 없는 경우 이 항목으로 처리해 놓고 다음 회계연도에 수익이 발생하면 전년도의 부족분을 보내고 그만큼 이연 자산을 차감한다.

트럼프 행정부는 연준이 더 이상 재무부에 기여하지 못한다는 명분을 내세워 2025년 2월 '모든 기관의 책임 보장 행정명령'을 발동했다. 이 명령은 연준의 운영 예산을 백악관 직속 관리예산실(OMB)의 사전 승인 체계 아래 묶어버렸다. 이는 연준이 통화 정책을 수행하기 위해 필수적인 연구 조사비나 하부 조직 운영비를 집행할 때마다 백악관의 정치적 검토를 받아야 함을 의미한다. 연준은 과거처럼 벌어들인 수익으로 독립적인 목소리를 내는 것이 아니라, 운영비를 타내기 위해 재무부와 백악관의 정책 기조, 특히 국채 발행 비용을 낮추기 위한 저금리 유지에 순응할 수밖에 없는 '부채 관리 기구'로의 강제적 전환을 맞이하게 된 것이다.

OMB를 통한 예산 통제는 연방공개시장위원회(FOMC)의 내부 공기를 '데이터 의존적'인 학술적 토론장에서 행정부의 정책 기조를 살피는 '정치적 눈치 보기'의 장으로 급격히 변모시켰다. 과거 연준 위원들은 자신의 정책적 소신에 따라 자유롭게 소수 의견을 개진했다. 이제는 발언 한 마디가 연준의 조사 연구비 삭감이나 산하 지역 연방은행의 운영 자금 동결로 이어질 수 있다는 물리적 압박에 직면해 있다. 2025년 2월 공포된 행정명령 이후 연준의 모든 세부 지출이 관리예산실의 사전 승인을 받게 되면서, 행정부의 저금리 요구에 반하는 매파적 발언을 쏟아내는 위원들의 소속 부서는 예산 심사에서 비효율적 조직으로 낙인찍혀 인력 감축 압력을 받는 실정이다.

이러한 공포 분위기는 FOMC 의사록의 수사적 변화에서도 극명히 드러난다. 물가 안정에 대한 단호한 의지보다는 '정부의 공급측 개혁과 생산성 향상을 뒷받침하기 위한 통화 정책의 유연성'이라는 표현이 급격히 늘어났다. 이는 사실상 행정부의 관세 정책이나 감세가 불러올 인플레이션 위험을 눈감아주는 대가로 연준의 조직적 생존을 도모하는 계산된 굴복이다. 실제 2026년 1월 회의에서 제롬 파월 의장은 지표상 금리 인하가 시기상조라는 내부 보고에도 불구하고, 스콧 베센트 재무장관이 언급한 '의장에 대한 사법 처리 가능성'과 예산 압박을 의식해 시장의 예상보다 완화적인 발언을 내놓으며 타협점을 찾으려 애쓰는 모습을 보였다. 회의실 안에는 트럼프가 지명한 그림자 의장 케빈 워시의 영향력이 유령처럼 감돌고 있으며, 위원들은 자신의 발언이 차기 체제에서의 생존이나 리사 쿡 이사처럼 기소의 근거가 되지 않을까 전전긍긍하며 극도로 발언 수위를 낮추고 있다.

이러한 연준 장악 시나리오는 결국 연준의 정체성을 근본적으로 말살한다. 인플레이션을 억제하던 '물가 파이터'의 기능은 거세되고 막대한 국가 부채의 이자 부담을 줄이기 위해 끊임없이 화폐를 찍어내고 금리를 억누르는 '재무부 산하 부채 관리 기관'으로 전락하는 것이다.

트럼프는 왜 연준을 죽이려 하는가?

트럼프 대통령은 연준의 독립성을 민주주의 원칙에 어긋나는

'선출되지 않은 권력의 전횡'이자 자신의 정책을 사사건건 방해하는 '딥 스테이트'의 핵심 거점으로 규정한다. 특히 2026년 현재 미국의 국가 부채가 38조 달러를 넘어서는 초유의 재정 위기 상황에서, 연준이 독립성을 명분으로 고금리를 고수할 경우 정부가 지불해야 할 이자 비용만으로도 재정 정책이 마비될 수 있다는 위기감이 그를 이렇게 만들었다. 대규모 감세와 관세 장벽을 핵심으로 하는 '트럼프노믹스'가 성공하려면 막대한 국채를 저리로 인수해 줄 고분고분한 화폐 발행기가 필수적이다. 이를 위해 연준을 인플레이션 파이터가 아닌 정부의 빚을 관리하는 부채 관리 부서로 전락시키려는 것이다.

그는 저금리를 유도해 달러 가치를 인위적으로 낮춤으로써 미국 제조 기업의 수출 경쟁력을 높이고 무역 적자를 해소하려는 계산도 깔고 있다. 결국 이는 통화 정책을 재정 정책의 하부 시스템으로 편입시켜 대통령이 경제의 모든 수레바퀴를 직접 제어하겠다는 '단일 행정부 이론'의 완성을 의미한다.

연준은 과연 독립적인가? 되살아난 독립성 논쟁

트럼프의 연준 죽이기는 케케묵은 연준 독립성 논쟁에 다시 불을 지폈다. 트럼프의 연준 축소 정책들이 연준의 독립성을 심각하게 훼손한다는 게 반대론자들의 논리다. 이 같은 주장이 설득력을 가지려면 한 가지 전제조건이 충족돼야 한다. 연준이 현재 독립적인 기구라는 명제가 참이어야 한다. 연준이 독립적이지 않다면, 트럼프의 정책이 연준의 독립성을 강화한다고 할 수는 없지만 적어도 연준의 독립성을 훼손한다는 주장은 성립하지 않는다. 연준의 독립성이 허구라는 비판은 학계의 재정 지배(Fiscal Dominance) 논의와 보수 싱크탱크의 임무 이탈(Mission Creep) 보고서를 통해 구체적인 근거를 얻고 있다.

전 필라델피아 연준 총재 찰스 플로서(Charles Plosser)는 2012년과 2019년 발표한 '재정 정책과 통화 정책: 경계의 복원(Fiscal Policy and Monetary Policy: Restoring the Boundaries)'이란 제목의 보고서에서 연준이 2008년 금융위기 이후 대규모로 매입한 주택저당증권이 단순한 통화 정책을 넘어 특정 산업인 부동산 시장에 자금을 배분하는 신용 할당(Credit Allocation) 행위라고 비판했다. 플로서는 이러한 자산 매입이 선출된 권력인 의회의 고유 권한인 재정 정책의 영역을 침해한 것이며, 중앙은행이 정치적 자원배분의 주체가 되는 순간 그 독립성의 명분은 사라진다고 주장했다.

후버 연구소의 경제학자 존 코크런(John Cochrane)이 2025년과 2026년에 걸쳐 발표한 기고문 '연준은 독립적이어야 하는가?(Should the Federal Reserve Be Independent?)'는 현대 중앙은행의 독립성이 지닌 허구성과 위험성을 신랄하게 파헤치고 있다. 코크런은 중앙은행의 독립성이 민주주의 국가에서 결코 절대적인 미덕이 될 수 없으며 오직 좁은 임무와 제한된 도구가 전제될 때만 정당성을 얻는다고 단언한다.

그는 코로나19 팬데믹 이후 2021년 발생한 고인플레이션 사태를 연준의 전형적인 제도적 실패 사례로 꼽는다. 당시 연준이 행정부의 막대한 재정 지출을 뒷받침하기 위해 약 3조 달러에 달하는 국채를 매입한 행위를 부채의 화폐화(Monetization)로 규정했다. 부채의 화폐화는 정부가 재정 지출을 위해 발행한 국채를 중앙은행이 새로 발행한 화폐로 사들이는 과정을 의미한다. 보통 정부는 세금을 걷거나 민간 자본 시장에서 국채를 발행해 자금을 조달한다. 부채의 화폐화 단계에 진입하면 중앙은행의 발권력이 정부의 재정 적자를 메우는 직접적인 수단이 된다. 이는 정부의 부채가 시중에 유통되는 통화량의 절대적 팽창으로 이어지기 때문에 인플레이션을 유발한다. 부채의 화폐화는 정부의 부채가 인플레이션을 통해 일반에게 부담이 나누어지는 과정을 뜻한다. 화폐화 과정에서 연준의 독립성은 인플레이션을 막는 방어막 역할을 전혀 수행하지 못했으며 오히려 행정부의 저금리 요구에 순응하며 물가 폭등을 방치하는 결과를 초래했다는 것이 그의 핵심 지적이다. 코크런은 이를 두고 연준의 독립성이 위기 상황이나 정치적 압력 앞에서는 작동하지 않는 이른바 선택적 독립성에 불과하다고 비판한다.

그는 연준이 기후 변화 대응이나 불평등 해소, 포용적 고용과 같은 정치적 영역으로 임무를 확장하는 임무 이탈 현상을 경계해야 한다고 역설한다. 임무 이탈이란 본래 군사 용어에서 유래한 것으로, 특정 조직이나 프로젝트가 초기에 설정된 핵심 목표와

범위를 벗어나 그 역할을 점진적으로 확장해 나가는 현상을 의미한다. 이러한 사회적 가치 판단은 선출된 권력인 의회와 행정부의 고유 영역이며 중앙은행이 법적 근거 없이 자의적으로 이러한 목표를 추구하는 순간 민주적 책임성(Accountability)의 결여라는 비판에서 자유로울 수 없다는 것이다.

코크런은 연준에게 두 가지 선택지만이 남았다고 주장한다. 그것은 임무를 다시 물가 안정이라는 본연의 기능으로 대폭 축소하여 독립성을 유지하거나 아니면 재무부처럼 행정부의 직접적인 지휘와 통제를 받는 기관으로 거듭나는 것이다. 케빈 워시 연준 의장 지명자는 코크런이 지적한 이 두 가지 사이에서 교묘한 외줄타기를 하고 있다. 코크런은 현재의 연준이 비대해진 권한과 모호한 독립성 사이에서 정치적 야심을 드러내고 있다고 경고하며 독립성 그 자체보다 중요한 것은 연준이 무엇을 할 수 있고 무엇을 해서는 안 되는지에 대한 명확한 한계를 설정하는 것이라고 결론짓는다.

이는 결국 연준을 행정부의 부채 관리 도구로 재편하려는 트럼프 정부의 전략에 강력한 지적 토대를 제공하고 있으며 중앙은행의 중립성이 더 이상 보장받을 수 없는 시대가 도래했음을 시사한다.

헤리티지재단(Heritage Foundation)이 2023년 발간한 정책 제안서 '리더십을 위한 위임: 보수주의의 약속(Mandate for Leadership, Project 2025)'은 연준이 기후 변화 리스크를 금융 감독 지침에 포함하고

ESG 공시를 독려하는 것을 심각한 임무 이탈로 규정했다. 이는 의회의 입법 없이 사회 정책을 추진하려는 좌파적 행동주의에 연준이 가담한 증거라고 명시했다. 2023년과 2024년에 열린 미국 하원 금융서비스위원회(House Financial Services Committee)의 기후 리스크와 금융 규제기관의 독립성 청문회에서도 공화당 의원들은 연준의 기후 스트레스 테스트가 통화 정책의 본질을 벗어난 정치적 행위임을 강조하며 예산 통제의 필요성을 역설했다.

결국 트럼프가 연준을 죽이려는 이유는 무엇인가? 트럼프 행정부의 시각에서 보면 연준의 독립성이란 프레임은 민주당 정부가 좌파 이념에 부합하는 통화 정책을 펼치기 위한 방패막이었던 것이다.

도서

- 니얼 퍼거슨(Niall Ferguson), 《제국(Empire)》, Basic Books, 2003
- 데이비드 스피로(David E. Spiro), 《석유 달러의 은닉(The Hidden Hand of American Hegemony)》, Cornell University Press, 1999
- 레이 달리오(Ray Dalio), 《변화하는 세계 질서(Principles for Dealing with the Changing World Order)》, 한빛비즈, 2022
- 로버트 길핀(Robert Gilpin), 《국제관계의 정치경제학(The Political Economy of International Relations)》, Princeton University Press, 1987
- 로버트 라이트하이저(Robert Lighthizer), 《자유무역이라는 환상(No Trade Is Free)》, 마르코폴로, 2024
- 로버트 먼델(Robert Mundell), 《국제경제학(International Economics)》, Macmillan, 1968
- 로버트 베어(Robert Baer), 《잠자는 악마와의 동침 (Sleeping with the Devil)》, Crown, 2003
- 루트비히 폰 미제스(Ludwig von Mises), 《화폐와 신용의 이론(The Theory of Money and Credit)》, Duncker&Humblot, 1912
- 밀턴 프리드먼(Milton Friedman), 《화폐 경제학(Money Mischief)》, Harcourt Brace Jovanovich, 1992
- 브래들리 호프(Bradley Hope)·저스틴 첵(Justin Scheck), 《블러드 앤 오일(Blood and Oil)》, Grand Central Publishing, 2020
- 브루스 리델(Bruce Riedel), 《왕들과 대통령들(Kings and Presidents)》, Brookings Institution Press, 2017
- 애덤 스미스(Adam Smith), 《국부론(The Wealth of Nations)》, W. Strahan and T. Cadell, 1776
- 엘렌 R. 월드(Ellen R. Wald), 《사우디 주식회사(Saudi, Inc.)》, Pegasus Books, 2020
- 자크 뤼에프(Jacques Rueff), 《통화의 죄악(The Monetary Sin of the West)》, Macmillan, 1972
- 제임스 리카즈(James Rickards), 《화폐 전쟁(Currency Wars)》, Portfolio, 2011

- 조지 길더(George Gilder), 《21세기 금본위제 (The 21st Century Case for Gold)》, ,2015
- 쥬디 셸턴(Judy Shelton), 《굿 애즈 골드(Good as Gold)》, 2024
- 카르멘 라인하트(Carmen Reinhart)·케네스 로고프(Kenneth Rogoff), 《이번엔 다르다(This Time is Different)》, Princeton University Press, 2011
- 카를 마르크스(Karl Marx), 《자본론(Das Kapital)》, Verlag von Otto Meissner, 1867
- 프리드리히 하이에크(F. A. Hayek), 《화폐의 탈국가화 (The Denationalization of Money)》, IEA, 1976
- 하비에르 코랄레스(Javier Corrales), 《열대의 용(Dragon in the Tropics)》, Brookings Institution Press, 2011

논문 및 에세이

- 나라야나 코처라코타(Narayana Kocherlakota), 「화폐는 기억이다(Money is Memory)」, 1998
- 레오니트 후르비치(Leonid Hurwicz), 「자원배분 과정에서의 최적성과 정보 효율성 (Optimality and Informational Efficiency in Resource Allocation Processes)」, 1960
- 마이클 보르도(Michael Bordo)·핀 키들랜드(Finn Kydland), 「규칙으로서의 금본위제(The Gold Standard as a Rule)」, 1992
- 밀턴 프리드먼(Milton Friedman), 「실제 금본위제와 유사 금본위제(Real and Pseudo Gold Standards)」, 1961
- 조슈아 아이젠먼(Joshua Aizenman)·낸시 마리온(Nancy Marion), 「인플레이션을 활용한 미국 공공부채 청산(Using Inflation to Erode the U.S. Public Debt)」, 2009
- 존 메이너드 케인스(John Maynard Keynes), 「처칠 씨의 경제적 결과(The Economic Consequences of Mr. Churchill)」, 1925
- 존 코크런(John Cochrane), 「연준은 독립적이어야 하는가?(Should the Federal Reserve Be Independent?)」, 2025~2026
- 카르멘 라인하트(Carmen Reinhart)·벨렌 스브란시아(Belen Sbrancia), 「정부 부채 청산 방법(The Liquidation of Government Debt)」, 2011
- 카를 멩거(Carl Menger), 「화폐의 기원 (On the Origin of Money)」, 1892
- 클로드 섀넌(Claude Shannon), 「통신의 수학적 이론(A Mathematical Theory of Communication)」, 1948

- 프리드리히 하이에크(Friedrich Hayek), 「사회에서의 지식의 활용 (The Use of Knowledge in Society)」, 1945
- 헬렌 레이(Helene Rey), 「딜레마(Dilemma not Trilemma)」, 2013

보고서 및 공식 문건

- 골드만삭스, 「금의 새로운 패러다임(The New Gold Paradigm)」
- 국제에너지기구(IEA), 「전기 2026(Electricity 2026)」
- 국제전략문제연구소(CSIS), 「미국-사우디 관계의 위기」, 「베네수엘라와 중국: 전략적 인내의 사례 연구」, 「사우디의 석유 외교와 탈달러화의 지정학」
- 글로벌정책포럼, 이라크 및 페트로달러 관련 보고서
- 뉴욕 연준, 「국채 경매에서의 딜러 정보 공유(Dealer Information Sharing in Treasury Auctions)」 및 「국채 베이시스 트레이딩의 국경 간 경로(The Cross-Border Trail of the Treasury Basis Trade)」
- 독일 분데스방크, 「금융 억압, 빚에서 탈출하는 쉬운 방법?(Financial repression as an "easy way" out of debt?)」
- 딜로이트, 「흔들리는 미국 달러화의 기축통화 지위」
- 랜드연구소(RAND), 「사우디아라비아의 미래(The Future of Saudi Arabia」, 「중국-이란 관계(China and Iran)」
- 모건스탠리, 「금 가격 전망: 2026년까지 가속화될 랠리(Gold Price Forecast: Rally Expected to Accelerate into 2026)」
- 미국 국가정보국장실(ODNI), 「자말 카슈끄지 살해 사건에서의 사우디 정부 역할 평가 (Assessing the Saudi Government's Role in the Killing of Jamal Khashoggi)」
- 미국 국립외교원, 「사우디아라비아의 다극화 외교 전략과 달러 패권의 미래」
- 미국 에너지정보청(EIA), 「단기 에너지 전망(Short-Term Energy Outlook)」
- 미국 의회예산처(CBO), 「미국 예산과 경제 전망 2026-2036(The Budget and Economic Outlook: 2026 to 2036)」
- 세계금협회(WGC), 「2025 중앙은행 금 비축 현황 설문조사(Central Bank Gold Reserves Survey 2025)」
- 유럽중앙은행(ECB), 「누가 국채 시장의 자경단인가?(Who are the "bond vigilantes" on sovereign

debt markets?)」

- 유엔 특별보고관(아그네스 칼라마르), 「자말 카슈끄지 살해에 대한 조사 보고서(Investigation into the unlawful death of Mr. Jamal Khashoggi)」
- 찰스 플로서, 「재정 정책과 통화 정책: 경계의 복원(Fiscal Policy and Monetary Policy: Restoring the Boundaries)」
- 크레디트스위스(졸탄 포자르), 「브레턴우즈 III(Bretton Woods III)」
- 타이거브로커스, 「2025년 금 시장 리뷰(2025 Gold Market Review & Outlook)」
- 피크테자산운용, 「And the winner is… Kevin Warsh」
- 핌코(PIMCO), 「채권자경단의 생각(Thoughts From the Bond Vigilantes)」
- 헤리티지 재단, 「리더십을 위한 위임(Mandate for Leadership, Project 2025)」
- 휴먼라이츠워치(HRW), 「침묵의 대가(The Cost of Silence)」

트럼프 골드 쇼크

초판 1쇄 발행 2026년 4월 30일

지은이 김창익
펴낸곳 거인의 정원
출판등록 제2023-000080호(2023년 3월 3일)
주소 서울특별시 강남구 영동대로602, 6층 P257호
이메일 nam@giants-garden.com(마케팅), ssy@giants-garden.com(편집)